»Richtig reisen«

Korsika

Karl Wolfgang Biehusen
Norbert Nepaschink

DuMont Buchverlag Köln

Umschlagvorderseite: Die Zitadelle von Calvi
Umschlaginnenklappe: Fischer im Hafen von Erbalunga
Umschlagrückseite: In Ste. Lucie-de-Tallano
Frontispiz: Die Kirche von Morsiglia

Satz und Druck: Rasch, Bramsche
Buchbinderische Verarbeitung: Bramscher Buchbinder Betriebe

Printed in Germany ISBN 3-7701-2558-4

Inhalt

Korsika – eine Landeskunde

Reiserouten durch Korsika

Praktische Reiseinformationen

Korsika –
eine Landeskunde

Der Mythos Korsika

»Korsika ist eine große Anhäufung von Gebirgen, die mit kargen Waldungen umkränzt und von tiefen Tälern durchfurcht sind. Auf dem Grund dieser Täler trifft man ein wenig bebaubare Erde und einige wilde, nicht sehr zahlreiche Volksstämme, die von Kastanien leben. Diese Leute geben nicht das Bild einer Gemeinschaft wieder, sondern eher das einer Ansammlung ausschließlich durch die Notwendigkeit zusammengeführter Einsiedler.« So sah im Jahre 1837 Henri Beyle, bekannter unter seinem Pseudonym Stendhal, Korsika und seine Bewohner. Besagte Einsiedler, so fährt er fort, steckten zwar voller vernünftiger Ehrbegriffe, seien aber leicht in ihrer Eitelkeit zu verletzen und dächten nur an zwei Dinge: »Sich an ihren Feinden zu rächen und ihre Frauen zu lieben.«

Stendhal gehört zu den Autoren, die das Bild Korsikas und seiner Bevölkerung entscheidend geprägt haben. Noch im Comic ›Asterix auf Korsika‹ sind ähnliche Urteile und Vorurteile neben treffenden Beobachtungen zu finden. Das Heft sucht man ohnehin in korsischen Buchläden zumeist vergeblich, erscheint es den darin Beschriebenen doch wenig schmeichelhaft. Mit den Werken von französischen Schriftstellern des 19. Jh. hat man sich hier eher angefreundet. Prosper Mérimée, Guy de Maupassant, Gustave Flaubert oder Honoré de Balzac haben zwar Korsika und die Korsen nicht gerade idealisiert, aber doch Land und Leute populär gemacht.

Einen guten Grund, sich für Korsika zu interessieren, lieferte ihnen Napoleon Bonaparte. Um ein Haar wäre der jedoch nicht einmal als Franzose zur Welt gekommen, wurde er doch am 15. August 1769 in Ajaccio geboren – nur drei Monate, nachdem die italienische Republik Genua Korsika im Vertrag von Versailles an Frankreich abgetreten hatte. Seine politische Laufbahn begann Napoleon sogar als ausgesprochener Franzosen-Hasser, wie frühen Schriften aus seiner Feder zu entnehmen ist.

Im Gegenzug galt er etlichen französischen Autoren als Tyrann, dessen Wesen nicht zuletzt aus seiner Abstammung erklärbar sei. So urteilte etwa Hippolyte Taine, der Autor des einflußreichen Werkes ›Les origines de la France contemporaine‹ (1876–1894). Für ihn waren Korsen mehr oder weniger mittelalterliche Italiener. Napoleons Despotismus erklärt er mit der Prägung durch die Mutter Letitia, einer »völlig ursprünglichen Natur, noch nicht von Kultur beleckt, höchst einfach geartet und aus einem Gusse, nicht geschaffen für die Glätte, Annehmlichkeit und Eleganz des weltlichen Lebens, gleichgültig gegen die Gesundheit, selbst gegen Reinlichkeit, geizig wie eine Bäuerin.« Was konnte man schon von solchen Leuten erwarten? Oder von einer »Zivilisation wie auf Grönland«, die Balzac auf Korsika ausmachte – ohne Theater, Lesesäle, Zeitungen und (leichte) Mädchen?

Stendhal hingegen fand auf Korsika Heroen und Heroinnen vor, denn er empfand für den Korsen Napoleon »eine Art von Frömmigkeit« und für dessen Mutter – eine »seltene, und man kann sagen, charakterlich in Frankreich einmalige Frau« – Bewunderung. Mit seiner Beurteilung Korsikas als Nährboden von Menschen mit einer erfrischend natürlichen Gesittung stand Stendhal nicht allein. Er knüpfte damit an eine vorrevolutionäre Sichtweise an, die auf Jean-Jacques Rousseau fußte.

Für diesen Vordenker der Demokratie stellten die Korsen eine Art ›edle Wilde‹ dar, die – zurück zur Natur – gerade deshalb auf dem besten Weg seien, die ideale Gesellschaft zu bilden. Kein Buch über Korsika verzichtet auf das Zitat aus Rousseaus

›Contrat social‹ (1762): »Ein Land in Europa gibt es noch, das fähig ist, sich seine Gesetze zu geben: die Insel Korsika. Die Tapferkeit und Beständigkeit, mit der dieses Volk es verstand, seine Unabhängigkeit wiederzuerlangen und zu verteidigen, würden es verdienen, daß ihm irgendein Weiser beistünde, sie zu erhalten.« Er selber war, trotz ausdrücklicher Einladung, weise genug, nicht ins unruhige Korsika zu übersiedeln, wo man seinerzeit womöglich auch Soldaten eher benötigte als Philosophen.

Dieser Ansicht war James Boswell, ein schottischer Aristokrat, der bereits 1765, als noch kaum ein Franzose sich für Korsika interessierte, in Bastia landete. Nicht als Tourist war er gekommen, auch nicht als Botschafter König Georgs III. – wie die hoffnungsvollen Korsen meinten, die ihn begeistert empfingen –, sondern als ›Kriegsberichterstatter‹, angelockt vom Freiheitskampf der Korsen (s. S. 61–64).

Seine Freundschaft mit Pasquale Paoli, dem Revolutionsführer und ›Vater des Vaterlands‹, machte Boswell zu einem erfolgreichen Botschafter Korsikas. Sein Buch ›An account of Corsica, the Journal of a tour to the island and memoirs of P. Paoli‹ wurde nicht nur zum Bestseller, sondern löste eine Korsika-Begeisterung aus, der sich weder Könige wie Preußens Friedrich ›der Große‹ noch Philosophen wie Jean-Jacques Rousseau entziehen konnten. Die Sympathie für Korsika und dessen nationalen Aufstand erfaßte auf dem Höhepunkt des Absolutismus und kurz vor dem Ausbruch der Französischen Revolution die gebildeten Bürger ganz Europas und reichte bis nach Amerika, wo seit 1776 ein ähnlicher Unabhängigkeitskrieg zur Gründung der USA führte. Noch heute gibt es dort Ortschaften mit den Namen ›Paoli‹ und ›Corsica‹.

Boswell versuchte, letztlich indes vergeblich, England zur Parteinahme für Paoli und seine tapferen Landsleute zu bewegen. Deshalb strich er die strategische Bedeutung der Insel und ihre natürlichen Vorzüge heraus, verwies etwa auf ihre Bodenschätze – Land und Landschaft interessierte die ersten Besucher Korsikas kaum. Guy

de Maupassant bemerkte immerhin, daß die Landschaft teilweise »grandios und melancholisch« sei (aus ›La Corse du Sud‹).

Auf die kulturellen Schätze Korsikas machte Prosper Mérimée die Öffentlichkeit 1840 in einer Schrift aufmerksam, die als ›Notes d'un voyage en Corse‹ 1989 in Paris erneut veröffentlicht wurde. Bereitwillig hatten Korsen den Abgesandten der Regierung in Paris 53 Tage lang über die Insel geführt. Die Freundlichkeit verwundert, hatte der junge Autor sich doch mit einer für korsische Ohren etwas befremdlichen Novelle zum Korsika-Fachmann erklärt – ohne je vor Ort gewesen zu sein: ›Mateo Falcone‹ ist die Geschichte eines Korsen von altem Schrot und Korn, der seinen eigenen Sohn erschießt, weil er einen Banditen an die Polizei verraten, den Vater somit entehrt hatte.

Ähnlich finster geht es stellenweise in seinem wohl bekanntesten Werk, der Novelle ›Colomba‹, zu, die er nach der ersten Korsika-Reise, im gleichen Jahr wie den offiziellen Bericht, veröffentlichte. Im Mittelpunkt der Handlung steht die Vendetta, die korsische Form der Blutrache. Spätestens seit ›Colomba‹ verbindet das Lesepublikum mit Korsika stolze Frauen in dunklen Gewändern, mit schwarzem, straff geknoteten Haar und Männer, die lustvoll zu Mördern werden, weil das Gesetz von Ehre und Blutrache es befiehlt: »... und wenn es auch weniger schön ist, einige Schurken zu töten als sein Vaterland zu befreien, so ist eine gute Rache doch etwas Schönes.« Einen ähnlichen Erfolg wie Mérimée hatte auch Guy de Maupassant, der seiner Korsika-Novelle den schlichten Titel ›Vendetta‹ gab.

Als spezifisch korsisch können hohe Ehrbegriffe und Blutrache jedoch allenfalls in der Art gelten, wie sie sich äußern. Verbreitet sind sie im gesamten Mittelmeerraum, nicht zuletzt auch in Spanien, wo sich Mérimée bekanntlich recht gut auskannte. Auch in der Literatur des übrigen Europa erfreute sich das Motiv des Verbrechers aus verlorener Ehre größter Beliebtheit, man denke nur an Schillers ›Die Räuber‹ oder Kleists ›Michael Kohlhaas‹.

Mérimées Beobachtungen von Land und Leuten sind gleichwohl lesenswert, können teilweise noch heute nachvollzogen werden: Rauchsäulen über der Macchia, Gedächtniskapellen und Familiengräber an Berghängen, menschenleere Ortschaften mit turmartigen, grauen Häusern, deren Fenster abweisend verschlossen sind. Was er z. B. über eine dörfliche Totenklage äußert, läßt sich zwar so kaum noch beobachten, doch der Hang zur Melancholie, gelegentlich gar als Todessehnsucht beschrieben, ist den Korsen noch immer spürbar eigen.

Ein guter Beobachter war auch Ferdinand Gregorovius, der 1852 Korsika bereiste. Sein Werk ›Korsika, Historische Skizzen und Wanderungen‹ verdient die Neuauflage von 1988. Der deutsche Historiker und Italien-Experte hat hierin nicht nur die korsische Geschichte seriös und objektiv kommentiert, sondern auch Orts- und Landschaftsbeschreibungen geliefert, die teilweise noch heute hilfreich sind. So erklärt er – sicher zutreffend – die Tendenz zu gewalttätiger Konfliktlösung aus der Vernachlässigung und Ausbeutung Korsikas durch Genua. Das Fehlen einer echten Ordnungsmacht während dieser Zeit stelle eine Ursache für die Macht der Clans dar.

Für Ordnung haben dann die Franzosen in den vergangenen 200 Jahren gesorgt. Ihre zentralistische Verwaltung und ihr Bildungssystem haben deutliche Spuren auf Korsika hinterlassen. Dennoch gilt Korsika zeitgenössischen Beobachtern als ergiebiges Feld für Forschungen ›Zur Wiederentdeckung von *Territorialität* als innenpolitisches Konfliktmuster‹ (Gerdes 1987). Die wirtschaftliche Abhängigkeit von Frankreich dagegen läßt manchen Forscher von Korsika als ›einer unterentwickelten‹ Mittelmeerinsel sprechen (Lücke 1980). Diese Abhängigkeit ist wohl die Hauptursache für den oft beklagten *Malaise corse*, das korsische Übel.

In den Augen vieler Franzosen hingegen sind wiederum die Korsen suspekt. Neid, Faulheit und Undankbarkeit sagt man ihnen besonders häufig nach. Die korsische Art, gar nicht oder sehr gelassen zu arbeiten, hat jedoch durchaus ihre Gründe. So mangelt es an attraktiven Arbeitsplätzen, und schließlich gehört Müßiggang zu den traditionellen mediterranen Tugenden, die zumindest zeitweise zu übernehmen das erklärte Ziel gestreßter Touristen darstellt.

Der Einfluß des industrialisierten Kontinents ist freilich auch an den Korsinnen und Korsen nicht vorbeigegangen. Sie klagen mit wachsendem Selbstbewußtsein ihren Anteil am europäischen Wohlstand ein, den nicht zuletzt die Touristen ihnen vorzeigen. In ihrer Mehrzahl haben die Korsen weniger Interesse an der Aufrechterhaltung traditioneller Lebens- und Wirtschaftsformen als beispielsweise die zahlreichen ›Aussteiger‹ vom Kontinent.

Enttäuschte Gäste der Insel begreifen den gesellschaftlichen Wandel daher leicht als Verrat am literarisch vermittelten ›Mythos Korsika‹. Wer sich Zeit und Mühe zu näherer Beobachtung nimmt, wird indessen noch viel Originelles auf Korsika finden. Zudem gilt auch für Korsika, was Kurt Tucholsky Pyrenäen-Reisenden zu sagen hatte: »Alles das verschwindet. Sprache, Eigenart, Sitten und Gebräuche, Aberglaube – denn man mache uns doch nicht weis, daß sich dergleichen bei einer so umwälzenden Umgestaltung der Erde erhalten kann! Ihr fahrt in der Stadt Untergrundbahn, und der tumbe Bauer soll ewig derselbe bleiben, ewig derselbe. Er wird euch was husten.«

Korsika natürlich

Korsika liegt zwischen dem 41. und 43. nördlichen Breitengrad im Mittelmeer. Grundsätzlich herrscht also ein mediterranes Klima mit trockenen und warmen Sommern sowie feuchten und milden Wintern vor. Aber die Insel Korsika, die sich über 183 km in Nord-Süd-Richtung erstreckt, wird auch von ihrem Gebirge geprägt, das mit mehr als 70 Gipfeln von über 2000 m Höhe aus dem Meer aufragt. Die vier wichtigsten Pässe – Col de Vergio, Col de Vizzavona, Col de Verde und Col de Bavella – können in schneereichen Wintern nur schwer oder gar nicht passierbar gehalten werden.

Vor allem Bergwanderer und Wassersportler müssen sich der Tatsache bewußt sein, daß sich auf Korsika das Wetter sehr schnell ändern kann. Ein Grund dafür sind die Winde, die auf Korsika sogar Namen erhalten haben (s. Abb. vordere Umschlaginnenklappe). Zumindest einen Wind sollte man sich merken: den *Libecciu*. Dieser im Sommer meist warme Südwestwind bringt im Winter Regen und kann auch unangenehm böig und kalt ausfallen. Da er vor allem im Süden der Insel (Bonifacio: 192 Tage im Jahr) und an der Westküste von Cap Corse (174 Tage im Jahr) dominiert, sind die verlockenden Surfreviere dort eher eine Sache für Könner. Der reine Westwind heißt *Ponente*.

Von Nordwesten kommt der böige, trockene und kalte *Maestrale*, der jedoch einen Teil seiner Kraft zuvor als Mistral in der Provence eingebüßt hat. Immerhin kann er vor allem im Westen der Insel das Wasser unangenehm aufpeitschen. Der *Tramontane*, ein kalter, zum Glück eher seltener Winterwind, verrät im Namen seinen Ursprung jenseits der Alpen. Der aus Nordosten blasende *Grecale* bringt dem Norden der Insel Regen, dem Süden dagegen Trockenheit. Der *Levante* weht aus Osten und erzeugt ein feucht-warmes Klima, ähnlich wie der Südostwind mit Namen *Sirocco*, der überdies gewitterträchtig und damit für Bergwanderer gefährlich ist.

Gleichsam ein ›Gebirge im Meer‹, gilt Korsika zusammen mit Sardinien als ›Mikrokontinent‹ mit einer originären Flora und Fauna – 34 endemische Pflanzenarten wachsen nur auf Korsika.

Geologische Grundlagen

Zwei Gebirgsmassive bestimmen die geologische Gliederung der Insel. Das größere von ihnen erhebt sich im Nordwesten bei Calvi und L'Ile-Rousse aus dem Meer, erreicht schon 25 km landeinwärts mit dem Monte Cinto (2706 m) seinen höchsten Gipfel, setzt sich nach Südosten mit zahlreichen weiteren Zweitausendern diagonal über die ganze Insel fort und versinkt sanft ausrollend im Südosten zwischen Solenzara und Bonifacio im Wasser des Mittelmeers. 12 km südlich von Korsika, auf der anderen Seite der ›Straße von Bonifacio‹, taucht das Land als Sardinien wieder aus dem Meer auf.

Weiße Kreidefelsen kommen im Süden, bei Bonifacio, sowie im Norden bei St. Florent zum Vorschein. Doch insgesamt besteht dieses westkorsische Massiv aus Granitgestein. Es wirkt mit seinen parallel in südwestlicher Richtung verlaufenden

◁ *Im Gebirge, wie hier am Monte Renoso, kann sich das Wetter schlagartig ändern*

Der Regionalpark

Im Gegensatz zu Nationalparks sind Regionalparks in Frankreich keine reinen Naturschutzgebiete, können aber solche umfassen. Der ›Parc Naturel Régional de la Corse‹ vergrößert sich ständig und umfaßt etwa ein Drittel der Fläche Korsikas. Die Grenzen des Parks umschließen vornehmlich gebirgiges Binnenland einschließlich des höchsten Berges der Insel, des 2706 m hohen Monte Cinto.

Im Nordwesten gehören 80 km Küste mit der grandiosen Bucht von Porto und dem Naturschutzgebiet der Halbinsel Scandola dazu. Niemand darf sich hier länger als 24 Stunden aufhalten, Campen, Jagd (auch unter Wasser), Fischen und Blumenpflücken sind strengstens verboten. Selbst zum Fotografieren darf man den Tieren nicht zu nahe kommen. Ähnlich streng geschützt sind die Iles Finocchiarola vor der Nordwestspitze von Cap Corse (das Betreten ist vom 1. März – 31. August gänzlich verboten), die Iles Cerbicale vor der Polombaggia-Halbinsel bei Porto-Vecchio und die Iles Lavezzi in der Meerenge von Bonifacio.

Der Regionalpark besteht seit 1972 und wird von einem *Syndicat mixte* betrieben, das die Region Korsika, die Départements und die 83 Kommunen auf seinem Boden gemeinsam tragen. Knapp 13 % seines Budgets decken eigene Einnahmen. Regionalparks dienen in Frankreich nicht nur ökologischen Zwecken, sondern sollen auch die Ökonomie wirtschaftsschwacher Gebiete verbessern helfen. Auf Korsika bedeutet dies vor allem: Schutz der Wälder vor Bränden und Zersiedelung, gleichzeitig aber auch Revitalisierung des verödenden Binnenlandes.

Bergketten wie ein lose über die Insel gezogenes, Falten werfendes Tuch. Und tatsächlich handelt es sich um ein Faltengebirge, haben tektonische Verwerfungen das Urgestein in die Höhe gepreßt. In Grabenbrüchen sprudeln vielerorts mineralische Quellen an die Oberfläche; Ortsnamen wie Guagno-les-Bains weisen darauf hin, daß man sie mehr oder weniger effektiv zu nutzen weiß.

Mineralische Zusätze sind es auch, die das Urgestein Granit für Geologen so interessant machen. Die auffällige rötliche Färbung der Felsen in der Calanche beim Golf von Porto verdankt sich Porphyrzusätzen. Feldspat, das häufigste Mineral, führt zu den unterschiedlichsten Farbschattierungen, Quarze lassen die Steine schimmern. Eigentlich fehlt nur der Feuerstein in dieser Vielfalt – ihn mußten die Bewohner in der Steinzeit schon importieren.

Alkalische Beimischungen im Gestein haben den Korsen eine Attraktion beschert, die zumindest in ihrer Häufigkeit auf der Welt einmalig ist: Die *Tafoni*-Verwitterung, eine lochartige Verwitterung in Graniten. Der Begriff kommt von korsisch *tafonare*, durchlöchern. Winzig kleine Steine und riesige Felsen können wie Schweizer Käse durchlöchert sein oder weisen Dellen und Höhlungen auf. Phantastische Figuren entstehen so und machen die Calanche, wo die *Tafonis* am häufigsten vorkommen, zum touristischen Pflichtprogramm.

Volumenschwankungen an der Gesteinsoberfläche infolge häufiger und kurzfristiger Temperaturschwankungen könnten die oft bizarren Formen verursacht haben. Das unterschiedliche Material, aus dem die Steine bestehen, reagiert auch unterschiedlich auf äußere Einflüsse, es kommt zu Abschuppungen und Spaltungen. Wind und Wetter nagen am Granit: So bilden sich Höhlen und Grotten, regelrechte Felsenburgen und ›Wackelsteine‹, manchmal gewaltige Felsbrocken, die auf kleinster Auflagefläche zu balancieren scheinen. Felsen- oder Blockmeere bedecken die Hänge. Vor allem im Süden haben Erosionsprozesse einzelne Steine und ganze Berge wie die ›Eselsohren‹ des Bavella-Massivs geprägt.

In dem waldreichen Granitgebirge haben die meisten Flüsse ihre Quellen. Allen voran der 84 km lange Hauptfluß Korsikas, der Golo, der im Cinto-Massiv entspringt und südlich von Bastia ins Tyrrhenische Meer mündet. Er entwässert zusammen mit zahlreichen Nebenflüssen wie Tartagine und Asco eine Fläche von 980 km^2. Der zweitlängste Fluß ist mit 80 km der Tavignano, der ebenfalls im Osten der Insel ins Meer fließt und bedeutende Nebenflüsse hat (Restonica, Vecchio). Im Nordwesten mündet der Fango (25 km) ins Meer, im Westen der Porto (21 km) und im Südwesten der Prunelli (38 km) sowie Taravo und Rizzanèse, beide 53 km lang.

Diese und weitere Flüsse haben sich Täler gegraben, die mit zu den aufsehenerregendsten Naturerscheinungen der Insel gehören, vor allem dann, wenn sie die Form von *Gorges*, Schluchten, annehmen. Die Scala di Sta. Regina (Golo), die Tavignano-, Restonica- und Prunelli-Schluchten sollte man sich nicht entgehen lassen. Die östlichen Flüsse dagegen laufen im Flachland, das sie selber aufgeschwemmt haben, eher träge aus, die südwestlichen durchfließen zuletzt vergleichsweise breite und oft idyllisch grüne Täler.

Tafoni-Verwitterung im Süden von Calvi

Das westkorsische Massiv erhielt sein heutiges, oft schroffes und zerklüftetes Aussehen in besonderem Maße von den Gletschern, die die Insel während der pleistozänen Eiszeit bedeckten, also im Quartär, dem jüngsten Erdzeitalter, das vor ca. 1,5 Mio. Jahren begann. Diese Gletscher hinterließen Kare wie den Creno- und den Melo-See oder die vielen bizarren Gipfel und tiefeingeschnittenen Täler.

Bergketten und Täler des westkorsischen Massivs reichen teilweise weit ins Meer hinaus und bilden im Westen eine stark zerklüftete Küstenlinie mit Buchten, die oft mit norwegischen Fjorden oder den nordwestspanischen Rias verglichen werden.

Ein tektonischer Graben teilt die Insel in zwei Hälften. Diese ›natürliche‹ Grenze verläuft in etwa entlang der Linie L'Ile-Rousse – Corte – Solenzara und entspricht somit der Grenze zwischen den Départements Haute-Corse und Corse du Sud. Nordöstlich dieses Grabens erhebt sich die zweite, jüngere Gebirgsformation der Insel. Sie besteht vor allem aus kristallinem Schiefer, der stellenweise als Serpentinit grünlich schimmert. Dieses Schiefergebirge ist wesentlich kleiner als das westkorsische Granitmassiv, sein höchster Berg der Monte San Petrone mit 1767 m. Wie ein ausgestreckter Finger bildet dieses Schiefergebirge nördlich von Bastia die Halbinsel Cap Corse mit deren höchstem Berg, dem Monte Stello (1307 m).

Südlich von Bastia erstreckt sich, von den Bergen der Castagniccia nur an einer kurzen Strecke verengt, eine breite Flachlandzone bis nach Solenzara. Sie verdankt sich alluvialen und pleistozänen Ablagerungen, wurde von den Flüssen angeschwemmt. So entstand die einzige größere Ebene Korsikas, auf der industriell betriebene Landwirtschaft möglich ist. Hier bildeten sich jedoch im Laufe der Zeit auch Sümpfe und damit Brutstätten für die Anopheles-Mücke, den Überträger der Malaria. Das Fieber hat die Besiedlung der Ebene deshalb bis in die Nachkriegszeit, als man den Mücken mit DDT zu Leibe rückte, erschwert.

Korsika geologisch

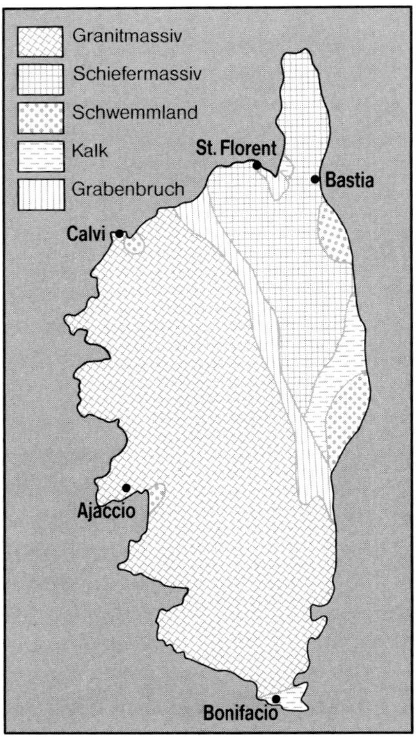

Weiße Strände und Lagunen, die *Etangs*, sind charakteristisch für die Wasserfront der Plaine Orientale, der östlichen Tiefebene. Einige, wie der Etang de Biguglia, verdanken ihren Ursprung Sandbänken, die sich vor der Mündung von Flüssen bildeten. Die Etangs de Diane und d'Urbino sind hingegen tektonischen Ursprungs. Klimatisch herrschen rund um die Insel bis etwa in eine Höhe von 250 m die Bedingungen der mediterranen Zone vor. Hier kann man ab April und bis in den Oktober hinein baden oder sich doch zumindest sonnen. Wem es an der Küste zu heiß wird – herrschen doch im Juli oder August bis zu 30 °C und mehr –, muß nur wenige Kilometer ins Landesinnere, ins deutlich kühlere und waldreiche Gebirge fahren. Die sog. Übergangszone (zur montanen Zone) reicht bis etwa 1000 m hoch ins Gebirge. Zwar nehmen in diesen Höhenlagen die Niederschläge bereits spürbar zu, im wesentlichen jedoch nur in der Zeit von November bis Februar.

Die anschließende montane Zone liegt zwischen 1000 und 1800 m; hier regnet es schon im Oktober häufiger und heftiger, und ab Dezember schneit es in ›normalen‹ Wintern. In Höhen über 1500 m dauern die Schneefälle häufig bis zum April an. Die Pässe sind während dieser Zeit manchmal gesperrt. Selbst im Mai kann man hier oft noch Ski fahren.

Es folgt die subalpine Stufe bis auf 2000 m Höhe, zunächst noch gekennzeichnet durch Erlengestrüpp, Zwergwacholder und Ebereschen. Der Übergang zur alpinen Zone erfolgt allmählich – ungemein viele Blumen blühen hier in der kurzen schneefreien Zeit von rund vier Monaten. In dieser kargen Gebirgswelt wächst eine äußerst artenreiche Flora, hier findet man auch die meisten der endemischen Arten Korsikas. Hier oben liegt das eigentliche Revier der Bergwanderer und Bergsteiger, die sich auf den Spuren des Stuttgarter Arztes Felix von Cube bewegen. (Nach diesem Pionier der Jahrhundertwende wurde sogar ein Gipfel im Cinto-Massiv benannt.)

Bedrohter Reichtum Wald

Der Unzugänglichkeit seiner Bergwelt verdankt es Korsika, daß es heute ein gutes Beispiel dafür abgibt, wie der gesamte Mittelmeerraum ausgesehen haben mag, bevor der seit der Antike andauernde Raubbau die natürlichen Ökosysteme verändert hat: Es war und ist in Korsika schwierig, Holz zu schlagen und abzutransportieren. Existenzielle Gefahr droht dem Wald auch heute daher weniger von profitorientierten Rodungen als vielmehr vom Feuer, der Geißel Korsikas – erschreckend weite Waldflächen brannten in den letzten Jahrzehnten ab.

Dennoch blieb der Insel der Reichtum ihrer Wälder in ungleich größerem Maße erhalten als anderen Mittelmeerregionen. Den bewaldeten Teil gibt man auf Korsika mit 252 000 ha an, ein knappes Drittel der Gesamtfläche. Andere Quellen zählen nur 149 438 ha zur Waldfläche. Die Hauptbaumarten hier sind Schwarz- und Strandkiefer, Steineiche, Buche und Korkeiche. Der größte Teil wird forstwirtschaftlich genutzt, zeichnet sich aber dennoch vielfach durch Mischbestände aus.

Auf der mediterranen Vegetationsstufe, besonders im Süden zwischen Porto-Vecchio und Figari, beeindrucken die Korkeichenwälder mit ihren frisch geschälten, leuchtend rot-braunen Stämmen. Bis zu zwölf Jahre dauert die Regenerationsphase der Korkrinde, die, zu Postkarten gepreßt und bedruckt, zu den Standardsouvenirs der Insel gehört. Im Inselnorden dominiert die immergrüne Steineiche, der klassische waldbildende Baum des gesamten Mittelmeerraums; sie wird bis zu 20 m hoch und ist nicht auf die mediterrane Stufe beschränkt, sondern wächst auf Korsika auch noch in Höhen von über 1500 m.

Vor allem in der östlichen Küstenebene trifft man häufig auf den Eukalyptus, auch Fieberbaum genannt, da man einst annahm, sein starker Duft vertreibe die Anophe-

Ökologische Probleme

Feuer im Wald und in der Macchia gehören zum korsischen Alltag. Die Folgen der Brände sind verheerend, ihre Ursachen umstritten. Auffallend häufig treten Brände am Rande der industriellen und touristischen Ballungszentren auf: »Da wird Bauland vorbereitet«, heißt es dann ganz offen auf Korsika. Inzwischen beginnt sogar die Mauer des Schweigens zu bröckeln, die Brandstifter traditionell umgibt. Umweltschützer und Nationalisten fordern immer wieder als vorbeugende Maßnahme ein generelles Bauverbot auf abgebrannten Flächen. Die lokal Verantwortlichen sträuben sich unter Hinweis auf die wirtschaftliche Entwicklung dagegen.

Entsorgung auf korsisch

Schon die Transhumanz (s. S. 25) hat die Hirten, wie man in der Literatur des 19. Jh. nachlesen kann, stets dazu verführt, der Natur durch Brandstiftung nachzuhelfen, denn das für die Viehwirtschaft benötigte Gras wächst natürlich nur auf den Lichtungen der Wälder, die einst die Insel noch dichter als heute bedeckten.

Die meisten Brände jedoch wüten in der Macchia, also in jenem Buschland, das brachliegendes Kulturland oder verbrannte Waldflächen innerhalb weniger Jahre in ein undurchdringliches Dickicht verwandeln kann, was die Bekämpfung von Bränden ungemein erschwert. Hinzu kommt, daß viele Pflanzen der Macchia reich an ätherischen Ölen sind und daher leicht brennen. Das Feuer bedroht immer wieder Dörfer, da die wenigen Bewohner die umliegenden Terrassen oft längst der Macchia überlassen haben.

Das Überhandnehmen von Bränden in den letzten Jahren resultiert auch aus einer Reihe extrem trockener Sommer und schneearmer Winter, die zu einem bislang nicht gekannten Wassermangel geführt haben. Der im Mittelmeerraum einzigartige Wasserreichtum der Waldberge ist, nicht zuletzt durch die Dezimierung des Waldes, gefährdet. Die zahlreichen Stauseen füllen sich kaum noch in ausreichendem Maße, um den Bedarf der Plantagen in der Ostebene zu decken. Einige dieser *Barrages* dienen übrigens auch der Energieversorgung.

Doch darf Korsika in einer Beziehung als vorbildlich für den ganzen Mittelmeerraum gelten: Die Abwässer der Küstenkommunen durchlaufen zunächst Kläranlagen, bevor sie ins Meer eingeleitet werden. Probleme bereiten den Verantwortlichen dagegen die vielerorts wuchernden wilden Müllkippen und die vielen Autowracks, die – in allen Stadien des Zerfalls – die Insel bedecken. Man hat sie sogar gezählt und kam dabei auf 16 000: Ein Wrack auf 15 Einwohner!

les-Mücken. Heute weiß man, daß er dem sumpfigen Boden das Wasser entzieht und damit den Mücken den Lebensraum nimmt.

Schließlich wird der wohl typischste Baum des mediterranen Raums auch auf Korsika gepflanzt, der Ölbaum (Olive). Man findet ihn überall in den Ebenen und auf den Terrassenkulturen der Berghänge. Damit die Früchte nicht einzeln aufgelesen werden müssen, breitet man Netze unter den Bäumen aus, in die sie dann fallen oder geschüttelt werden. Wo der Ölbaum und seine verwilderte Kleinform, der Oleaster, wachsen, gedeihen auch Mandeln, Zitrusfrüchte, Pfirsiche, Aprikosen, Quitten, Feigen, Granatäpfel und Haselnüsse.

Platanen, Pinien, Lorbeer, Mimosen, Bougainvilleas, Agaven, Opuntien (vor allem der Feigenkaktus) und Palmen runden das Küstenbild ab. Diese Pflanzen prägen heute unsere Vorstellung vom mediterranen Raum, obwohl viele von ihnen aus Asien und Amerika oder gar aus Australien kommen wie der Eukalyptus. Bereits vor 2600 Jahren machten griechische Kolonisten den Wein auf Korsika und in anderen Gegenden des westlichen Mittelmeers heimisch.

In der Übergangsstufe läßt sich vor allem die Edelkastanie nicht übersehen. Auch sie ist ein antiker Import aus dem Osten; heute gehört sie zum Ortsbild fast aller Dörfer und bildet ganze Wälder. Insbesondere die Region Castagniccia wirkt wie ein einziger, 30000 ha großer Kastanienwald. Die Früchte liefern getrocknet und gemahlen ein braunes Mehl, das bis ins 19. Jh. noch ein Grundnahrungsmittel der Inselbewohner darstellte. Heute sind die kaum noch gepflegten Bestände vielfach vom Kastanienrindenkrebs befallen, die Früchte werden nur noch selten geerntet und dienen den freilaufenden Schweinen als Futter. Neben diesem ›Brotbaum‹ prägen auf gleicher Ebene Weiden, Erlen, Ulmen, Eschen, Pappeln und Ahorn die Landschaft. Unter all diesen Bäumen findet man im Spätsommer und Herbst Unmengen von Pilzen. Viele Korsen sind erfahrene Mykologen, deren Rat man nicht verschmähen sollte.

Vor allem bei Porto-Vecchio findet man viele Korkeichen, deren frisch geschälte Stämme durch ihre rote Färbung auffallen.

Die beeindruckendsten Bäume wachsen jedoch in der montanen Zone, in Höhen über 1000 m. Die Buche bildet z. B. im zentralen Gebirgsmassiv ganze Wälder. Am auffälligsten sind freilich die korsischen Schwarz- oder Lariciokiefern (s. Abb. S. 203), sonst nur noch auf Sizilien und in Kalabrien zu Hause. Die oft meterdicken Stämme wachsen hier kerzengerade bis zu 50 m hoch und stellen, besonders eindrucksvoll einzeln oder in kleinen Gruppen an einem kargen Berghang, mit ihrer eigenartig in Windrichtung strebenden und verzweigten Krone ein Wahrzeichen des korsischen Gebirges dar. Die Lariciokiefer trotzt nicht nur Stürmen, Schnee und Eis, sondern ist auch relativ unempfindlich gegen Feuer.

Wahrscheinlich ist es allein dieser Robustheit zu verdanken, daß es noch große zusammenhängende Schwarzkiefernwälder gibt. Uralte Bäume, angeblich bis zu über 1000 Jahren alt, stehen im Forêt de Bonifato (4000 ha), im Forêt de Valdo-Niello (4400 ha), im Forêt de L'Ospédale (3500 ha) und in etlichen kleineren Wäldern. Hier wachsen zudem Strandkiefer, Aleppokiefer, Tanne und Buche. Die Baumgrenze liegt zwischen 1600 und 1800 m.

Der Duft der Macchia

Nirgendwo tritt die mediterrane Vegetationsform der Macchia so üppig und artenreich wie in Korsika zutage. Die wohlschmeckenden Kräuter der Macchia gehören zu den lohnenden Souvenirs, die es überall zu kaufen gibt. Vielleicht bedeckt die Macchia wirklich, wie vielfach behauptet wird, die halbe Insel. Aber korsische Statistiken sagen in bezug auf die Unterscheidung zwischen Wald und Macchia nicht viel aus. Die Vegetation der korsischen Macchia kann bis zu 10 m hoch werden und hat die Waldgebiete oft durchsetzt und überwuchert. Viele Baumarten kommen in beiden Biotopen vor, was nicht verwundert, da die Macchia lediglich eine Nachfolgevegetation des Hochwaldes ist: Wo das Feuer raste, wächst schon bald die Macchia.

Der *Maquis*, wie die Franzosen ihn nennen, ist als Zufluchtsort für Verfolgte untrennbar mit der Inselgeschichte verbunden (s. S. 66). Dornenbewehrte, stachelige, hartlaubige Gewächse, Bäume, Büsche und Gräser bilden einen schier undurchdringlichen Dschungel.

Mucchio war zunächst nur das korsische Wort für eine typische Pflanze dieser Vegetation, die Zistrose. Weitere typische Macchia-Pflanzen sind darüber hinaus Stein- und Kermeseiche, Erdbeerbaum, Myrthe, Ginster, Mastixstrauch, Wacholder, Oleaster, Wegedorn, Thymian, Rosmarin, Lavendel sowie die Baumheide, ein bis zu 5 m hoher Strauch, aus dessen Wurzelholz die Bruyère-Pfeifen geschnitzt werden. Viele dieser Pflanzen sondern, um sich vor der Austrocknung durch Verdunstung zu schützen, aromatische Öle, gummiartige oder harzige Substanzen aus. Daher stammt der Duft, dem Korsika einen seiner vielen Beinamen verdankt: *l'Ile parfumée*, die duftende Insel. Napoleon hat behauptet, seine Heimat am Geruch erkennen zu können.

Die Erfahrung zeigt freilich, daß es auch auf Korsika nicht leicht ist, Blütenmeere aufzuspüren. Auf kleinem Raum schon können sich die klimatischen Bedingungen grundlegend unterscheiden, schützen Felsen einen Flecken, während angrenzende Flächen kalten Winden ausgesetzt sind. Die Nord-Süd-Ausdehnung und die verschiedenen Höhenlagen tun ihr übriges. Schließlich sind auch die Blüten von Wildblumen und -sträuchern zumeist nur klein und unscheinbar. Wanderer haben die besten Chancen, auf solche Naturwunder zu stoßen, am ehesten noch im Frühjahr, wenn Lavendel, Rosmarin, Ginster und Brombeeren blühen.

Viele Macchia-Blumen, besonders zahlreiche Orchideenarten, Krokus, Iris und Narzissen findet man auch in der Garrigue, einer besonders kleinwüchsigen Pflan-

Auf den Spuren der Transhumanz

Überall auf Korsika kann man die *Cabanes* finden, kleine, niedrige Steinhäuschen, oft ohne Fenster und mit nur einer Tür versehen. Viele verfallen heute oder werden als Schuppen oder Viehunterstände genutzt. In den Bergen dienen sie teilweise dem Wandertourismus; mitunter jedoch werden diese *Bergeries* (Almhütten) von den Hirten sogar noch heute zu ihrem ursprünglichen Zweck, als Sommerwohnung, benutzt.

Almhütten dienen oft Wanderern als Unterkunft

Die Hütten zeugen von der Transhumanz, einer halbnomadischen, einst im ganzen Mittelmeerraum verbreiteten Form der Weidewirtschaft; diese extensive Haltung von Schaf- und Ziegenherden war schon immer (s. S. 22) mit verantwortlich für die Waldbrände.

Das Wandern von Weide zu Weide dient dazu, die kargen Futtergründe auf verschiedenen Höhenstufen möglichst gleichmäßig abzugrasen. In ununterbrochenem Wechsel pendeln dabei die Hirten mit ihren Herden zwischen den Sommerweiden des alpinen Hochlands und den küstennahen Winterweiden, der *Piaghia*. So sehr dieses Wort auch dem französischen *Plage* ähnelt, es bezeichnet nicht den Sandstreifen am Meer, sondern einen viel breiteren und fruchtbareren Küstenstreifen. Viele korsische Orte in Küstennähe, beispielsweise Propriano und Porticcio, entstanden aus einer *Piaghia*-Siedlung. Die Touristen tun es heute den Hirten gleich: Die meisten Wanderwege folgen ihren Spuren ins Gebirge.

zengemeinschaft – gewissermaßen die ›Kümmerform‹ der Macchia. Sie hält sich vor allem in Küstennähe auf unfruchtbaren Böden und unter extremen klimatischen Bedingungen. Die Bezeichnung leitet sich von der Kermeseiche ab (provenzalisch *garoulia*), die hier als kleinwüchsiger Busch, selten höher als 1 m, wächst. Daneben bestimmen vor allem die aromatischen Kräuter wie Rosmarin, Salbei, Thymian, Lavendel, Bergminze, Ysop und Raute die Garrigue.

Besonders exotische Blüten trifft man in der ansonsten kargen alpinen Region an, wo viele der endemischen Arten Korsikas vorkommen, u. a. die korsische Nieswurz *(Helleborus lividus ssp. corsicus)*, der korsische Krokus *(Crocus corsicus)* oder die korsische Bergzwiebel *(Brimeura fastigiata)*.

Jäger und Gejagte – die korsische Fauna

Auch unter den zahlreichen Insekten der Insel gibt es endemische Arten wie den korsischen Perlmuttfalter und den korsischen Schwalbenschwanz, die nur hier und in Sardinien durchs Gebirge flattern. In den Tälern trifft man Bienen an: Die Macchia liefert ihnen in ihrer Vielfalt ganzjährig Nahrung, saisonweise kommen Baumblüten hinzu. Den Imkern bringt die Kastanienblüte die reichste der insgesamt bis zu vier Ernten pro Jahr.

Auch die Tierwelt setzt sich je nach Klimazone unterschiedlich zusammen. Einzig auf Korsika zu finden – ausschließlich zwischen 600 und 2000 m Höhe – ist der korsische Gebirgsmolch. Häufiger trifft man dagegen Geckos (von denen sich einige anpasserisch wie Chamäleons verhalten), Feuersalamander und allerlei Eidechsen. Sie gehören zu den wenigen wild lebenden Tieren, die nicht gejagt werden.

Die Korsen sind ein Volk von Jägern und, damit verbunden, ein Volk von Hundefreunden: kaum ein Haushalt ohne Hunde und Gewehrständer, kaum ein Gelände

ohne den Hinweis auf die Tatsache, daß hier jemand die Jagdrechte innehat (*Chasse gardée* oder *Réserve de chasse*). Franzosen sind zwar insgesamt als Waffennarren und Jagdfreunde bekannt, doch die Korsen schießen hier noch den Vogel ab, was man auch wörtlich verstehen kann: Amseln sind trotz Verbot ganzjährig in Gefahr.

Das beliebteste Jagdwild stellen die Wildschweine dar: Etwa 10 000 von ihnen lassen jährlich auf Korsika ihr Leben. Nicht nur Laien zweifeln nicht selten, wie ›wild‹ die korsischen Schweine wirklich sind. Angeblich wissen nur die Schweine selbst, ob sie sich abends in ihr Waldversteck oder in ein Gatter begeben müssen. Die Hausschweine werden sogar gefüttert, was den Laien angesichts der allgegenwärtigen Kastanienmast erstaunt.

Auf einer Insel voller Jäger und Touristen könnte es das bekannteste Tier bald nicht mehr geben, das auf Korsika und Sardinien endemisch ist: das Mufflon. Vor allem die Trophäen, seine widderähnlichen Hörner, haben es schon früh so berühmt gemacht, daß kaum ein europäischer Fürst auf eine eigene Herde dieses Wildschafes verzichten mochte. Heute ist es in allen Zoos der Welt zu Hause, doch in seiner Heimat gibt es nur noch einige hundert Exemplare dieses korsischen Symboltieres. Den Zwerghirsch haben die Menschen schon ausgerottet.

Vogelfreunde dürfen sich vor allem über die zahlreichen Greifvögel freuen. Mit einem Fernglas ausgerüstet, kann man Falken, Bussarde, Habichte, Milane und Sperber bei der Jagd beobachten. Sogar Habichts-, Stein- und einige wenige See- und Schlangenadler sowie Bartgeier nisten auf der Insel. Die restliche Vogelwelt Korsikas kennen Mitteleuropäer aus ihrer Heimat – um so befremdlicher wirkt die korsische Delikatesse Amselpastete.

Vor der Entrüstung sollte man den Ursprung des Brauches, Singvögel zu verspeisen, bedenken: den Hunger. Fernand Braudel, einer der besten Kenner des Mittelmeerraums, hat das Überlebensproblem auf den Punkt gebracht: »Das optische Vergnügen, die Schönheit der Dinge täuschen über die Tücken der Geologie und des mediterranen Klimas hinweg. Zu leicht lassen sie vergessen, daß der Mittelmeerraum nicht ein Paradies war, das zum Ergötzen seiner Bewohner bereitgestanden hätte. Alles mußte hier erst aufgebaut werden, und oft unter ärgeren Mühen als anderswo.«

Selbst das Angeln in den Flüssen Korsikas ist kein leichtes Vergnügen, wird aber dennoch eifrig, vor allem wegen der Forellen, betrieben. In den korsischen Gewässern schwimmen zwar etwa 200 Fischarten, doch die wenigen korsischen Fischer holen nur kleine Fänge ein, zumeist Meerbarben. Zwei Drittel der in Korsika aufgetischten Meeresfrüchte stammen aus Importen.

Korsika kulturell

Erstmals nach gut 200 Jahren hat die französische Nationalversammlung dem korsischen Volk 1990 eine ›kulturelle Identität‹ zugesprochen (s. S. 75). So fand der Kampf engagierter Korsinnen und Korsen seine Anerkennung, der einen ersten Höhepunkt mit der Wiedergründung der Universität in Corte 1981 erlebt hatte. ›Pasquale Paoli‹ heißt sie nach dem ›Vater des Vaterlands‹, der sie erstmals im Jahre 1756 gegründet hatte. Ihr Ziel heute ist nicht zuletzt, über die Förderung der eigenen Sprache das Selbstbewußtsein der Korsen als Volk zu wecken.

Der Pflege und Förderung korsischer Musik, Sprache und Brauchtums widmen sich inzwischen zahlreiche Institutionen, Vereine und Einzelpersonen. Auch in den Medien, vom Regionalsender FR 3 über das Magazin ›KYRN‹ bis zu den (zwei) Tageszeitungen wird Heimatkunde im weitesten Sinn betrieben.

Ein interessanter Versuch in Richtung kultureller Selbstfindung war die Gründung der kunsthandwerklichen Vereinigung ›Corsicada‹ im Jahre 1964. Die Verkaufsstellen der ›Corsicada‹, erkennbar an ihrem Emblem, bieten ausschließlich Waren an, die von ihr angeschlossenen Produzenten gefertigt werden. Diese unterhalten in der Regel auch noch eigene Verkaufsstellen. Auf eine ungebrochene Tradition können die (nicht immer korsischen) Hersteller und Herstellerinnen von Ton-, Woll- und Holzwaren, die den größten Teil des Angebots bestreiten, jedoch kaum zurückgreifen. Um so interessanter sind die Ansätze zur Wahrung einer korsischen Authentizität. So empfinden die Strickerinnen der Manufaktur in Ponte Leccia beispielsweise die Muster ihrer Pullover und Jacken den Ornamenten romanischer Sakralbauten nach.

Selbst wenn die Formensprache von ›Corsicada‹-Produkten gelegentlich ›neukorsisch‹ ist und etwa der vertöpferte Ton aus Frankreich kommt, bleibt der Ansatz der Künstlervereinigung doch dreifach verdienstvoll: Auch auf Frankreich fixierten Korsen wird die Lebendigkeit ihrer korsischen Kultur demonstriert; die Touristen erhalten keinen ›Nepp‹, sondern kunsthandwerkliche Produkte von Wert für ihr Geld; schließlich wird das Landesinnere wirtschaftlich gefördert: ›Corsicada‹ bemüht sich, Produktions- und Verkaufsstellen und damit Arbeitsplätze fern von der Küste zu schaffen – dort, wo sie am nötigsten sind. Hieraus erklärt sich auch, warum meist kulinarische Genüsse zum ›Corsicada‹-Sortiment gehören: Honig, Marmelade, Obstsäfte, Wein, Wurst, Schinken und jede Menge Macchia-Kräuter, vorwiegend aus den landwirtschaftlichen Kleinbetrieben im touristisch eher unergiebigen Inselzentrum.

Die jüngsten politischen Tendenzen begünstigen zudem die Entwicklung, gilt doch Kulturpolitik seit den 80er Jahren in ganz Frankreich als Teil einer ›Modernisierungsstrategie‹ der Wirtschaft. Auch kann der Regionalismus nicht als spezifische Erfindung der Korsen gelten, er hat im übrigen Frankreich, etwa in der Bretagne, im Midi und im Elsaß, weitere eifrige Vertreter (s. a. S. 73–77). Auf der anderen Seite ist Korsika kein Freilichtmuseum zur Konservierung archaischer Bräuche und Lebensformen eines isolierten Inselvolkes. Dies kann schon deshalb nicht zutreffen, weil dieses Volk heute nur zur Hälfte aus ›Ureinwohnern‹ besteht.

◁ *Traditioneller Hochzeitszug: Mit der Zahl der berittenen Verwandten stieg das Ansehen des Paares*

Die korsische Kultur manifestiert sich nicht so sehr bei offiziellen Veranstaltungen als vielmehr im Alltag. Die Korsen haben lange genug bewiesen, wie zäh und unbeirrbar sie ihre Eigenarten bewahren konnten: So haben sie über die Jahrtausende hinweg einen vielen Naturvölkern eigenen Zugang zum Übersinnlichen bewahrt. Über Haustüren und an Weidegattern fallen gelegentlich bleiche Tierschädel auf, die böse Geister fernhalten sollen. Die ›schwarze‹ und die ›weiße‹ Magie, der böse Blick etwa und seine Abwehr, werden noch oft als Realität betrachtet. Auch gibt es kein Dorf ohne mindestens eine *Signatore,* eine weise Frau, die über magische Kräfte verfügt. Eine Kerze sowie eine Untertasse mit Öl und Wasser stellen ihre wichtigsten Requisiten bei der Abwehr des Bösen dar.

Tierschädel als magisches Abwehrzeichen

Solcher Volksglaube und Bräuche wie die Herstellung von Wandschmuck aus Palmwedeln in der Osterzeit deuten wohl eher auf eine lebendige Kultur als die Bemühungen von Intellektuellen, die korsische Sprache, Musik und Kunst zu konservieren und wiederzubeleben. Der etwas gezwungen wirkende Eifer, mit dem Vereine und einzelne Persönlichkeiten die korsische Sprache und das korsische Liedgut pflegen, beweist, wie wenig derartige Äußerungen von Volkskultur ohne solche Hilfen lebensfähig wären.

Bei Festivals, vor allem in Bastia und Bonifacio, zeigen sich die Verantwortlichen jedoch selbstbewußt genug, die korsischen Beiträge in den Bereichen bildende Kunst, Literatur, Musik und Film zusammen mit denen anderer Mittelmeerregionen zu präsentieren. Der Trend hat Tradition, war Korsika doch, wie alle

Erasmus-Statue für die Bootsprozession in Ajaccio

Mittelmeerinseln, schon im Altertum eine Begegnungsstätte vieler Völker. Etrusker, Griechen, Phönizier, Römer, Araber, Germanen und Spanier haben die Grundlagen für die Kultur der Korsen gelegt – für ihre Art sich zu kleiden, zu essen, zu arbeiten, zu feiern. Auf dieser Grundlage baute dann die römisch-katholische Kirche, selber ein Sammelbekken zahlreicher kultureller Strömungen, auf.

Die Verehrung von Heiligen und generell christliche Bräuche prägen bis heute die Kultur Korsikas, christliche Feste gliedern das Jahr. Sie sind durchweg Ausdruck tiefer Religiosität – und gesellschaftlich absolut verbindlich. Niemand, auch ›aufgeklärte‹ Zeitgenossen nicht, entzieht sich ohne triftigen Grund seinen religiösen Verpflichtungen, etwa an einer Prozession teilzunehmen.

Jede Kirche besitzt mindestens einen Schutzheiligen, dessen Jahrestag mehr oder weniger aufwendig mit Messen und Prozessionen gefeiert wird. Originell wird vor allem der Jahrestag des hl. Erasmus (2. Juli) begangen, des Patrons der Seeleute und Fischer: Seine Statue wird im Boot aufs Meer gefahren. Auch die Schutzheiligen von Ortschaften werden oft mit Feierlichkeiten gewürdigt. Besondere Bedeutung kommt im korsisch-katholischen Kalender neben der Osterzeit traditionell dem mittsommerlichen Tag des hl. Johannes (24. Juni) zu. Der Karneval, seltsamerweise zumeist erst im Mai begangen, ist hingegen nur noch ein Kindervergnügen. Höhepunkte des Festkalenders bilden die Feiern am 8. September, die der Schutzheiligen der ganzen Insel, der Gottesmutter Maria, gelten.

Junge Mode

Die vielfältigen fremden Kultureinflüsse erhielten ihr spezifisch ›korsisches‹ Gesicht durch die – begrenzten – materiellen Möglichkeiten, sie zu realisieren. So kamen als Material für Kleidungsstücke nur heimische Produkte, also Wolle und Leder, in Frage, solange sich die Menschen Importe nicht leisten konnten. Ein grob gewirkter Wollmantel, der *Pelone,* gegen den Regen, Hosen in langschäftigen Lederstiefeln als Schutz gegen die dornige Macchia und die wärmende, spitz zulaufende Wollmütze auf dem Kopf: So bekleidet haben korsische Männer über Jahrhunderte ihre Herden gehütet. Nicht viel anders haben vermutlich bereits die *Corsi* der Antike ausgesehen.

Die spitzen Stiefel aus Schweinsleder trugen auch die Etrusker. Der weite Hirtenmantel, einem arabischen Burnus ähnlich, kleidet ländliche Türken noch heute. Aus

Kleinasien stammt zudem die Mütze, was in der Bezeichnung ›phrygische Mütze‹ zum Ausdruck kommt. Als ›Jakobinermütze‹ wurde sie zum Symbol der französischen Revolution – sie schützte die Köpfe der Armen, die sich keine Hüte leisten konnten.

Aus dem Material, das ihnen ihre Heimatinsel bot, waren ursprünglich auch die Kleider der Frauen gefertigt. Vor Regen und Wind schützte sie ebenfalls der *Pelone,* wenn sie nicht einen weiten Überrock, die *Faldetta,* über den Kopf zogen. Im Grunde handelt es sich dabei um schürzenartige Tücher, die vor allem in der Gegend von Brando auf Cap Corse an Festtagen noch zu sehen sind. Bereits im 17. Jh. begann es sich dann bemerkbar zu machen, daß viele Korsen als Soldaten im Ausland lebten: Ihre Frauen wußten schon damals mit Velours und sogar Seide auch ›Importwaren‹ zu verwenden.

Aus dem 18. und 19. Jh. stammen die Beschreibungen von Frauen mit weißen Schürzen, mit schwarzen oder braunen Röcken über weißen oder roten Unterröcken (vielfach wie ›Patchwork‹ aus Flicken zusammengesetzt), von ärmellosen Miedern und taillierten Jacken oder Kleideroberteilen. Die *Mandile,* ein kleines Kopftuch, vervollständigt das Bild – historisch gesehen der Rest des arabischen Schleiers. An Details im Schnitt konnte man die geographische Herkunft der Frauen erkennen, am Aufwand ihren sozialen Status. Auch Farbigkeit der Kleidungsstücke und Bänder signalisierten Wohlstand.

Schuhe trugen zumindest einfache Frauen bis ins 20. Jh. allenfalls zu festlichen Anlässen, Mandilen, Hauben oder Hüte dagegen durchgängig. Den Reisenden des

19. Jh. erschien das türkisch anmutende weite Tuch *(mezzaru)* auf den Köpfen und Schultern der Frauen als besonders korsisch; es war indes gerade erst in Mode gekommen. Auch das einteilige schwarze Kleid, in das die Korsinnen der Literatur sich hüllen, widerspricht der eher farbenfreudigen Vielfalt der klassischen Trachten. Selbst das straff gekämmte Haar hatte damals noch keine Tradition. ›Schnecken‹ hinter den Ohren, aus zwei Zöpfen gewunden, bildeten die ursprünglich übliche Frauenfrisur.

Die Farbe der Trauer war auf Korsika einst das Blau. Daß später schlichte schwarze Kleider zum Symbol korsischer ›Damenmode‹ wurden, läßt sich nur sozioökonomisch erklären: In Korsika wurden keine Kleider produziert, die mit der – schwarzen – Massenware aus französischen Fabriken hätten konkurrieren können. Die schwarze ›Nationaltracht‹, eine vergleichsweise billige Industrieware, sorgte dafür, daß die Korsinnen mit der Zeit ihre eigene Spinn- und Webproduktion einstellen mußten.

Überdies erschien Frankreich den Korsinnen und Korsen, besonders zur Zeit des Zweiten Kaiserreichs, auch als Mutterland der Mode. Was aus Paris kam, war ›in‹. Daran hat sich nichts geändert, wie sich auf den Straßen und in den Schaufenstern, vor allem in Ajaccio, jederzeit nachvollziehen läßt.

Leben mit dem Tod

Kleidung in düsteren Farben paßt indes zu der Schwermut, die Korsen als einen Zug ihres Nationalcharakters durchaus selber anerkennen – ein Erbe von Gewalt und existentieller Unsicherheit, die Korsikas Geschichte durchziehen? Es fällt auf, daß in alten Schriften nur von einem korsischen Tanz die Rede ist, von der *Moresca.* In diesem Waffentanz, den man auch in anderen Mittelmeerländern kennt, beschworen die Tänzer die blutige Zeit der Sarazenen-Kriege.

Frohsinn war und ist selten auf Korsika, wird als Anlaß für Unheil beargwöhnt. Zeigt sich jemand ungehemmt ausgelassen, läuft alles wie gewünscht oder freut man sich gar über derart viel Glück, dann kann man Korsen noch heute verstohlen zwei Finger einer Hand zum uralten Abwehrzeichen spreizen sehen: Sie zeigen dem Bösen, das unweigerlich solchen Freuden folgen muß, vorsorglich und abwehrend die Hörner.

Der melancholische Grundzug ist derart ausgeprägt, daß sich die Korsen häufig vorhalten lassen müssen, Todessehnsucht sei ihnen kollektiv eigentümlich. Ein besonderes, zumindest Mitteleuropäern fremdes Verhältnis zum Tode haben sie ganz sicher. Dafür spricht bereits der Aufwand, der an den ungewöhnlich häufig zu findenden, einzeln stehenden Grabanlagen betrieben wird. Pracht und Größe dieser Mausoleen, insbesondere auf Cap Corse und in der Balagne, übersteigen häufig sogar jene italienischen Grabmale, deren Einfluß sie verraten. Friedhöfe mit Einzelgräbern für ärmere Menschen gibt es auf Korsika erst seit etwa 100 Jahren.

»Korsen blühen bei Beerdigungen richtig auf, dann fühlen sie sich besonders wohl«, hat eine Deutsche beobachtet, die seit über 20 Jahren auf der Insel lebt. Stellen Familienfeiern ohnehin die traditionellen Glanzpunkte des korsischen Alltags dar, so sind Trauerfeiern deren Gipfel. Vor allem die Totenwache ist stets ein gesellschaftliches Ereignis: Da sitzen die Familienmitglieder, Freunde, Bekannten und Nachbarn bei dem Verblichenen und flüstern – über den Toten, sein Leben und Sterben. Bei ›leichter‹ Trauer (um entfernte Verwandte) kann es schon einmal lauter zugehen. Der Brauch, bei dieser Gelegenheit das traditionelle *Pan di morti,* das Brot der Toten, zu reichen, lebt derzeit wieder auf. Bis vor kurzem allerdings kannten nur noch wenige Bäcker in entlegenen Dörfern das Rezept, nach dem man Mehl, Rosinen und Nüsse mischt.

Solitäres Grabmal auf Cap Corse

Nicht mehr praktiziert wird dagegen die noch im 19. Jh. übliche Totenklage, die dem eigentlichen Totengeleit der zahlreich herbeigeeilten Freunde und Verwandten, der *Scirrata* oder *Corteo,* voranging. Die Totenklage stellte wohl das ›korsischste‹ Kulturelement überhaupt dar. Ferdinand Gregorovius beschreibt sie: »Wenn der Tod eingetreten ist, beten die um das Totenbett stehenden Verwandten den Rosenkranz, dann erheben sie ein Klagegeschrei (Grido). Die Leiche wird nun auf einen Tisch an die Wand gelegt, welcher ›Tola‹ genannt wird... An der Tola wird gewacht und geklagt, oft die ganze Nacht hindurch, und es brennt ein Feuer. Die große Klage aber erhebt man am Frühmorgen vor dem Leichenbegängnisse.«

Dies war die Stunde der Klageweiber, der *Pleureuses,* die, ›Expertinnen‹ im Jammern und Haareraufen, oft von weither geholt und nicht schlecht entlohnt wurden. Sie bildeten einen Kreis um die *Tola* und konnten sich in Ekstase steigern, bis Blut von ihren aufgerissenen Gesichtern floß: Vergossener ›Lebenssaft‹ versöhnt in vielen alten Kulturen die Toten. Sicher zu Recht führte die Kirche diese Art der Trauer auf heidnische Ursprünge zurück und verbot sie, wie aus dem 17. Jh. bekannt ist, als ›Brauch der Mauren‹ – vergeblich.

Melancholische Musik

Das beliebteste traditionelle Lied auf Korsika ist seit 1735 die Hymne an die Muttergottes als Königin der Nation im Aufbruch (s. S. 60), die Hymne ›Dio Salvi Regina‹. Sie wird bei weltlichen wie kirchlichen Anlässen gesungen und erinnert an jene getragenen, in ihrer Einfachheit ergreifenden Stücke, mit denen kleine Blasorchester die zahlreichen Prozessionen musikalisch zu begleiten pflegen. Sie sind ähnlich auch in Südfrankreich und auf der Iberischen Halbinsel zu hören.

Neben der auch in Korsika vorherrschenden internationalen Popmusik erfreut sich auch das traditionelle Liedgut wieder wachsender Beliebtheit. Hier zeichnet sich vor allem der Lokalsender ›Voce Nustrale‹ (Unsere Stimme) in Cervione aus, der sich die Pflege der korsischen Sprache zur Aufgabe gestellt hat. Überhaupt sind die Korsen hörbar sangesfreudig. Je anregender der Tag war, etwa nach Märkten und Kirchenfesten, je später der Abend und je mehr vom Nationalgetränk ›Pastis‹ geflossen ist, desto eher kann man auch als Tourist in mancher Bar erleben, wie jemand seine Gitarre holt und zu singen beginnt. In den Touristenorten haben sich Lokale sogar auf diese Art der Unterhaltung spezialisiert.

Je weiter man nach Norden kommt, um so häufiger wird in korsischer Sprache und mit politischen Inhalten gesungen: Schlagartig wird sich in einer Bar die Atmosphäre ändern, wenn ein Polizist die Szene betritt. Immer französischer und schlagermäßiger klingen die Lieder, wenn man nach Süden vorstößt, in die Heimat des 1983 verstorbenen Tino Rossi. Jede Menge Epigonen rühren dort die Zuhörer in seinem Stil zu Tränen. Rossis Popularität hat auf Korsika weder seine musikalische Nähe zum französischen Chanson noch seine politische Nähe zum Faschismus geschadet.

Großes Glück hat, wer in einer Dorfkneipe Ohrenzeuge des archaischen Wechselgesangs *Chiam' e rispondi* wird. Es scheint, als ob zwei Männer sich stritten, und polemischen Inhalts sind die Texte tatsächlich. Voller schwermütiger Melodik ist die *Paghiella,* auch sie wird, selten genug, gelegentlich an Theken zum Besten gegeben. Drei, manchmal auch vier Männer singen die *Paghiella,* eine Hand, zum besseren Hören der eigenen Stimme, hinter dem Ohr. Schon diese Geste erinnert an muslimische Muezzin, die vielen Vierteltöne und die langgezogenen Endakkorde beweisen dann endgültig die orientalische Herkunft dieser Gesänge.

Archaisch und wild müssen die *Lamenti* auf den Tod geliebter Menschen und die zur Rache aufrufenden *Voceri* beim Tod Ermordeter geklungen haben, die jedoch der Vergangenheit angehören. Diese Sprechgesänge wurden am Totenbett von besonders begabten Spezialistinnen im Stegreif vorgetragen und galten bereits den Zeitgenossen als hervorragende Beispiele der Volkskunst. Zuhörer haben etliche dieser Lieder ebenso wie die Tatsache notiert, daß *Voceri* durchaus geeignet waren, womöglich zögernde Verwandte des Toten für den Fortgang einer Vendetta zu verpflichten.

Weit friedlicher sind die Themen der Wiegenlieder, wie diese Strophe einer derartigen *Nanne* beweist:

Addurmentatit par pena
Aligrezza di mammona.
Ch'aghju da addistri la cena
E da cosgia li piloni
Pà u to tintu babbareddu
E par li to fratiddoni.

Schlaf rasch ein,
Freude Deiner Großmutter.
Denn ich werde das Nachtmahl bereiten
Und die Mäntel nähen
Für Deinen armen lieben Papa
Und für Deine großen Brüder.

Die Sprache der Alten

Eine der schmerzhaftesten Formen von Kolonialisierung stellt der Verlust der eigenen Sprache dar. Für Kinder galt das noch in den 70er Jahren wörtlich: Wer in der Schule ein Wort Korsisch sprach, bekam Schläge. Die Freigabe des Korsisch-Unterrichts an den Schulen hat dem Ministerpräsidenten François Mitterrand denn auch manche Sympathien auf Korsika eingetragen. Dort schießt man nicht nur auf mißliebige Ortsschilder, man pinselt sie auch um, macht *Merusaglia* aus ›Morosaglia‹ und *Sartè* aus ›Sartène‹. Oder man wirft unter dem Schlachtruf *»Vulemu nomi corsi per i nostri paesi«* (wir wollen korsische Namen für unser Land) Wegweiser ins Meer – die noch nicht einmal in Französisch gehalten sein müssen, wurden doch viele korsische Orte noch im 19. Jh. italienisiert: Aus *Purti Vecchju* wurde so ›Porto-Vecchio‹, aus *Corti* ›Corte‹.

Korsische Texte und Titel zieren Zeitungen wie ›U Ribombu‹ (Das Echo) oder ›Arritti‹ (Auf!), die der ACN (A Cuncolta Nazionalista) bzw. der UPC (Unione di u Populu Corsu) nahestehen. Die Pflege der korsischen Sprache ist die populärste Form des Nationalismus auf Korsika, der sich keineswegs nur politische Aktivisten widmen. Beiträge über die korsische Sprache und solche in Korsisch finden sich auch in den beiden Tageszeitungen, die als Ableger französischer Blätter auf Korsika erscheinen:

›La Corse‹ (Provençal) und ›Corse Matin‹ (Nice) sowie in der Wochenzeitschrift ›KYRN‹.

Umgangssprache ist Korsisch dagegen fast nur noch für ältere Menschen. Junge Leute konzentrieren sich eher auf die Beherrschung des Französischen, der Sprache der Erfolgreichen und des Fernsehens. Auch in 200 Jahren gemeinsamer Geschichte mit Frankreich hat sich auf Korsika kein französischer Dialekt herausgebildet, wird hier ein besonders akzentfreies, ›reines‹ Französisch gesprochen.

An der Universität in Corte, dessen ›Centre de recherches corses en lettres et sciences humaines‹ das erste Institut am Orte war, wurde 1989 zudem ein neuer Lehrstuhl für korsische Sprache und Literatur eingerichtet. Seine Inhaberin, eine Dialektforscherin, soll sich um die sprachlichen Gemeinsamkeiten der Korsen kümmern. Der Ansatz erscheint notwendig, gibt es doch kein ›Hochkorsisch‹, sondern lediglich eine Vielzahl von Dialekten.

Die auf Korsika übliche Schriftsprache war, als Sprache des Adels und der Gebildeten, stets ein toskanisches Italienisch. Dieses erfuhr sogar noch im 19. Jh. einen gewissen Aufschwung, als viele wohlhabende Familien ihre Söhne nach Pisa und nicht etwa nach Paris auf die Universität schickten. Toskanisches Italienisch diente auch als Amtssprache, bis es im ausgehenden 18. Jh. durch Französisch ersetzt wurde. Korsische Literaten schrieben im Laufe der Jahrhunderte in Latein, in toskanischem Italienisch und zuletzt in Französisch.

Der erste auf Korsisch geschriebene Roman, ›Pesciu Anguilla, rumanzu bastiese‹ von Sébastien Nicolai, erschien erst 1930. Die erste korsischsprachige Zeitung, ›La Tramuntana‹, kam 1896 heraus; sie wurde 1914 wieder eingestellt. Die erste korsische Zeitung überhaupt, ›Le Journal de la Corse‹, wurde 1817 in französischer Sprache

veröffentlicht. (Die älteste noch erscheinende Zeitung ist ›Le petit Bastiais‹, gegründet 1917.)

In der Volkssprache und ihrer Vielzahl von Dialekten spiegeln sich die geographische Situation der Berginsel, die historisch unterschiedlichen Entwicklungen einzelner Regionen sowie, so der Sprachforscher Fernand Ettori aus Corte, auch soziale Unterschiede sprachlich wider. Das *Corsu cumunu* der Unterschicht, der Hirten und Landarbeiter, zeichnet sich durch Deftigkeit aus. Korsen von gehobenem sozialen Rang bedienten sich einer feineren Sprache *(corsu pulitu),* wie Ettori bemerkt: »Unter den kleinen Notablen der Castagniccia gehörte es zum guten Ton, ›formagliu‹ zu sagen und nicht ›casgiu‹, ein Wort, das den Herstellern des Käses vorbehalten blieb.«

Unter Sprachwissenschaftlern galt lange als strittig, ob die Korsen überhaupt eine eigene Sprache sprechen oder nur Abarten der italienischen. Heute steht im wesentlichen fest, daß auf der Basis einer eigenen romanischen Sprache italienische Einflüsse wirksam wurden. Was man ursprünglich auf dem vorromanischen Korsika sprach, ist nur noch in schwer einzuordnenden Resten aufzuspüren, etwa in Pflanzennamen oder geographischen Bezeichnungen. *Erba barona* nennen die Korsen z. B. den Thymian. In ›Sartène‹ steckt die Silbe *Sart,* die vermutlich ›Felsen‹ bedeutet; sie kommt auch in ›Sardinien‹ vor, wie denn überhaupt die beiden Nachbarinseln eine gewisse sprachliche Verwandtschaft bis ins 14. Jh. hinein verband.

Die Grundlage des heutigen Korsisch ist Latein. Zwar hat noch Seneca im 1. Jh. den Korsen eine gleichermaßen unverständliche wie barbarische Sprache bescheinigt, doch hatten die Römer spätestens seit ihrer ersten militärischen Invasion (259 v. Chr.) Korsika auch sprachlich zu prägen begonnen. Die Korsen sprachen, ähnlich den Katalanen, Spaniern, Franzosen und Italienern, eine eigene Art von Vulgärlatein. Spuren davon sind noch zu finden: Das korsische *hoddie* (heute) z. B. steht dem lateinischen *hodie* deutlich näher als dem italienischen *oggi.* Phonetische Anklänge an die Sprache der alten Römer kann man vor allem im Süden der Insel noch heraushören.

Dieses Volkslatein fanden die Pisaner vor, als sie im 11. Jh. die politische, geistliche und kulturelle Vorherrschaft auf der Insel antraten: Das toskanische Italienisch wurde zur zweiten Grundlage der korsischen Dialekte. Die Verständigung mit ihren italienischen Gästen fällt den Korsen noch immer vergleichsweise leicht. Was die Italiener häufig staunen läßt, ist die altertümliche Ausdrucksweise ihrer Gastgeber: Wie zu Zeiten Dantes und Boccaccios heißt es *nimu* (niemand) und nicht *nessuno* wie im Italienischen. Wie die Toskaner im Mittelalter stellen die Korsen Pronomen den Verben und Substantiven als Suffixe nach: *sape*nu = wir wissen, *Babbi*tu = dein Vater, *Mamma*ta = deine Mutter.

Auch die Genueser beeinflußten später die korsische Sprache. Gemessen an den 500 Jahren ihrer politischen, wirtschaftlichen und militärischen Dominanz blieb von ihrem ligurischen Italienisch jedoch erstaunlich wenig haften – vielleicht, weil ihre Herrschaft vielfach als drückender empfunden wurde als die Herrschaft Pisas. Den Genuesern sagte man eine sprichwörtliche Verfeinerung und Arroganz nach: *»Un' ci capisci mancu un Ghjinuvesi«,* d. h., das versteht selbst ein Genueser nicht. Nur dort, wo Genuas Macht besonders lange und intensiv wirkte und zudem wohlgelitten war, ist auch die Sprache der Korsen deutlich ligurischer, so etwa in Calvi, Cap Corse und Bastia. Die Menschen im traditionell eher vornehmen und sehr italienischen Bonifacio sprechen sogar einen dem Ligurischen so stark verbundenen Dialekt, daß sie selbst engen Nachbarn unverständlich bleiben.

Gering sind indes die Spuren, die Vandalen, Langobarden oder gar Mauren in der korsischen Sprache hinterlassen haben. So findet sich beispielsweise der germanische ›Wald‹ in der topographischen Bezeichnung ›Valdu Niellu‹ (gewissermaßen also ›Schwarzwald‹) wieder. In Bonifacio gibt es einen ›Place du Fondaco‹, der sich vom arabischen Ladengeschäft *(fondouk)* herleitet.

Die Zugehörigkeit zu Frankreich ist ebenfalls nicht spurenlos geblieben, Gallizismen haben sich eingeschlichen. So sagt man heute *dumandà,* vom französischen *demander* (fragen), statt des ursprünglichen *chere.* Dennoch benutzten selbst gebildete Korsen bis zum Ende des 19. Jh. das Französische eher als Zweit- und Fremdsprache – unvermeidlich für eine Karriere im öffentlichen oder militärischen Dienst, aber nicht ›alltagstauglich‹ in Korsika.

Napoleon I. soll Französisch zeit seines Lebens nur unvollkommen beherrscht haben. Vor allem mit der Rechtschreibung, so heißt es, hatte er seine Probleme, weshalb er Briefe in der Regel diktierte. Aber auch die Aussprache des Französischen soll ihm zumindest zu Beginn seiner Karriere schwergefallen sein. Auf der Militärschule in Brienne wurde er deshalb ›Strohnase‹ genannt: Seinen Namen sprach er korsisch aus, also *Napolioné,* was wie *la paille au nez* klang. Erst nach dem Italien-Feldzug taufte er sich um – aus Napolione Buonaparte wurde Napoléon Bonaparte.

Auch Begriffsdefizite können (Sozial-)Geschichte vermitteln: Namen, die sich auf Berufe beziehen, kommen in Korsika allenfalls in Form von Importen vor. Spezialisten wie Schuster, Schneider oder Müller kannte die korsische Gesellschaft ursprünglich nicht, genausowenig wie Adelstitel (man wußte, wen man vor sich hatte). Ein *de* oder *di* vor dem Namen bedeutet entweder im italienischen Sinne ›aus‹ einem Ort oder einer Familie, etwa Pasquale de Paoli, oder verweist auf die Verleihung bzw. Anerkennung eines Adelstitels in der frühen Franzosen-Zeit.

Öfter wird Familiengeschichte namentlich hörbar: Ein Zevaco oder Olmeta hat seine Wurzeln in den gleichnamigen Orten zu suchen. Ein Rossi dürfte rothaarige Vorfahren gehabt haben, die Namen Bianchi und Bianconi deuten auf einen hellen Teint. Die Endung ›i‹, die man häufig bei Namen antrifft, ist dagegen unkorsisch. ›Petru‹ müßte der Mann heißen, der nur deshalb als ›Petri‹ durchs Leben geht, weil bei Nachnamen schon immer das geschriebene – und somit italienische – Wort galt.

Bei Vornamen können Eltern flexibler sein, weshalb ein Korse durchaus Petru Petri heißen kann; aber auch Petri ist als neutestamentarischer Name nicht selten. Das Alte Testament kommt ebenfalls, etwa mit Rachel oder Bethsabée, zum Zuge. Fremder noch klingt Orsu, der Bär, dessen magische Kräfte schon die Römer per Namengebung beschworen. Die Völkerwanderungszeit hat einige wenige Vornamen auf Korsika hinterlassen, etwa Albert oder Guillaume (Wilhelm).

Namen waren schließlich auch auf Korsika oft Mode oder Bekenntnis. In der Zeit der Renaissance kam manch ein Horace und Hector zur Welt, und kaum hatte der italienische Dichter Ariost 1516 seinen Bestseller ›L' Orlando Furioso‹ herausgebracht, da hießen viele kleine Korsinnen nach einer Heldin des Epos Fiordispina. Gegenwärtig müßte, zumindest bei Nationalisten, eigentlich Pasquale im Trend liegen.

Die korsische Gesellschaft

Frauen und Männer

Die Familie nimmt im sozialen Leben Korsikas noch immer eine unumstrittene Stellung ein. Die Rangfolge innerhalb der Familie ist dabei klar definiert: Vater, Mutter, Söhne und schließlich Töchter. Jedes Familienmitglied erhält eine eindeutige Rolle zugewiesen: Die Mutter bestimmt in Haus und Hof, der Vater vertritt die Interessen der Familie nach außen, verdient das Geld und macht die Politik.

Schon Homer läßt in der Ilias eine korsische Frau – sogar eine Königstochter – Wasser tragen. Die Arbeit nämlich überlassen korsische Männer gerne Ausländern und Frauen, denn der unermüdlich Arbeitende, selbst wenn er reich ist, verliert seine Qualität als Mann. *Lucchese* muß sich schimpfen lassen, wer hart arbeitet wie jene namengebenden Erntearbeiter, die im 19. Jh. aus dem italienischen Lucca kamen. Frauenarbeit ist jedoch auf Korsika vor allem – unbezahlte – Hausarbeit. Nur 22 % der Frauen gegenüber 32 % auf nationaler Ebene gehen einem bezahlten Beruf nach, wie das statistische Amt INSEE mitteilt.

72 % der Lohnabhängigen im Handelssektor, aber nur 6,5 % der wissenschaftlich Tätigen sind Frauen (1989). Auch deren Vorfahrinnen mußten schon immer die unattraktiveren Arbeiten verrichten. Ihnen wurde beispielsweise in den bäuerlichen, wohlhabenden Regionen der Castagniccia, des Nebbio und der Balagne das Aufsammeln von Oliven und Kastanien überlassen.

Immer wenn ein ›nationaler Notstand‹ eintrat, durften Korsinnen zeigen, wozu sie fähig waren. Die Inselgeschichte weiß von vielen Heroinnen zu berichten, die gegen Genueser, Franzosen, Italiener und Deutsche kämpften – von Faustina Gaffori (s. S. 169f.) bis zu Danielle Casanova (s. S. 72). Auch als christliche Märtyrerinnen durften sich Frauen schon früh bewähren, so z. B. die hl. Restitute, die im 4. Jh. ihren Missionseifer mit dem Leben büßte. Sie wird am 21. Mai vor allem in Calenzana aufwendig geehrt. Das ›zweite Gesicht‹, die Vorausschau in die Zukunft, eignet angeblich genau wie der ›böse Blick‹ vor allem Frauen.

Besonderen Respekt genießen Jungfrauen. Die Jungfräulichkeit von Verwandten zu schützen war und ist den Einsatz edler Korsen allemal wert. Dieser Aspekt der korsischen Moral wird zwar oft als orientalisches Element der Mittelmeerkultur betrachtet, die Wertschätzung der Jungfräulichkeit verbindet sich aber auch vortrefflich mit der christlichen Wertschätzung der Jungfrau Maria. In Korsika wurde die Jungfrau Maria gar zur Königin erhoben, als sich 1735 kein Mann fand, um die Revolution zu legitimieren (s. S. 60).

Andererseits mußten korsische Ehefrauen stets so fruchtbar wie möglich sein, wollten sie sich den Respekt der Männer verdienen. Kinder, vor allem Knaben, bildeten als potentielle Arbeitskräfte in der ländlichen Familie des alten Korsika stets die Lebensversicherung ihrer Eltern. Töchter indes zogen als Verheiratete zu ihren Schwiegereltern und halfen deren Wohlstand, nicht den ihrer Eltern, mehren. Das Prinzip selbst ist uralt: Wo größere Gemeinschaften wie die Gesellschaft keine ausreichende Daseinsvorsorge garantieren können, muß die kleinste Einheit, die Familie, einspringen.

Neben den Kindern auch die Schwiegereltern zu umsorgen, war und ist das Los der Korsinnen. Nicht nur dazu werden sie schon frühzeitig erzogen, sondern auch, die Männer in der Familie besonders zu achten – und seien es die jüngeren Brüder. Paradoxerweise obliegt eben diese Erziehung traditionell den Frauen. Mütter, Ehefrauen und Schwestern waren es nicht selten, die die Männer zum ehrenvollen Kampf gegen Unterdrücker und Familienfeinde aufstachelten. Als »Milchspenderin den ihren, Blutnehmerin den anderen« sieht Georges Ravis Giordani die Korsin.

Auf der anderen Seite hatten 1988 in 33 korsischen *Mairies* Bürgermeisterinnen das Sagen, immerhin 9,1 % dieser Ämter – die Bürgermeisterinnen-Quote im restlichen Frankreich beträgt nur 4 %. Vielleicht schlägt sich in diesen Zahlen der Umstand nieder, daß Frauen in Frankreich erst 1946 das Wahlrecht erhielten, welches Korsinnen in der *Terre des Communes,* im Land der (pisanischen) Gemeindeverfassungen, ansatzweise bereits im Mittelalter hatten: Es fällt auf, daß 27 der Bürgermeisterinnen im Nachfolge-Département Haute-Corse amtieren.

Qualifizierte Ausbildung kann einen Ausweg aus der Abhängigkeit von Eltern und Brüdern darstellen: 52 % der jungen Leute auf Korsika, die nach dem dem Abitur vergleichbaren *Baccalauréat* weiterbildende Einrichtungen besuchen, sind Frauen.

Unter korsischen Studierenden liegt der Frauenanteil sogar noch höher; 1988 betrug er im Grundstudium 56 %, im Aufbaustudium, das mit dem Diplom abschließt, sogar 59 %.

Clans: Immer sind es zwei

In einem Punkt gehen viele Korsen mit den Nationalisten und Autonomisten einig: Ein Hindernis bei der ökonomischen Entwicklung Korsikas bilden die verkrusteten Machtstrukturen. Der ›Clanismus‹ (vom schottischen *clan*) prägt seit Jahrhunderten die gesellschaftlichen Verhältnisse Korsikas als ein Geflecht von Beziehungen, Begünstigung von Freunden und Benachteiligung von Gegnern.

Den Kern des korsischen Clans und seinen historischen Ursprung stellt die Familie dar. Die Großfamilie oder Sippe garantierte in archaischen bzw. vorindustriellen Gesellschaften den Individuen über die materielle Versorgung hinaus Rechtssicherheit nach innen und Schutz gegen äußere Feinde. Der korsischen *Sterpa* oblag es etwa, Vendetten zu führen oder zu beenden. Um den Kern der führenden *Sterpa* eines Dorfes herum bildeten sich schon früh die Clans als Gefolgschaft eines *Patron;* er garantierte, ganz ähnlich wie im mittelalterlichen Lehnswesen, das Fortkommen der Vasallen, die ihm dafür Gehorsam schuldeten.

Als sich in Korsika vor ca. 400 Jahren das Zusammenleben in Dörfern durchsetzte, bekamen die Clans, zunächst als kommunale Organisationsstruktur, dann auch auf übergeordneter Ebene, politisches Gewicht. Auf dem Boden einer Verwaltungseinheit konnte – und kann – auch nur *ein* Prinzipal bestimmen: der mit dem stärksten Clan im Rücken. Die Franzosen bescherten den Clanchefs mit dem Wahlsystem eine

weit solidere Machtbasis, als sie die kaum meßbare Treue einer unbestimmten Zahl von Vasallen darstellte: Stimmzettel kann man zählen, Wahlen manipulieren; Prozesse wegen Wahlfälschungen gehören zum korsischen Justizalltag.

Hingebungsvoll kämpfen die Korsen für ihren jeweiligen *Patron*, »früher mit dem Gewehr, heute mit dem Stimmzettel.« Nur ein ausgewiesener Gefolgsmann des siegreichen Clanchefs kann mit einem einträglichen Posten rechnen – und braucht keine Strafmandate zu bezahlen. Wer als Angehöriger des unterlegenen Clans bekannt ist, kann es sich sparen, einen Bauantrag zu stellen.

Für die Zeit seit der Französischen Revolution hat das Wochenmagazin ›KYRN‹ ermittelt, daß es eigentlich immer nur zwei Fraktionen auf Korsika gab. Republikaner, Monarchisten, Orléanisten, republikanische Bonapartisten, republikanische Opportunisten und nichtrepublikanische Bonapartisten – die Etikettierungen wechseln, es bleibt jedoch der Gegensatz zwischen dem tendenziell linken Land *En deçà des monts* (diesseits der Berge) und dem konservativen Land *En delà des monts* (jenseits der Berge).

Der Gegensatz stellt sich heute als der zwischen dem ›Giacobbismus‹ und dem ›Rocca-Serranismus‹ dar. Jean-Paul de Rocca-Serra (geboren 1911), von Beruf Arzt, der starke Mann im Süd-Département und Vorsitzender des Regionalparlaments, begann seine Karriere als Linker, bevor er Gaullist und als solcher der korsische Vertreter von Jacques Chiracs rechtem ›Rassemblement pour la République‹ (RPR) wurde. Der Clanchef des Nord-Départements ist der Journalist und Rechtsanwalt François Giacobbi (geboren 1919). ›François I.‹, der klassische *Patron* schlechthin, versäumt es dennoch selten, auf seine linke Gesinnung als Mitglied im ›Mouvement des Radicaux de Gauche‹ (MRG) hinzuweisen. Als Nachfolger profilieren sich bereits Jossé Rossi im Süden und Emile Zuccarelli im Norden.

Eine
Mittelmeer-Geschichte

Korsikas Geschichte ist geprägt von seiner geographischen Lage im Spannungsfeld afrikanischer und europäischer Mächte, die den Korsen ökonomisch, militärisch und kulturell überlegen waren. Als strategisch günstiger Stützpunkt für Seefahrer und Armeen sah sich Korsika den ständigen Angriffen der Nachbarn ausgesetzt, obwohl es nie über große Reichtümer verfügte. So begehrt Menschen als Handelsware bis ins Mittelalter auf den Sklavenmärkten auch waren, so wenig attraktiv erschienen die Korsinnen und Korsen – sie galten als zu renitent.

Auf den ersten Blick erscheinen die meisten der zahllosen Kriege auf Korsika als reine Freiheitskriege. Bei näherem Hinsehen wird indes deutlich, daß sich in den Auseinandersetzungen auf und um Korsika zumeist außerkorsische Großmachtansprüche mit innerkorsischen Machtkämpfen unentwirrbar vermischten. Dementsprechend fließend sind die Grenzen zwischen heroischen Taten und heimtückischem Mord, zwischen Aufopferung und Verrat.

Krieger und Kolonialisten

Friedlich scheint es nur im korsischen Neolithikum zugegangen zu sein. Keramikgefäße und die ›Dame von Bonifacio‹, deren Skelett sich nun im Museum von Levie befindet und auf das Jahr 6750 v. Chr. datiert wird, zeugen von jener Zeit, als Jäger/Fischer und Sammler im Süden Korsikas lebten. Schon für das sechste vorchristliche Jahrtausend lassen sich Kontakte mit den Nachbarn im Süden nachweisen. Werkzeuge und Waffen aus Feuerstein und Obsidian, beides Materialien, die auf Sardinien, aber nicht auf Korsika natürlich vorkommen, deuten auf Handelsverbindungen hin.

Etwa ab 1600 v. Chr., in der mittleren Bronzezeit, gerieten diese Urkorsen unter den Druck überlegener Krieger, denen Roger Grosjean den Namen ›Torreaner‹ gab. Nach seiner Theorie handelt es sich bei ihnen um die ›Shardanen‹ (oder Sardinier), von denen sogar schriftliche Nachrichten und bildliche Darstellungen existieren, hatten doch mit ihnen die Ägypter im 13. Jh. v. Chr. schwer zu kämpfen. Eine andere Theorie identifiziert sie mit den Steine werfenden Zyklopen, von denen Homer berichtet. Odysseus soll mit ihnen zu tun gehabt haben, und zwar in der Nähe des heutigen Bonifacio.

Zumindest ein Aspekt der Odyssee entspricht sicherlich den historischen Tatsachen: Das Mittelmeer war schon Jahrhunderte vor Beginn unserer Zeitrechnung ein vielbefahrenes Gewässer. Händler und Krieger, Flüchtlinge und Kolonisatoren kannten Korsikas Küsten. Laut Herodot, dem ersten griechischen Geschichtsschreiber, wurde ›Alalia‹ auf ›Kyrnos‹ – also Aléria auf Korsika – von Griechen aus dem kleinasiatischen Phokäa aufgrund eines Orakelspruches besiedelt (565 v. Chr.). 20 Jahre später gesellten sich Landsleute zu ihnen, die von den Persern vertrieben worden waren.

Alalia war wenig mehr als ein Handelsstützpunkt. Immerhin beuteten die Griechen Erzminen (Kupfer, Eisen, Silber und Blei) im Landesinneren aus – und machten sich unbeliebt: »Sie plünderten und raubten aber alle ihre Nachbarn aus«, schreibt Herodot. Etrusker und Karthager lieferten den Griechen deshalb eine Seeschlacht an der Küste von Aléria. Die Phokäer siegten zwar, aber mit so hohen Verlusten, daß sie

Ausgrabungen in Aléria

es vorzogen, ihre Kolonie wieder aufzugeben und sich andernorts anzusiedeln. Einige Funde von dieser griechischen Besiedlung kann man im Museum von Aléria besichtigen. Geblieben ist auch der schmückende Beiname, den die Griechen Korsika verliehen: *Kalliste,* die Schöne.

Danach rechneten die Karthager, die neue Großmacht des Mittelmeeres, Korsika zu ihrem Einflußgebiet. Dieser Umstand führte dazu, daß Korsika bereits in den ersten der drei Punischen Kriege verwickelt wurde, in denen das aufstrebende Rom sich gegen Karthago zur Weltmacht der Antike aufschwang. 259 v. Chr. eroberte und zerstörte der römische Konsul Publius Cornelius Scipio Alalia, das in der Folge als ›Aléria‹ oder ›Colonia Julia Tertianorum‹ Hauptstützpunkt der Römer auf Korsika wurde. Ebenfalls an der Ostküste, südlich des heutigen Bastia, siedelten die Römer um 100 v. Chr. Veteranen an. ›Mariana‹ hieß der Stützpunkt nach seinem Gründer Marius, dem Onkel Cäsars.

Korsika blieb bis zum Beginn der Völkerwanderungszeit zumindest formal römisch. Karthago hatte die Insel im Jahre 238 v. Chr. vertraglich an Rom abgetreten, und Korsika wurde zusammen mit Sardinien die zweite römische Provinz (nach Sizilien) der Republik. Die Urbevölkerung jedoch revoltierte immer wieder; vor allem in den Jahren 180–170 v. Chr. kam es, den Angaben der Römer zufolge, zu erbitterten Aufständen. Sie führten indessen hauptsächlich dazu, daß die Korsen nun Tribut zahlen mußten, in Form von Fronarbeit in Steinbrüchen und Bergwerken sowie in Form von Naturalabgaben – darunter sind neben landwirtschaftlichen Produkten auch Sklaven zu verstehen.

Die *Corsi,* wie die Römer die Bewohner nannten, wurden im Laufe der Jahrhunderte romanisiert. Korsika spielte jedoch weder im republikanischen Rom noch im Kaiserreich eine besondere Rolle. Allenfalls Aléria und vielleicht Mariana besaßen als Stützpunkte für Handel und Militär einige Bedeutung. Der Philosoph Seneca, der Lehrer Neros, lebte von 43–49 hier in der Verbannung (wenn auch kaum, wie behauptet wird, auf dem Cap Corse).

Seneca ließ an den Korsen kein gutes Haar: »Ihr erstes Gesetz ist die Rache, das zweite, von Raub zu leben, das dritte, zu lügen und das vierte, die Götter zu leugnen. ... Wo kann man etwas so Nacktes, so auf allen Seiten Abgerissenes finden als dieses Felsenland?« Andere Zeitgenossen zeichneten das Bild einer ungewöhnlich bewaldeten Insel, deren etwa 30000 Einwohner zurückgezogen in den Bergen lebten, sich von Milch, Honig und Fleisch ernährten und ihr Zusammenleben – ganz im Gegensatz zu nahezu allen anderen ›Barbaren‹ – nach den Regeln des Rechts organisierten.

Solange die Strukturen des Römischen Kaiserreiches intakt blieben, änderte sich an den Verhältnissen in Korsika nur wenig. Auch die Christianisierung, die im Laufe des 3. Jh. begann, wirkte nicht besonders einschneidend. Zunächst beschränkte sich offenbar auch der Einfluß der Missionare auf die romanisierten Küstenzonen – die ersten fünf Bischofssitze wurden dort eingerichtet: Nebbio, Mariana, Aléria, Ajaccio und Sagone. Als das Römische Reich sich im 4./5. Jh. endgültig auflöste, erwies sich die Kirche auch auf Korsika als letzte Ordnungsinstanz.

Die Völkerwanderung erreichte Korsika im Jahre 456 mit der endgültigen Zerstörung des ohnehin von einer Feuersbrunst und Malariaepidemien heimgesuchten Aléria durch die Vandalen. Dieses germanische Volk hatte sich nach langer Wanderschaft ein Reich in Nordafrika aufgebaut und beherrschte von dort aus für einige Jahrzehnte das Mittelmeer einschließlich Korsika. Der byzantinische Feldherr Belisar und sein Rivale Narses vernichteten neben den Vandalen auch die Ostgoten, die um 550 unter ihrem König Totila neben anderen Ländern Korsika besetzt hatten.

Zumindest dem Anspruch nach blieb die Insel in der folgenden Zeit Bestandteil des Byzantinischen Reiches. Die Kaiser in Konstantinopel konnten jedoch nicht verhindern, daß auch die germanischen Langobarden Korsika zeitweise in Besitz nahmen. Im korsischen Volksmund hat sich eine Erinnerung an diese unruhige Zeit erhalten: »*Ni trema Bisanzia*«, davor fürchtet sich sogar Byzanz, sagt man (unter Umständen ironisch) angesichts eines beeindruckenden Phänomens.

Unvergessen blieben auch die Sarazenen, die in der Nachfolge der zahlreichen germanischen Stämme den Byzantinern ihre Vormachtstellung streitig machten. Nicht nur im korsischen ›Wappen‹, dem Mohrenkopf, sind diese ›Mauren‹ allgegenwärtig, sondern auch in geographischen Bezeichnungen (Morosaglia, Muro). Seit ca. 650 riß die Kette der Auseinandersetzungen überall auf dem Mittelmeer nicht mehr ab. Weniger Seekriege im großen Stil als vielmehr Kleinfehden, Piratenfahrten und Plünderzüge bestimmten das Bild.

Importierter Adel

Die Ereignisse der folgenden Zeit, bis zum Ende des 11. Jh., sind für die Geschichtsschreibung nur schwer faßbar. Die wichtigste Quelle stellt das Werk des Chronisten Giovanni della Grossa dar, der jedoch viel später lebte (1388–1464) und eher Legenden als Fakten vermittelte. Aber auf Korsika transportieren Legenden oft auch historisch relevante Nachrichten. So heißt es beispielsweise, die ›Mauren‹ hätten auf Korsika ein Königreich errichtet, was nicht stimmen muß, aber zumindest ihre zeitweilige Dominanz belegt. Und tatsächlich scheinen sie sogar in Corte den Grundstein für die heutige Zitadelle gelegt zu haben.

Historisch gesichert ist wohl die Figur des toskanischen Edelmannes Bonifacio, der im Jahre 829 als Graf von Korsika die nach ihm benannte Stadt gründete. Eine weitere ›Sagengestalt‹, Ugo Colonna, wird in Korsika als erfolgreicher Führer der Reconquista angesehen, als Vernichter der maurischen Macht und, über seine Söhne Cinarco und Bianco, als Begründer des korsischen Feudaladels, der *Sgio*. Dieser ursprünglich italienische Feudaladel beherrschte in der Folge vor allem den Süden der Insel.

Mohren und Korsaren

Die Korsen sind zumeist Hirten und Bauern gewesen und lebten traditionell in den Bergen, nicht an der See. Die Bewohner Bonifacios und des Cap Corse bilden in dieser Beziehung die große Ausnahme: Das Cap hat sich einst den Ruf erworben, der ›Basar des Mittelmeeres‹ zu sein, das Zentrum eines ausgedehnten Seehandels. Unter den Kapitänen von Cap Corse befanden sich sicher auch Piraten, gehörten Handel und Seeräuberei doch über die Jahrhunderte hinweg immer zusammen.

Mit den Korsen hat der Begriff ›Korsar‹ oder ›Corsair‹ dennoch nichts zu tun. Er bezeichnete vielmehr ein schnelles Segelschiff, mit dem die Araber den Islam an die Küsten des Mittelmeeres trugen. Der Begriff Korsar ging dann schon früh auf die Besatzung dieser Fahrzeuge über und bezeichnete hinfort keine ›gewöhnlichen‹ Seeräuber, sondern Inhaber von Kaperbriefen kriegsführender Mächte, wobei die Grenzen zu reinen Raubfahrten jedoch stets fließend waren. Bei ihren *Razzias* (ein arabisches Wort) ins Landesinnere jagten die Korsaren vor allem nach Sklaven. Ihre Hauptgegner, die Byzantiner, verpaßten den Arabern den Sammelbegriff ›Sarazenen‹, der eigentlich nur einen ihrer Stämme bezeichnete.

Den Sarazenen gesellten sich seit Beginn der christlichen Reconquista im 11. Jh. Renegaten zu, Überläufer aus dem christlichen Lager. *Mauros,* vertriebene spanische Muslime, bildeten ein wesentliches Kontingent der Korsaren. Als ›Mauren‹, ein undifferenzierter Sammelbegriff für alle levantinischen Invasoren, bezeichneten nicht nur die Korsen alle Piraten, die im Namen Allahs auf der Insel einfielen und Sklaven fortschleppten.

Zu den Mauren oder Mohren gehören auch die ›Barbaresken‹. Unter dieser Bezeichnung sind Korsaren in die Geschichte eingegangen, die im ausgehenden 15. Jh. von nordafrikanischen Stützpunkten aus die Mittelmeermächte zu beunruhigen begannen. Ihren größten Führer fanden sie in dem griechischen Renegaten Cheireddin, genannt Barbarossa (1467–1546). Cheireddin unterstellte sich 1519 formal dem osmanischen Sultan in Konstantinopel. Als Pascha von Algier erhielt er die Legitimation, eine Flotte aufzubauen und seine Seemacht auszuweiten.

Auch Cheireddins direkter Nachfolger, Torghud Ali Pascha (1485–1556), unter dem Namen ›Dragut‹ bekannt geworden, darf als Korsar mit Ambitionen und Fortune gelten. Vor der korsischen Ostküste ging er seinem Gegner Andrea Doria (mehrere Mitglieder der genuesischen Familie Doria herrschten als Gouverneure auf Korsika) ins Netz und verbrachte anschließend zwei Jahre als Galeerensträfling. Erst unter dem Druck der gegen Kaiser Karl V. vereinten Osmanen und Franzosen kam er frei und rächte sich als Verbündeter des korsischen Freiheitshelden Sampiero: Die algerischen Korsaren unter Dragut gingen als grausame ›Türken‹ in die Lokalgeschichte vieler Orte ein; 1553 eroberten sie sogar Bonifacio.

Ausgerechnet aus jener Zeit weiß man aber, daß die Bewohner der Barbaresken-Stadt Algier mehrheitlich aus korsischen Renegaten bestand. Einer von ihnen, ein gewisser Arsano aus Bastia, soll sich schließlich sogar zu ihrem Anführer aufgeschwungen haben: Die Seemacht der Muslime hatte zu dieser Zeit jedoch ihren Zenit bereits überschritten, wenn es auch noch später zu einzelnen spektakulären Aktionen und Erfolgen der osmanischen Flotte kam.

Geblieben ist den Korsen ein Mißtrauen gegen Nordafrikaner und, paradox genug, der Mohrenkopf als Ausdruck ihres Strebens nach nationaler Eigenständigkeit.

Ursprünglich zierte er als heraldisches Zeichen die Wappen von Gefolgsleuten der aragonesischen Könige, die sich im Kampf gegen Ungläubige hervorgetan hatten. König Theodor I. machte es dann zum offiziellen Wappen seines Inselreiches, und Pasquale Paoli soll es gewesen sein, der dem ›Mohren‹ die Augenbinde auf die Stirn schob – als Zeichen der Befreiung von der Fremdherrschaft.

Die Menschen hier gerieten in wirtschaftliche und rechtliche Abhängigkeit von der *Sgio*, wurden ihren neuen Herren günstigenfalls lehnspflichtig – seither trieben die Hirten nicht mehr die eigenen Herden auf die Wiesen, sondern die ihrer Herren – verloren oft sogar ihre persönliche Freiheit. In der mythischen Figur des Orso Alamano findet sich dieser Raubrittertyp wieder, ein *Seigneur*, der nicht nur – wie allgemein im mittelalterlichen Lehnswesen – von den Bräuten seiner Untertanen das ›Recht der ersten Nacht‹ einforderte, sondern auch von ihren künftigen Ehemännern ein Pferd oder eine Kuh – bis ein zwangsweise gehörnter Bräutigam den ›Bären‹ ermordete. Revolten gegen diese neuen Herren und deren unaufhörliche Fehden untereinander führten zu einer lange andauernden feudalen Anarchie auf Korsika.

Ugo Colonna, wegen verschiedener Freveltaten zum Tode verurteilt, war vom Papst ›zur Bewährung‹ nach Korsika entsandt worden. Er sollte das Land dem Christentum zurückgewinnen und die päpstliche Autorität wiederherstellen, eine oft geübte Vorgehensweise. So wurde der Papst lästige Elemente los, die die Apenninhalbinsel seit der Völkerwanderung terrorisierten. Titel und Land waren der Lohn für den militärischen Erfolg gegen die muslimischen ›Mauren‹: Ugo Colonna wurde Graf der Cinarca im Westen der Insel. Seine Nachfahren – mithin die meisten der großen Feudalherren des Südens – nannten sich nach seinem Sohn Cinarco *Cinarchesi*.

Kapelle am Col St. Nicolas, Cap Corse

Die Legitimation für diese ›Kreuzzüge‹ des 9. und 10. Jh. bezogen die Päpste aus der sog. Pippinschen Schenkung von 754, die die Grundlage des päpstlichen Territorialstaates darstellt, der in geringerem Umfang noch heute existiert. Pippin I., ›der Kurze‹, hatte sich von Papst Stephan II. als rechtmäßigen König des Frankenreiches anerkennen lassen;

im Gegenzug garantierte er dessen weltliche Oberhoheit über das ehemalige Exarchat von Ravenna: über die Stadt Rom und ihre Umgebung sowie die Inseln Korsika und Sardinien. Diese Landschenkung wurde später von Pippins Sohn Karl I., ›dem Großen‹, erneuert.

Korsika blieb weitgehend sich selber überlassen, d. h. der Willkür seiner neuen Herren. Nur einer von ihnen, ein gewisser Arrigo Bel Messer (›der gute Herr Heinrich‹), stellte um die Jahrtausendwende als Graf von Korsika Recht und Ordnung auf der Insel wieder her. Ihm erging es jedoch nicht anders als etlichen Heroen der Folgezeit: Korsische Verräter ermordeten ihn meuchlings. Im Hinblick auf etwaige spätere Racheakte ertränkten sie seine sieben unmündigen Söhne anschließend ›wie die Küken‹ bei Cauro im Fluß Prunelli unter einer Brücke. Ein für die damaligen Verhältnisse kennzeichnendes Sprichwort machte die Runde: *»E morto il conte Arrigo Bel Messer e Corsica sara di mal in peggio«* (er ist tot, Graf Arrigo, der gute Herr, und Korsika wird es schlimm ergehen).

Kampf um Korsika: Pisa contra Genua

Zu Beginn des zweiten nachchristlichen Jahrtausends herrschten auf Korsika ähnliche Verhältnisse wie in Italien. Hier wie dort waren Barone und (Glücks-)Ritter eifrig bemüht, auf Kosten der Nachbarn und zu Lasten ihrer Untertanen Territorium und Macht zu vergrößern. Immer stärker machte sich überdies eine neue politische Kraft bemerkbar, die Stadtrepubliken. Vor allem im Norden der Apenninhalbinsel hatte sich vielerorts ein Händlerpatriziat herausgebildet, das sich mit Geld auch Macht, d. h. Söldner, kaufen konnte. Zwei Städte sollten hierbei für Korsika von Bedeutung werden: Pisa und Genua. Zunächst wirkten sie zusammen, als sie im Jahre 1016 gemeinsam die letzten Sarazenen aus Korsika und Sardinien vertrieben.

Schließlich mischte sich auch der Papst in diesen Kampf aller gegen alle ein. Aufgrund der Pippinschen Schenkung gab Papst Gregor VII. im Jahre 1077 Korsika dem Bischof von Pisa zu Lehen. Tatsächlich geriet Korsika jedoch unter die Herrschaft der Republik Pisa, die sich in jener Zeit unter der Führung gewählter Konsuln von der Vormundschaft des Bischofs zu emanzipieren begann. Dieser wurde indes 1092 Erzbischof und damit das kirchliche Oberhaupt der Insel. Nun galt es, das Christentum wieder fest zu installieren, das in der Sarazenen-Zeit arg an Boden verloren hatte, sowie in der von Feudalfehden zerrissenen Insel eine Art Landfrieden herzustellen.

Wesentlichen Anteil an der Rechristianisierung hatten die Klöster, die vielerorts auf einer bereits vorhandenen eremitischen Tradition aufbauen konnten. Begünstigt wurden Klostergründungen auch von Schenkungen reuiger *Seigneurs*. Benediktiner (in

S. Parteo bei Mariana, Türsturz am Südeingang

der Balagne) und vor allem Franziskaner (ebenfalls vorwiegend im Norden) siedelten sich in Korsika an.

Im gesamtitalienischen Kräftespiel begann Pisa schon bald unter den Druck der immer mächtiger werdenden ligurischen Republik Genua zu geraten. Beide Städte stritten sich um die Handelsmacht im Mittelmeer und machten sich auch auf Korsika Konkurrenz. Bereits 1133 sah sich Papst Innozenz II. unter dem Druck Genuas gezwungen, Korsika zu teilen: Pisas Erzbischof bekam die Diözesen Aléria, Ajaccio und Sagone zugesprochen, Genuas frisch ernannter Erzbischof Mariana, Nebbio und Accia (einen heute nicht mehr existierenden Ort in der Castagniccia).

Auf diese Weise wurde die unselige Spaltung begründet, die fortan die Geschichte der Insel bestimmen sollte. Entsprach doch der genuesische Teil bereits ziemlich genau dem Gebiet ›diesseits der Berge‹, das 1975 als Département Haute-Corse wiedererstand, der pisanische Teil ›jenseits der Berge‹ dem heutigen Département Corse du Sud. Dieser Zweiteilung entsprachen ökonomische und soziale Unterschiede, deren Spuren man in der Art der Besiedlung und Bewirtschaftung sowie in der politischen Grundtendenz noch heute bemerken kann: Noch immer ist der Nordosten Korsikas eher ›links‹, der Südwesten eher ›rechts‹ orientiert.

Im Land ›jenseits der Berge‹ überwog die archaische Weidewirtschaft der Transhumanz unter dem Patronat von Feudalherren. Im Land ›diesseits der Berge‹ dominierte unter den dort günstigeren landschaftlichen, klimatischen und gesellschaftlichen Verhältnissen der Ackerbau, der in der Folge eine immer selbstbewußter werdende Bauernschaft hervorbrachte.

Auf dem Cap Corse herrschten zwar auch im Norden mit den De Gentili und den Da Mare zwei den *Seigneurs* des Südens vergleichbare Adelsgeschlechter, doch in wirtschaftlicher Hinsicht war dieser Teil Korsikas damals trotzdem der fortschrittlichere. Seit dem 11. Jh. ist es bezeugt, daß die Cap-Korsen auf eigenen Schiffen landwirtschaftliche Produkte auf das italienische Festland transportierten. Sie verkauften dort vor allem Wein und Getreide, aber auch Häute und Honig, die korsischen Standardprodukte, die schon die Römer gekannt hatten, sowie schließlich Käse. Auf dem Rückweg importierten sie Fertigwaren aus Genua.

Die Genueser kämpften mit den Pisanern um den Besitz der bereits existierenden Küstenfestungen (Bonifacio wurde 1195, Calvi 1268 endgültig genuesisch) und errichteten selbst neue wie Bastia (1380) und Ajaccio (1492). Die Festung von Corte bildet hier hinsichtlich ihrer Lage im Binnenland als auch dadurch eine Ausnahme, daß sie auf frühen sarazenischen Vorläuferbauten von den Spaniern errichtet wurde. Alle Festungen wurden nach dem endgültigen Sieg Genuas in der Seeschlacht von Meloria (1284) von Genuesern besetzt und besiedelt. Die Städte, die sich im Schutze dieser Zitadellen entwikkelten, führten in der Folgezeit ein nur am Rande mit dem übrigen Korsika verbundenes Eigenleben.

Die kaum bezähmten *Seigneurs* hatten indes ihre Chance gewittert, von der Rivalität der beiden Stadtrepubliken durch häufigen Frontenwechsel zu profitieren. Der Bedeutendste unter ihnen, Sinucello della Rocca (1221–1305) aus dem Haus der Grafen von Cinarca, ging als *Giudice de Cinarca*, als ›der Richter‹ oder ›der Gerechte‹, in die Legenden Korsikas ein. Er beherrschte als Statthalter Pisas zeitweise ganz Korsika mit Ausnahme von Bonifacio und Cap Corse. Als er nach siebenjähriger Haft in einem genuesischen Kerker starb, war vor allem im Süden der Insel der permanente Kampf unter den großen und kleinen Herren wieder in vollem Gange.

Die genuesische Herrschaft

Im Jahre 1288 verzichtete Pisa endgültig zugunsten Genuas auf alle Rechte über Korsika. Die folgenden fünf Jahrhunderte waren vom Erstarken von vier Mächten gekennzeichnet, derer sich die Republik Genua zu erwehren hatte und die direkt oder indirekt auch als Unruhefaktor auf Korsika einwirkten: Venedig, das spanische Königshaus von Aragon, Frankreich – und die genuesische ›Bank des hl. Georg‹.

Genua hatte zwar Pisa ausgeschaltet, geriet jedoch bei der Wahrnehmung von Handelsinteressen zunehmend in Konflikt mit der Republik Venedig. Über 100 Jahre lang dauerte der Kampf der beiden Städte um die Vorherrschaft im Mittelmeer, bis der Frieden von Turin im Jahre 1381 den Sieg der Markus-Republik besiegelte. Die Kämpfe mit diesem Konkurrenten banden die Kräfte Genuas und behinderten es in dem Bemühen, der Adelskriege Herr zu werden, die in Korsika wie auch in Norditalien wieder tobten. In dieser Situation griff das Volk gewissermaßen zur Selbsthilfe: Es rebellierte.

Relativ leicht wurde die Obrigkeit mit den Giovannali fertig, einer spirituellen Bewegung, die von Carbini ausgehend die Prinzipien von Armut und Gleichheit bis hin zur Gütergemeinschaft im Sinne eines gelebten Urchristentums durchsetzen wollte. Ihre Anhänger wurden 1354 exkommuniziert, das einzige historisch belegte Datum dieser Episode (s. a. S. 226f.).

Weit ›handfester‹ ging man ab 1358 im Norden der Insel vor: In einem regelrechten Bürgerkrieg zerstörten Korsen unter der Führung eines Bauern aus Alando im Bozio namens Sambucuccio d'Alando sämtliche Burgen der *Seigneurs*; sie installierten ein System der kommunalen Selbstverwaltung, das ökonomisch durch die Schaffung von Gemeindeeigentum an Grund und Boden abgesichert wurde. Seither trägt das Land ›diesseits‹ der Berge, im Gegensatz zur *Terra di signori* des Südens, auch die Bezeichnung *Terra di commune*.

Diese Entwicklung, obwohl auf Korsika traditionell mit Sambucuccio in Verbindung gebracht, besaß indes Vorläufer und Parallelen in Norditalien. Vor allem in den Städten, nicht zuletzt in Genua, war schon lange mit unterschiedlichen Regierungsformen experimentiert worden, die dem aufstrebenden Bürgertum freie Entfaltung und gleichzeitig militärische und rechtliche Sicherheit gewährleisten sollten. So wurden etwa einem auswärtigen *Podesta* (Gewalthaber) auf Zeit geradezu diktatorische Vollmachten eingeräumt. Das Volk wählte *Capitani* oder übertrug Räten (*signori*) die Regierung, an deren Spitze ein *Rector* stehen konnte. Erstmals trat auch das Volk als

Popolo in Erscheinung, wobei in der Regel das *Popolo minuto*, die Unterschicht, vom *Popolo grasso*, dem ›fetten Volk‹, unterschieden wurde.

Die nach solchen Vorbildern geschaffene neue Form der dörflichen Selbstverwaltung im nordöstlichen Teil Korsikas, *A popolo e a commune*, hatte insofern eine eigenständige Tradition, als schon die Pisaner hier eine Gemeindeordnung erschaffen hatten, Pfarrbezirke (*pievani*), die aus mehreren Kommunen (*paese*) bestanden. Spätestens seit der Zeit Sambucuccios wurden auf Orts- und Gemeindeebene Vorstände gewählt, an deren Spitze ein *Podesta* stand. Den größten Einfluß besaßen Männer besonderen Vertrauens, die *Caporali*, eine Art Volkstribune.

Genuesischer Wachturm bei L'Ile-Rousse

Die Ortsvorstände wählten überdies einen ›Zwölfmännerrat‹ als oberstes Exekutivorgan der gesamten *Terra di commune*. Demokratie im heutigen Sinne entstand so freilich nicht. Letztlich ging es darum, den Einfluß von Familien und Sippen untereinander auszutarieren.

Eine wesentliche Quelle des ›Clanismus‹ (s. S. 44 f.) ist in dieser Entwicklung zu sehen: Zeigte es sich doch schon bald, daß die eigentliche Macht bei den Oberhäuptern der *Caporali*-Häuser lag, um die sich ihre Anhänger und Abhängigen scharten. Die Clanchefs beeilten sich, den gewissermaßen erblichen Einfluß auf ›ihre‹ Dörfer in das großkorsische Ränkespiel einzubringen. Sie verfeindeten, verbündeten und verschwägerten sich später sogar mit den *Seigneurs* auf dem Rest der Insel.

Das Gebiet der kommunalen Selbstverwaltung erstreckte sich nicht auf das ganze Land ›diesseits der Berge‹, sondern sparte das Cap Corse und die genuesischen Festungsstädte an den Küsten aus – der Preis für die Anerkennung der Neuerungen durch Genua. Die Stadt, immerhin selber eine Republik, fand unter den Bewohnern der *Terra di commune* sogar dringend benötigte Verbündete gegen ihre neuen Feinde, die Aragonesen.

Bereits 1297 hatte Papst Bonifatius VIII. Jakob II. von Aragon mit Korsika und Sardinien belehnt. Da der aragonesische Hof etlichen *Seigneurs* während des vorangegangenen Bürgerkrieges Schutz und ›Arbeit‹ als Söldnerführer geboten hatte, konnte Jakob II. ab dem Beginn des 14. Jh. deren interne Auseinandersetzungen zur Intervention auf Korsika nutzen. Noch etwa 200 Jahre währte diese zweite Periode feudaler Anarchie auf der Insel.

Arrigo della Rocca, ein Urenkel des *Giudice*, trat seit 1372 als Parteigänger der Spanier auf. Ihm gelang es sogar, unter den *Caporali* des Nordens Anhänger zu gewinnen und sich im Jahre 1376 zum Grafen von Korsika ausrufen zu lassen. Doch im Jahre 1401 erlag er dem Widerstand der progenuesisch gesinnten Volkspartei im Norden der Insel, zu deren Bastion sich Bastia entwickelt hatte.

Als noch schwierigerer Gegner erwies sich sein Neffe Vincentello d'Istria. Er landete 1404 im Auftrag von König Alphons V. von Aragon im Golf von Sagone und wurde dessen Vizekönig auf Korsika. Daß seine Herrschaft auf Korsika als ›glorreich‹ gilt, mag an der Tatsache liegen, daß der große korsische Chronist Giovanni della Grossa, Vincentellos Sekretär und Verwaltungsfachmann, auch die eigenen Verdienste der Nachwelt in gebührendem Licht erscheinen lassen wollte (s. S. 219).

Auch der persönliche Einsatz König Alphons' V., der 1420 das genuesische Bonifacio vergeblich belagerte, nützte der aragonesischen Sache am Ende nichts: Vincentello d'Istria wurde – typisch korsisch – verraten und 1434 in Genua enthauptet. Dennoch führen Historiker den korsischen Traum von einem eigenständigen Königreich auf eben diese Herrschaftszeit zurück. Eine bleibende Spur hat Vincentello d'Istria überdies in Corte hinterlassen, geht doch auf ihn die Errichtung der dortigen Zitadelle auf den Resten einer maurischen Festung zurück.

Die zweite Hälfte des 15. Jh. brachte dann den Höhepunkt und auch das Ende der feudalen Anarchie, in der schließlich auch die *Caporali* des Nordens kräftig mitmischten. Insbesondere Gian Paolo de Leca, auch er ein Graf der Cinarca, verstand es geschickt, die Führer der benachbarten Gemeinden in seine ehrgeizigen Pläne einer Alleinherrschaft einzuspannen. Er revoltierte 1486, 1488 und 1501 gegen die letztlich überlegene genuesische Obrigkeit, bis er endgültig ins spanische Exil nach Sardinien gehen mußte.

Nach seinem Sturz blieb nur noch der selbsternannte Graf von Korsika, Rinuccio della Rocca (1486–1511), als *Seigneur* von überregionaler Bedeutung übrig. Sein Tod bedeutete das definitive Ende der feudalen Anarchie: Der Adel hatte sich in seinen Parteikämpfen selbst zerfleischt; heute findet man kaum noch Reste seiner Burgen auf der Insel.

Die Republik Genua, in zahlreiche kostspielige Kriege verwickelt, konnte sich jedoch Korsika schon bald nicht mehr leisten. 1453 trat sie Verwaltung und Einkünfte aus Korsika an die ›Bank des hl. Georg‹ (S. Giorgio) ab. Genuesische Kaufleute waren die Gründer und Eigentümer jener Kapitalgesellschaft, die ihren Reichtum gegen letztlich unbezahlbare Zinsen der Stadt zur Verfügung gestellt hatte. Die Bank versuchte nun, das heruntergewirtschaftete Land zu befrieden, um es um so besser wirtschaftlich ausbeuten zu können.

Zu diesem Zweck ging sie nicht nur gegen die *Sgio* im Süden vor, sondern schaffte auch die kommunale Selbstverwaltung im Norden ab. Die Bank setzte auf Zuwanderer aus Italien, ja aus Griechenland (s. S. 250), um das auf weite Strecken entvölkerte Korsika wieder zu besiedeln. Sie gründete Ajaccio (1492), um hier wie in Calvi, Sartène und Bonifacio ligurische Familien heimisch zu machen. Versuche, die menschenleeren Küsten wieder als Siedlungsraum zu erschließen, scheiterten an der Malaria, die sich in den Flußdeltas ausgebreitet hatte. Auch die Pest suchte Korsika nach den großen Epidemien des 14. Jh. zwischen 1526 und 1530 erneut heim.

Die genuesische Bank hatte überdies das Pech, daß in ihrer Zeit mit den Barbaresken eine neue Bedrohung von See auftrat (s. S. 50). Diese nordafrikanischen Seeräuber stellten sich sogar in den Dienst des osmanischen Sultans, der im 16. Jh. dem Islam erneut zu einer Vormachtstellung im Mittelmeerraum verhalf. 1562 zog ein Trupp von 600 ›Türken‹ durch das Taravo-Tal und führte Hunderte von Menschen in die Sklaverei.

Sampiero Corso

Schließlich erkannte auch der französische König den Wert der Insel im Kampf gegen die Habsburger. Überdies verfügte er mit dem Oberst Sampiero über einen Offizier, der darauf brannte, seine Heimat vom genuesischen ›Joch‹ zu befreien. 1553 landete Sampiero mit den ersten französischen Truppen unter Marschall Thermes auf Korsika. Die Landungsarmee wurde dabei von den Korsaren Draguts unterstützt, hatte sich doch Frankreich mit den Türken verbündet (s. S. 50).

Sampiero-Denkmal in seinem Geburtsort Bastelica

Sampiero und Vannina

Sampiero, genannt Corso, wurde 1498 in Bastelica geboren. Er war einer jener Kondottieri, Glücksritter, die mit ihren Truppen (darunter auch viele Korsen) seit dem Mittelalter vom Kampf der italienischen Städte gegeneinander profitierten und das Land verheerten. Er hatte sich als Hauptmann der ›Schwarzen Bande‹ der Medici in Mailand bereits einen Namen gemacht, als er im Gefolge Katharinas von Medici, die den späteren König Heinrich II. geheiratet hatte, in französische Dienste trat. Dort brachte er es bis zum Generaloberst der korsischen Infanterie; er zeichnete sich nicht nur in verschiedenen Schlachten gegen Kaiser Karl V., sondern auch als Gesellschafter am Hofe Franz' I. und dessen Sohn, Heinrich II., aus.

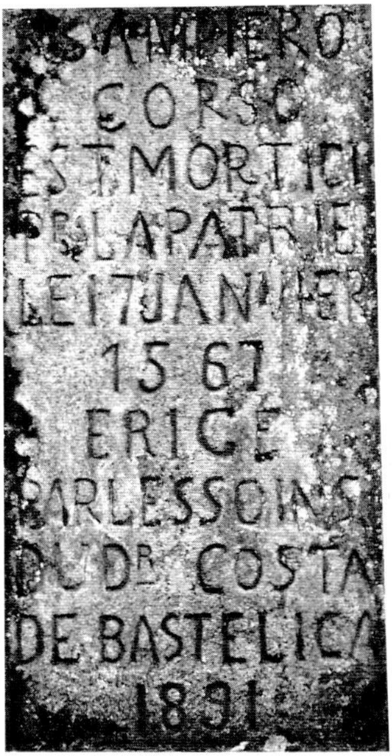

Gedenkstein bei Eccica, wo Sampiero ermordet wurde.

Die Karriere darf für einen Mann geringer Herkunft als beachtlich gelten, auch wenn er vermutlich nicht gerade das ›Plebejerkind‹ war, zu dem die Legende ihn gemacht hat. Er entstammte vermutlich einer eher wohlhabenden bäuerlichen Familie. In den Adelsstand erhob ihn jedoch erst die Heirat mit einer gewissen Vannina aus der Familie derer von Ornano. Die Verbindung selbst war jedoch keineswegs glücklich. Schon der Altersunterschied war erheblich: Sie zählte bei der Eheschließung gerade 15 Jahre, er war ein 49jähriger Berufssoldat. Auch können sie sich nicht eben oft gesehen haben.

Die meiste Zeit von ihrem Mann, der auf der Suche nach Unterstützung für die korsische Sache durch ganz Europa reiste, getrennt, lebte Vannina mit ihrem jüngsten Sohn allein in Marseille; der ältere Sohn war ›bei Hofe‹. In ihrer Einsamkeit ließ sie sich überreden, nach Genua zu gehen, um dort für oder auch gegen ihren Mann zu wirken – niemand weiß es. Sampiero jedenfalls war überzeugt, seine eigene Frau habe ihn verraten wollen. Vor der Verfolgung durch ihren Mann flüchtete Vannina nach Aix, wo der rasende Korse sie stellte – und ermordete (1563).

Damit hatte Sampiero die Rache der Ornanos heraufbeschworen. Sie setzten einen Preis von 2000 Golddukaten auf seinen Kopf aus. Ihrer Vendetta erlag er schließlich am 17. Januar 1567 bei Eccica am Fluß Prunelli, wo genuesische Reiter unter der Führung dreier Verwandter Vanninas lauerten (ein Gedenkstein steht an dieser Stelle, s. S. 242). Seine Begleiter, darunter auch sein ältester Sohn Alfonso, schickte Sampiero fort, als er die Falle bemerkte. Alfonso setzte den Kampf noch zwei Jahre fort, bis auch er entmutigt die Insel verließ und nach Frankreich ins Exil ging.

Recht schnell fielen die festen Plätze Bastia, St. Florent, Corte und Bonifacio. 1557 wurde auf einer Volksversammlung in Vescovato der Anschluß Korsikas an Frankreich verkündet und von den Korsen gefeiert. Lediglich Calvi, die ›immer treue Stadt‹, konnte die genuesische Bank halten. Der Friedensvertrag von Cateau-Cambrésis stellte jedoch im gesamteuropäischen Kräftespiel die alten Verhältnisse wieder her (1559). Der französische König mußte auf alle italienischen Ambitionen verzichten.

In dieser Situation begann Sampiero, auf eigene Faust Krieg gegen Genua zu führen. Noch bis zwei Jahre nach seinem Tod dauerte dieser Krieg, in dem die Korsen erstmals ohne fremde Hilfe um ihre Unabhängigkeit kämpften. Vergeblich hatte Sampiero in ganz Europa nach Verbündeten gesucht, sogar beim Sultan in Istanbul vorgesprochen. Als er 1564 mit zwei Schiffen zu seinem letzten Krieg gegen Genua im Golf von Valinco landete, begleiteten Sampiero Corso keine 50 Getreuen – darunter 25 Franzosen.

Aufbruch der Nation

»Nach Beendigung der Kriege Sampieros«, so schreibt Ferdinand Gregorovius, »zeigte sich erst das ganze Elend der Insel. Sie war einer Wüste gleich geworden, das Volk dezimiert durch den Krieg, durch gezwungene oder freiwillige Auswanderung, gänzlich verarmt und verwildert.« In dieser Situation begann die Stadt Genua, die Korsika 1562 wieder von der ›Bank des hl. Georg‹ übernommen hatte, mit einer Verwaltungsreorganisation endlich Ordnung zu schaffen. 1571 erließ sie eine Generalamnestie für die Anhänger Sampieros und verkündete die ›Statuti civili e criminali di Corsica‹, das erste korsische Zivil- und Strafrecht.

Eine Art Ministerium für Korsika *(Magistrato di Corsica)* wurde in Genua eingerichtet und auf der Insel selber ein Gouverneur eingesetzt, der bei seiner Verwaltungsarbeit von einem Vizegouverneur und dem wieder eingesetzten ›Zwölfmännerrat‹ unterstützt wurde. In Calvi, Bonifacio und Ajaccio regierten Kommissare, in Corte/Aléria, Rogliano, Algajola, Sartène und Vico Leutnants. Auf dem Land wurden in *Consultas* (Versammlungen) wieder die *Podestas* gewählt.

Im Zuge des nunmehr einsetzenden Wirtschaftsaufschwungs blühte zwar der Handel der Küstenstädte und des Caps, konnte die Landwirtschaft teilweise, vor allem in der Castagniccia, sogar Überschüsse erwirtschaften, doch die meisten korsischen Familien blieben arm und chancenlos. Insbesondere die Hirten gerieten in Not, weil ihre küstennahen Weidegründe landwirtschaftlich genutzt und oft auch privatisiert wurden.

Immer mehr Korsen gingen ins Exil, zumeist als Söldner. Vendetten gehörten zum Alltag der Zurückgebliebenen. In nur 30 Jahren, berichtet Gregorovius, wurden 28 000 Meuchelmorde gezählt. Es kam zu Erhebungen wie jener, die zwischen 1611 und 1617 den Süden erschütterte, als die Aufständischen viele Burgen schleiften und ihre Bewohner ermordeten. Eine Radschloßflinte wurde zum wichtigsten, oft zum einzigen Besitz. Für ihren Erwerb verschuldeten sich unzählige Korsen, denn Armut galt nicht als ehrenrührig, wohl aber Waffenlosigkeit.

Lange Zeit profitierte Genua von diesem Zustand, indem es das Waffentragen lizenz- und gebührenpflichtig machte. Anfang des 18. Jh. jedoch setzte sich bei den Herrschenden die Erkenntnis durch, daß auf diese Weise der innere Frieden in der korsischen Kolonie nicht gerade gefördert wurde. Man untersagte den Waffenbesitz. Da so die wichtigste Einnahmequelle der Regierung versiegt war, führte Genua eine neue Steuer ein.

Die *Due Seini,* eine Abgabe von 12 Soldi auf jede korsische Feuerstelle, wurde erstmals im Jahre 1715 erhoben. Schon im Oktober 1729 führte der für den Widerstand der Bevölkerung symptomatische ›Steuerstreik‹ eines Bauern im Bozio zum allgemeinen Aufstand (s. S. 187). Innerhalb kürzester Zeit formierten sich Freischärlerkompanien, die die genuesischen Soldaten und ihre Stützpunkte angriffen. Bereits 1730 fiel Bastia.

Der sog. Vierzigjährige Krieg hatte begonnen, doch standen nicht alle Korsen geschlossen hinter diesem ›Freiheitskampf‹. Die *Caporali* im Norden, wo der Schwerpunkt der Erhebung lag, waren oft bereit, die Sache der Insurgenten zu verraten, und auch die Herren im Süden, die eher Genua zuneigten, wechselten gelegentlich die Partei.

In zahlreichen regionalen und überregionalen *Consultas,* eher Honoratioren- als Volksversammlungen, wurden immer wieder neue Koalitionen geschlossen. Soldaten vieler Nationalitäten tummelten sich in dieser Zeit auf dem Kriegsschauplatz Korsika. So landete 1731, ein Vermittlungsversuch der Franziskaner war gerade gescheitert, ein Expeditionskorps von 8000 vorwiegend deutschen Soldaten unter Hauptmann Wachtendonck im Namen Kaiser Karls VI. in Calvi, um Genuas Sache zu unterstützen. In der – auf Korsika – berühmten Schlacht von Calenzana wurde die Truppe im Frühjahr 1732 vernichtend geschlagen (s. S. 138).

Ab 1735 füllten sich die Reihen der Rebellen mit zurückkehrenden Exilkorsen: Der Ruf der Revolution hatte sie in ganz Europa erreicht. Auch Zivilisten wie der Rechtsanwalt Sebastiano Costa fanden heim. Im gleichen Jahr beschlossen die korsischen Befehlshaber, ihrer Sache gegen Genua eine rechtliche Basis zu verschaffen. Sie formulierten eine erste Konstitution, die später Pasquale Paolis Verfassung beeinflußen sollte, und suchten nach einem ›legitimen‹ Oberhaupt. Bis ein solches sich finden würde – man dachte etwa an einen spanischen Prinzen –, erklärten sie die Jungfrau Maria zur Königin und das Lied ›Dio Salvi Regina‹ zur Nationalhymne.

Der König aus Westfalen

Der deutsche Baron Theodor von Neuhoff, geboren vermutlich 1686 auf dem Schloß Pungelscheid in Westfalen und aufgewachsen am Hof von Versailles, landete in dieser Situation am 12. März 1736, begleitet von einer bewaffneten Eskorte, in Aléria. Im Palast des Bischofs in Cervione quartierte er sich ein und gab huldvoll zu verstehen, daß er als König zur Verfügung stehe.

Die korsischen Clanchefs wählten den deutschen Glücksritter tatsächlich zum König und krönten ihn im nahen Kloster von Alesani sofort als Theodor I. Der frischgebackene Monarch versprach sofort, seine guten Kontakte auf dem Kontinent für Nachschublieferungen zu nutzen. Zum Einstand verteilte Theodor I. in Cervione fleißig Orden und Titel (Sebastiano Costa wurde Kanzler) und setzte sich in Marsch. Porto-Vecchio und Sartène nahmen die frisch motivierten Korsen im Sturm.

Sie scheiterten vor Bastia, womit der unaufhaltsame Abstieg des Königs Theodor begann. Die versprochene Unterstützung blieb aus. Im November 1736 verabschiedete sich Theodor von seinem Volk, um sich persönlich um Nachschub zu kümmern. Zweimal noch kehrte er zurück, 1738 und 1743, doch hatte er das Spiel um Korsika längst verloren. Der erste und letzte König von Korsika starb völlig verarmt im Jahre 1756 in London.

König Theodor I.

Pasquale Paoli

Mit der Ermordung Gianpietro Gafforis von der französischen Partei im Oktober 1753 (sein eigener Bruder soll an dem Anschlag in Corte teilgenommen haben) war dem Aufstand der Korsen sein letzter großer Führer genommen worden. Ein eilig gewählter Fünferrat rief zwei Jahre später Pasquale Paoli aus dem italienischen Exil in die bedrohte Heimat.

Als Paoli am 29. April 1755 in Aléria wieder korsischen Boden betrat, war er gerade 30 Jahre alt. Am 13. Juli 1755 wählte ihn eine Versammlung von Gemeindevertretern in Orezza trotz seiner Jugend zum ›General der Nation‹. Zunächst erwies sich Paoli auf militärischem Gebiet als erfolgreich: Innerhalb kürzester Zeit drängte er die Truppen Genuas in ihre Festungen zurück.

Bis 1757 brauchte er, um die Truppen des Matra-Clans zu schlagen, dessen Chefs zu jener Zeit seine innerkorsischen Widersacher anführten. Uneingeschränkt stand nur seine ›Hausmacht‹, die Castagniccia, hinter ihm. Die Volksvertreter des Nebbio und der Balagne gewann er erst im Laufe der folgenden Jahre für seine Sache, die von Cap Corse sogar erst 1762. Im wesentlichen beschränkte sich sein Einfluß stets auf das Land ›diesseits der Berge‹. Auch seine politischen und sozialen Reformen, etwa der Versuch, die Macht der Clans zu brechen, blieben Stückwerk.

Seinen Ruf als ›Vater des Vaterlands‹ hat er sich dennoch verdient, da ihm die Gründung eines – zumindest nominell – von Genua unabhängigen Korsika zu verdanken ist: Die von Paoli geschaffene, vergleichsweise demokratische Verfassung von 1755 kannte bereits die aufklärerischen Prinzipien von Volkssouveränität und Gewaltenteilung.

Dabei griff Paoli auf Vorgaben zurück, die schon unter Sambucuccio die kommunale Selbstverwaltung als Basis der Volksherrschaft bestimmt hatten. Die Wahlberechtigten – Männer ab 25 Jahren – wählten an die Spitze jeder Kommune einen

Herkunft und frühe Einflüsse

Als *Babbu di a patria,* Vater des Vaterlands, ging Pasquale Paoli in die Geschichte ein. Er wurde am 5. April 1725 im Dorf Stretta, heute ein Ortsteil von Morosaglia, in der Castagniccia geboren und starb am 5. Februar 1807 in London. Schon die Tatsache, daß er 47 seines 82 Jahre währenden Lebens in der Emigration verbracht hat, kennzeichnet ihn als typischen Korsen. Seine Herkunft und sein Werdegang dürfen überdies als beispielhaft für viele *Principali* seiner Zeit gelten.

Paoli stammte aus einer hochangesehenen Familie von *Caporali,* die auch auf nationaler Ebene Einfluß besaßen. Sein Vater Hyacinthe (Giacinto) war bereits vor der Revolution Mitglied des ›noblen Duzents‹, des Zwölfmännerrates, gewesen und hatte zu deren Beginn dem ersten Triumvirat zusammen mit Gaffori angehört. Auch seine Mutter, Dionisia Valentina, kam aus einer *Caporali*-Familie in der Castagniccia.

Mit 14 Jahren war Paoli seinem Vater ins Exil nach Neapel gefolgt, als dieser mit seinen Freunden der Übermacht französischer Truppen weichen mußte, die 1738 zur Unterstützung Genuas ins Land gekommen waren. In Neapel wurde der Vater Hauptmann eines korsischen Regiments, in das auch sein Sohn mit 16 Jahren eintrat. Er brachte es beim Royal-Farnèse-Regiment des Königs von Neapel zum Offizier.

Wichtiger als der Militärdienst wurde für den jungen Paoli jedoch, daß Neapel damals ein Zentrum der europäischen Aufklärung war. Der Begründer der Geschichtsphilosophie, Giovanni Battista Vico (1668–1744), wirkte an der berühmten Universität der Stadt. Er war der Lehrer Antonio Genovesis, der hier 1754 der erste Inhaber eines Lehrstuhls für politische Ökonomie wurde. Als sein zeitweiliger Schüler und als Mitglied einer Freimaurerloge hat Pasquale Paoli nicht nur bedeutende Gelehrte kennengelernt, sondern offenbar auch eine profunde Bildung erhalten.

Mit der Lektüre der Werke Montesquieus, Machiavellis und Plutarchs in ihren Originalsprachen bildete er sich überdies autodidaktisch weiter. Seinen Biographen James Boswell, der ihn 1765 kennengelernt hatte, beeindruckte er später sogar mit beachtlichen Kenntnissen der englischen Sprache und Literatur. In einer regen Korrespondenz ließ er die Freunde in der Heimat an seinen Erkenntnissen über militärische, politische und ökonomische Fragen teilhaben.

Hauptmann und zwei Gemeindeälteste. Mehrere Kommunen bildeten ein *Pieve* (entspricht etwa einem Landkreis) mit gewählten Vorstehern. Von den Genuesern übernahm Paoli die Gliederung Korsikas in neun Provinzen mit einem Magistrat an der Spitze. Das oberste Legislativorgan, die ebenfalls gewählte *Consulta,* tagte in der neuen Hauptstadt Corte, wo auch die Regierung, der ›Staatsrat‹, ihren Sitz hatte. Ihr stand der ›erste General der Nation‹, also Paoli selber, vor.

Paoli ließ auch das System der gemeinschaftlichen Bodennutzung wieder aufleben, das ›diesseits der Berge‹ ja schon im Mittelalter üblich gewesen war (s. S. 54). Er prägte eigenes Geld und bemühte sich intensiv darum, Handel und Gewerbe zu beleben. Besondere Aufmerksamkeit erregte in jener Zeit der Söldnerheere die Organisation einer Volksarmee; zudem schuf Paoli eine Marine und legte Häfen an.

In der typisch aufklärerischen Erkenntnis, daß sich nur ein gebildetes Volk auf Dauer seine Freiheit würde erhalten können, begründete er ein Schulsystem und eine Universität; sie wurde am 3. Januar 1765 in Corte eröffnet und sollte dem jungen Staat die notwendigen Experten, vor allem im Rechtswesen, liefern. Als vornehmstes Ziel der Justiz formulierte Paoli die Überwindung der Vendetta. Die Mitglieder des obersten Gerichts, der *Rota,* wurden von der *Consulta* ernannt, faktisch jedoch gab Paoli als einzige wirklich anerkannte nationale Autorität auch hier den Ton an.

1768 hatte Genua, des ewigen Krieges müde, seine Rechte auf Korsika an Frankreich verkauft, das schon lange Stützpunkte auf der Insel unterhielt. Trotz der in ganz Europa vorhandenen Korsika-Begeisterung kam niemand dem kleinen Volk in seinem letzten Krieg, gegen Frankreich nun, zu Hilfe. Am 8. Mai 1769 wurde Paolis

Pasquale Paoli-Schule in Morosaglia

Armee bei Ponte Nuovo entscheidend geschlagen – der General ging ins Exil nach London, der korsische Nationalstaat hörte auf zu existieren.

Noch einmal sollte der alte General auf der Bühne der korsischen Geschichte erscheinen: Am 3. April 1790 empfing ihn die revolutionäre französische Nationalversammlung im Triumph – er durfte als amnestierter Volksheld und Regierungspräsident des Départements Korsika in seine Heimat zurückkehren. Dort geriet er jedoch in Fraktionskämpfe, in denen er nur noch die Rolle einer Gallionsfigur für die Adelspartei spielte, die nach der Hinrichtung des Königs gegen Frankreich arbeitete.

Am 27. April 1793 proklamierte eine *Consulta* in Corte erneut die Unabhängigkeit Korsikas, woraufhin der Wohlfahrtsausschuß in Paris Paoli prompt zum Verräter erklärte. Paoli rief daraufhin die Engländer zu Hilfe, die unter dem Befehl von Admiral Nelson eingriffen und St. Florent, Bastia und Calvi eroberten. Zehn Monate lang hielten sich die Briten auf Korsika, nachdem sie am 15. Juni 1794 den Schotten Sir Gilbert Elliot zum Vizekönig ernannt hatten. Der enttäuschte, weil übergangene, Paoli ging erneut ins Exil nach London und starb dort am 5. Februar 1807. Seine sterblichen Überreste wurden 1889, anläßlich der 100-Jahr-Feiern zur Französischen Revolution, nach Morosaglia in sein Geburtshaus überführt.

Mit Napoleon I. und III. nach Frankreich

Napolione Buonaparte, wie er sich noch bis zu seinem 33. Lebensjahr nannte (s. S. 41), wurde am 15. August 1769 als zweites von acht überlebenden Kindern des Ehepaars Charles Marie und Letitia Buonaparte in Ajaccio geboren. Während seiner Jugend regierte Graf Charles René Marbeuf als Militärgouverneur auf Korsika (1770–1786); er bemühte sich von seiner Hauptstadt Bastia aus um die Befriedung der neuen französischen Erwerbung, der 1776 sogar eine gewisse Eigenständigkeit gewährt wurde.

Marbeuf konnte sich dabei auch auf innerkorsische Kräfte wie etwa auf Matteo Buttafuoco stützen, einen *Principale* aus der Casinca, der Jahre zuvor noch Jean-Jacques Rousseau um eine Verfassung für die Republik Korsika ersucht hatte. Auch Napoleons Vater, zuvor ein enger Gefolgsmann Paolis, zählte zu den Korsen, die sich nun Vorteile aus einer Zugehörigkeit Korsikas zu Frankreich versprachen.

Napoleon selbst besuchte seit 1779 eine französische Militärschule, andererseits jedoch trat er in seinen frühen Schriften als glühender korsischer Patriot und Franzosen-Hasser auf, ja, er bemühte sich sogar intensiv um die Freundschaft Pasquale Paolis. Der ›Vater des Vaterlands‹ indes, der sich ja nun ins konservative Lager begeben hatte, zeigte ihm die kalte Schulter.

Die Französische Revolution schlug sich auf Korsika vor allem als Gegensatz jener beiden Parteien nieder, die von dem konservativen Grafen Charles André Pozzo di Borgo und dem Republikaner Christophe Saliceti geführt wurden; letzterer besaß als Mitglied der Pariser Nationalversammlung großen Einfluß. Vergeblich versuchte Napoleon während eines Heimaturlaubs, sich in Ajaccio die Führung über die

Napoleon Bonaparte als Erster Konsul

Saliceti-Partei zu verschaffen: Wütende Anhänger Paolis brannten das Haus der Familie Buonaparte nieder.

Nach abenteuerlicher Flucht emigrierte die gesamte Familie daraufhin am 11. Juni 1793 nach Frankreich. Hier sollte Napoleon nun Karriere machen. Seine Erfolge als Oberbefehlshaber der Italien-Armee (seit 1796) legten den Grundstein für seine Popularität in Frankreich. Ein Staatsstreich, in dem sein Bruder Lucien als Präsident des ›Rates der 500‹ eine entscheidende Rolle spielte, trug Napoleon das neu geschaffene Amt eines Ersten Konsuls ein (1802 auf Lebenszeit). Im Jahre 1804 krönte er sich selbst zum ›Kaiser der Franzosen‹.

Zahlreiche Allianzen mit jeweils wechselnden Konstellationen bildeten sich gegen den Hegemonialanspruch und die expansive Politik des französischen Kaisers, der fast ganz Europa eroberte und die Throne des Kontinents mit seinen Familienmitgliedern bevölkerte. Treibender Motor der antifranzösischen Koalitionen war immer Großbritannien, das seine Politik des Kräftegleichgewichts auf dem Kontinent gefährdet sah. Napoleon versuchte mit der Kontinentalsperre, einem Handelsembargo gegen das Inselkönigreich, dessen Wirtschaftsmacht zu brechen, letztendlich jedoch erfolglos.

Napoleon III.

Nationale Befreiungskriege und Volksaufstände wie in Spanien oder Tirol sowie die letztlich erfolgreiche Koalition von Preußen, Rußland, Großbritannien und Österreich leiteten den Untergang Napoleons ein: Nach der verlorenen Völkerschlacht bei Leipzig (1813) mußte der Kaiser seine Truppen nach Frankreich zurückziehen und im April 1814 abdanken. Beim Zustandekommen der Allianz gegen den ›korsischen Emporkömmling‹ hatte sich, als Diplomat in russischen Diensten, der uns schon bekannte Graf Pozzo di Borgo hervorgetan. Die Fehde der Adelsfa-

Banditen und Vendetten: die Ehre Korsikas

Wenn ein Mann ›in die Macchia ging‹, so war zumeist ein Mord der Grund, begangen im Zuge einer Familienfehde. In diesen Vendetten hielt sich die korsische Tradition, das Recht selber in die Hand zu nehmen, eine Tradition, die sich in den Jahrhunderten der unsicheren genuesischen Herrschaft herausgebildet hatte. Eine gewisse Bereitschaft zur Gewalt läßt sich überdies als Zug des korsischen Nationalcharakters nicht leugnen – man denke etwa an die Bedeutung des Gewehrs als Ausweis der Männlichkeit.

Diese ›Banditen aus Ehre‹, die immer wieder Stoff für die Literatur boten, waren nicht durchweg bloße Wegelagerer. Im Jahre 1823 wählten sie sich mit Theodor Poli im Wald von Aitone sogar einen König: Dieser ›König der Berge‹ tat sich als Gesetzgeber seines Waldreichs hervor, ein korsischer Robin Hood, der als Rächer der Armen und Feind der Reichen auftrat. Das Volk jedenfalls liebte ihn und betrauerte seinen gewaltsamen Tod im Jahre 1827. Noch Ferdinand Gregorovius schwärmte 25 Jahre später: »Keine Gemeinheit befleckte ihn, im Gegenteil rühmte man seine Großmut, und selbst Verwandten seiner Feinde verzieh er.«

Ein ›Leutnant‹ Polis, ein gewisser Gallochio, kämpfte 1824–1835 im griechischen Unabhängigkeitskrieg gegen die Türken. Der Mord an seinem Bruder rief ihn nach Korsika zurück, wo er selber im Verlauf dieser Vendetta den Tod fand.

Eine Korsin schickt ihre Söhne in den Kampf für die Familienehre

Vendetten hielten die Insel während des gesamten 19. Jh. in Atem: 2358 Gewalttaten mit tödlichem Ausgang beschäftigten in den Jahren 1825–1852 die Justiz. Britische Forscher haben eine Reihe dieser Fehden untersucht, von denen die meisten sich über 50, ja 100 Jahre oder länger hinzogen. Die Fehde von Fozzana, die Prosper Mérimées ›Colomba‹ zur Vorlage diente, läßt sich über die Zeit von 1774–1896 hinweg verfolgen.

Bei den Vendetten ging es um wirtschaftliche und politische Macht – und immer wieder um die Ehre. In die Macchia geflüchtete Mörder und Rebellen wurden von den Korsen mit dem Lebensnotwendigen versorgt, ihr Ruhm verbreitete sich über die ganze Insel. Durch ihren Widerstand wurden sie zu Symbolen des korsischen Widerstandsgeistes, verstand man sie als Garanten einer traditionalistischen nationalen Identität. In dieser Tradition standen auch die *Maquisards* des Zweiten Weltkriegs, und noch heute profitiert manches FLNC-Mitglied von der korsischen Solidarität.

milie Pozzo di Borgo mit den ›Emporkömmlingen‹ Bonaparte fand so ihre Fortsetzung auf europäischer Bühne.

Aus dem Exil auf Elba, wo man dem geschlagenen *Empéreur* ein ehrenvolles Pensionärsdasein gestattet hatte, kehrte Napoleon jedoch für die Legende gewordenen ›Hundert Tage‹ (von der Landung in Cannes am 1. März bis zur Schlacht von Waterloo am 18. Juni) an die Spitze seines Reiches und seiner Truppen zurück. Nach der nunmehr endgültigen Niederlage verbannten die Alliierten ihn in den sicheren Gewahrsam der Atlantik-Insel St. Helena, wo er am 5. Mai 1821 starb. Seine sterblichen Überreste holten die Franzosen 1840 heim und setzten sie im Invalidendom in Paris bei.

Auch nach dem Zusammenbruch des Kaiserreichs blieb Korsika weitgehend sich selber überlassen, d. h. seinen internen Querelen. In zahllosen, nicht selten blutigen Auseinandersetzungen der Clans um Macht und Pfründe mischten sich soziale Spannungen mit politischen Anliegen, zeigten Monarchisten, Republikaner und Bonapartisten Flagge. Die Fronten verliefen, wie so oft in der korsischen Geschichte, nicht gerade und eindeutig und wurden häufig gewechselt. Auch die Grenzen zwischen politisch oder sozialrevolutionär motivierter Guerilla und purem Banditentum blieben fließend.

Im 19. Jh. setzte sich, wenn auch nicht überall in gleichem Maße, die Privatisierung und Kommerzialisierung in der Landwirtschaft durch. Erstmals wurden in großem Umfang, vor allem am Cap Corse, im Nebbio und in der Balagne, Plantagen angelegt, Wein- und Olivenanbau (Öl) intensiv für den Export betrieben. Auch die Ausdehnung der Getreideanbaufläche erreichte im Laufe des 19. Jh. mit 225 000 ha ihren Höhepunkt. Viele der heute wieder verwildernden Terrasssenäcker wurden damals angelegt.

Satt wurden die Korsen dennoch nicht immer. In geringerem Ausmaß kam es schon im 19. Jh. zu Hungersnöten, was zum Teil an dem explosionsartigen Bevölkerungsanstieg gelegen haben mag: Lebten 1789 schätzungsweise 150 000 Menschen auf Korsika, so verdoppelte sich ihre Zahl bis 1871. Das Ausbleiben von Seuchen aufgrund verbesserter hygienischer Verhältnisse und Impfungen haben hier sicher eine Rolle gespielt; hinzu kommt die Rückwanderung von Exilanten. In dieser Zeit wurden etliche *Piaghia*-Siedlungen zu dauerhaft bewohnten Dörfern. Viele Hirten, die so weiteres Weideland verloren, bildeten nun den Grundstock eines neuen städtischen Proletariats. Die moderne Entwicklung entzog den *Seigneurs* des Südens die materielle Grundlage ihrer privilegierten Lebensweise, ohne daß sie auf die Wahrung ihrer Vorrechte verzichten wollten. Soziale Konflikte waren die Folge. Neben den Großbauern im Norden, vor allem im Einzugsgebiet Bastias, kam die Entwicklung vor allem einer städtischen Oberschicht zugute, die im Zeichen von Gewerbefreiheit und offenen Grenzen nach Frankreich den Warenbedarf der gewachsenen Bevölkerung zu befriedigen wußte.

Das Zweite Kaiserreich (1852–1870) gilt auf der Insel bis heute als besonders glückliche Zeit, was nicht nur mit dem Wirtschaftsaufschwung in Verbindung steht, der vom Mutterland auch auf Korsika ausstrahlte. Wichtiger war wohl noch die Tatsache, daß Napoleon III. sich demonstrativ korsikafreundlich gab. Die Förderung der Insel (insbesondere in städtebaulicher Hinsicht) und die Bevorzugung von Korsen im expandierenden Bereich der Administration, des Militärs und der Kolonialverwaltung diente ihm dazu, eine dynastische Kontinuität mit seinem Onkel, Napoleon I., zu demonstrieren.

»Die Exilanten sind wiedergekehrt«, jubelte das Volk 1860, als die kaiserliche Familie Ajaccio besuchte, und beim Plebiszit von 1852 hatten 56 500 von 56 600 stimmberechtigten Korsen bewiesen, daß sie mit Napoleon III. einen der ihren zum Kaiser haben wollten.

Korsika geriet jedoch wieder ins Abseits, als das Zweite Kaiserreich zusammenbrach. Jetzt zeigte sich, in welchem Maße Korsika ökonomisch von Frankreich abhängig geworden war. Auf den Ebenen der Provence und des Languedoc ließen sich Oliven, Zitrusfrüchte und Maulbeeren weit billiger anbauen als in Korsikas Bergen. Rebläuse, die in ganz Europa wüteten, brachten den Weinbau zum Erliegen, der vor allem den Reichtum der Menschen auf Cap Corse ausgemacht hatte.

Auch der Getreideanbau reduzierte sich drastisch, da er sich wegen der Importe nicht mehr lohnte: 1902 betrug die Anbaufläche nur noch 105 000 ha, 1961 gar nur noch 3800 ha. Bereits gegen Ende des 19. Jh. konnte die einheimische Produktion den Grundnahrungsmittelbedarf der Korsen nicht mehr decken. Die zaghaften Versuche, die Bodenschätze der Insel (Silber, Kupfer, Blei, Mangan, Eisen und Asbest) zu heben, erstickten im Keim. Die letzte Asbestgrube wurde in den 60er Jahren des 20. Jh. geschlossen.

Dem wirtschaftlichen Zusammenbruch folgten Auswanderungswellen, die vor allem jene Regionen betrafen, die noch kurz zuvor als die reichsten gegolten hatten (Castagniccia, Cap Corse und Balagne). Die französischen Kolonien und Südamerika wurden neben Frankreich selbst zu bevorzugten Zielgebieten der Auswanderung; Marseille wurde zeitweise fast zu einer korsischen Stadt.

Stillgelegtes Asbestwerk bei Nonza

Der Umstand, daß sich das korsische Clansystem in Frankreich im kriminellen Zusammenhang als Bandenwesen ›bewährte‹ und später sogar Tendenzen zum Faschismus aufwies, verstärkte die antikorsischen Ressentiments unter den Franzosen. Das Vichy-Regime und auch die Gestapo wußten von dieser korsischen ›Mafia‹ ebenso Gebrauch zu machen wie die Résistance. Heute befindet sich angeblich das Drogengeschäft fest in korsischer Hand.

Daß es Korsika nicht gelang, den Anschluß an die Industrielle Revolution zu halten, hat neben der Vernachlässigung durch die Zentralgewalt viel mit den erstarrten sozialen Strukturen auf der Insel zu tun. Die Chefs der einflußreichen Familien im Norden wie im Süden konnten ihre Macht immer weiter ausbauen und verhinderten jede gesellschaftliche Modernisierung.

Emanuel Arène, ein Gefolgsmann Léon Gambettas, der in Paris über großen Einfluß verfügte, darf als Verkörperung dieser gesellschaftspolitischen Verhältnisse gelten. ›König Arène‹ verstand es zwischen 1880 und 1908, in wechselnden Ämtern den Klientelismus der traditionellen Art mit den Möglichkeiten des modernen Zentralstaates derart zu verknüpfen, daß er sich nachsagen lassen muß, den Clanismus zum ausgeklügelten System gleichsam institutionalisiert zu haben.

Zwischen allen Stühlen – das 20. Jahrhundert

Trotz einer letzten korsischen Revolte im Jahre 1887 gelang den Franzosen innerhalb eines Jahrhunderts, was die Italiener in 700 Jahren nicht geschafft hatten: Korsika war zum weitgehend integrierten Bestandteil einer kulturellen, ökonomischen und militärischen Übermacht geworden. Zahlreiche Korsen fochten und fielen in den Kolonialkriegen und in beiden Weltkriegen für die Franzosen. Ehemalige Soldaten, Polizisten und Verwaltungsbeamte bilden heute einen großen Teil der Rentner und Pensionäre, die, wieder heimgekehrt, die ansonsten verödeten Bergdörfer bewohnen; Veteranenverbände besitzen großen Einfluß.

So sehr das korsische Volk sich jedoch auch als Teil der *Grande Nation* zu fühlen begonnen hatte, wurden dennoch bereits Ende des 19. Jh. erste Ansätze von Rückbesinnung auf eine korsische Identität sichtbar, die im Jahre 1923 in der Gründung einer autonomistischen Partei (Partitu Corsu d'Azione) mündeten. Aber auch der den Anschluß italienischsprachiger Gebiete an Italien fordernde Irredentismus (von *Italia irredenta* = unerlöstes Italien) fand sein Echo auf der Insel, deren Bindungen zum ehemaligen Mutterland sich im 19. Jh. wieder festigten: Italienische Erntehelfer pendelten über das Tyrrhenische Meer nach Korsika, und in Gegenrichtung besuchten die Söhne wohlhabender Familien italienische Universitäten. Der toskanische Dialekt war ohnehin die Sprache der Noblen und Gebildeten.

Die Wurzeln des Irredentismus sind im italienischen *Risorgimento* zu suchen, dessen Beginn auf das Jahr 1796 datiert wird. Diese Wiederbelebung des italienischen Nationalgefühls gipfelte 1861 in der Wahl Viktor Emanuels zum König von Italien. Gegen die Verlockungen des Irredentismus wurde mit offiziellem französischen Wohlwollen die korsische Geschichte ›wiederentdeckt‹. Vor allem Sampiero Corso kam als Nationalheld erneut zu Ehren, ließ sich über ihn doch eine frühe Verbindung Korsikas mit Frankreich dokumentieren (s. S. 57f.).

Die bedeutendste soziale Entwicklung war indes seit dem ausgehenden 19. Jh. die Landflucht, die Entvölkerung ländlicher Regionen zugunsten der Städte. Zwei Korsikas stehen sich so heute gegenüber: eine junge, urbane Bevölkerung an der Küste (Ajaccio/Bastia) und ein entvölkertes und überaltertes Binnenland. Landflucht bedeutete aber auf Korsika auch immer Auswanderung. Im Jahre 1901 lebten noch 296000 Menschen in Korsika, 1962, auf dem Tiefpunkt der Entvölkerung, nur noch 176000. 1990 betrug die Einwohnerzahl zwar wieder 250000, doch diese Entwicklung war fast ausschließlich das Ergebnis von Zuwanderungen aus anderen Mittelmeerländern, nicht etwa Folge eines Geburtenüberschusses.

Korsika während der Weltkriege

Zwei Weltkriege trugen viel dazu bei, Korsika zu entvölkern. Bereits im Ersten Weltkrieg entrichteten die Korsen mit 12000 Gefallenen einen überdurchschnittlich hohen Blutzoll. Nie waren die Bande zwischen Frankreich und Korsika enger als in der gemeinsamen Not, die die Korsen in ihrer Mehrheit gegen die Verlockungen Mussolinis feite, sich als Teil eines faschistischen Italien von Frankreich zu lösen: Vor einem Kriegerdenkmal in Bastia schwor 1938 eine Menschenmenge, ›französisch zu leben und zu sterben‹.

Im Zweiten Weltkrieg beanspruchte Mussolini Korsika im Zuge seiner Vision von einem italienisch dominierten Mittelmeer, dem *Mare Nostro*. Der Unterzeichnung des Waffenstillstands von 1940 folgte zunächst die Teilung Frankreichs in einen von den Deutschen okkupierten Norden und ein halbautonomes Frankreich unter dem autoritären und zeitweilig sehr populären Regime des Generals Pétain in Vichy, zu dem auch Korsika gehörte.

Am 11. November 1942 wurde die Insel von etwa 80000 italienischen und 10000 deutschen Soldaten besetzt. Korsika wurde in der Folge nun selbst zum Schlachtfeld, denn viele Korsen gingen ›in die Macchia‹ und bekämpften die Besatzer aus dem Untergrund. Seit November 1942 erhielten sie dabei Unterstützung von der ›Front National‹ aus Algerien. Der bekannteste – und nach der Entmachtung General Girauds bedeutsamste – Führer der Bewegung ›France Libre‹ war kein Geringerer als General Charles de Gaulle.

Das Unterseeboot Casabianca spielte bei der Befreiung Korsikas eine legendäre Rolle (s. S. 249). Bei Cargèse erinnert ein Denkmal an die Casabianca, deren Besatzung hier in der Nacht vom 13. auf den 14. Dezember 1942 den ersten Kontakt zu den *Maquisards* aufnahm. Beim Hafen von Ajaccio steht ein weiteres Denkmal an der Stelle, wo am 13. September 1943 dasselbe U-Boot die ersten 109 französischen

Soldaten landete. Bereits am 9. September 1943 waren die Korsen zum offenen Aufstand gegen die Besatzer übergegangen, wenige Stunden, nachdem der bereits am 3. September abgeschlossene Waffenstillstand zwischen den Alliierten und Italien (Mussolini war im Juli gestürzt worden) öffentlich verkündet worden war.

In den finalen Kampf um Bastia, den zuvor vor allem korsische Freischärler und etliche italienische Soldaten geführt hatten, griffen schließlich die Amerikaner ein. Ihre Gegner, deutsche Wehrmachts- und SS-Truppen, rückten von Sardinien aus nach Bastia vor, von wo aus sie in den Kampf um Italien eingreifen sollten. Besonders heftig und verlustreich für beide Seiten tobten die Kämpfe im Sartenais, bei Sartène, Quenza und Levie und zuletzt am Col de Teghime, wo am 4. Oktober 1943 die Entscheidungsschlacht um Korsika stattfand. 72 französische und 637 italienische Soldaten sowie 172 korsische *Maquisards* ließen dabei ihr Leben. Auch in deutschen Konzentrationslagern sowie in Gefängnissen (Kaserne Marbeuf in Bastia) und Internierungslagern auf der Insel (Prunelli-di-Fiumorbo) starben insgesamt 474 Korsen.

»Korsika hat das Glück und die Ehre, das erste befreite Stück Frankreichs zu sein« – mit diesen historischen Worten würdigte Charles de Gaulle bei seinem ersten Besuch in Ajaccio im Jahre 1943 die Rolle Korsikas im Zweiten Weltkrieg. Insgesamt sechsmal, zuletzt 1961, sollte der General noch nach Korsika kommen. Die Korsen haben ihn in ihrer Mehrheit stets begeistert empfangen und ihm bei Wahlen ihre Treue bewiesen, wobei verwandtschaftliche Beziehungen des Lothringers mit Korsika auch eine Rolle gespielt haben dürften. Am 28. September 1958 erhielt die auf ihn zugeschnittene

Kriegerdenkmal in Ajaccio

Widerstand: von Ajaccio nach Auschwitz

Zu den ersten Franzosen, die sich offen gegen die Besatzung stellten, gehörte Danielle Casanova. Zum Nationalfeiertag am 14. Juli 1941 zog sie an der Spitze eines Zuges von 10000 Frauen die Marseillaise singend durch Paris. Geboren wurde die Lehrerstochter als Vincentella Périni am 9. Januar 1909 in Ajaccio in dem Haus, das heute das private Heimatmuseum Musée du Capitellu beherbergt. An Danielle Casanova erinnert eine Gedenktafel an der Vorderfront des Gebäudes, mit ihrem Namen ehrte man auch die Straße am Rande der Zitadelle, an der das heutige Museum liegt.

Wie vor und nach ihr viele Korsinnen übersiedelte sie 1927, mit 18 Jahren, nach Paris. Dort nahm sie das Studium der Zahnmedizin auf und heiratete Laurent Casanova. Sie war Mitglied der Kommunistischen Partei Frankreichs und nahm in deren Reihen am Spanischen Bürgerkrieg teil. Als Feministin gründete und leitete sie die Untergrund-Zeitschrift ›La voix des femmes‹.

Ihr Engagement konnte den Nazis nicht verborgen bleiben: Am 3. Januar 1943 deportierte die Gestapo sie in einem plombierten Zug nach Auschwitz. Aus der Gruppe der 230 Widerstandskämpfer, die mit ihr verschleppt wurden, kehrten nur 49 zurück. Unermüdlich habe sie, so berichten Überlebende, bei einer Typhusepidemie im KZ Hilfe geleistet, bis sie der Krankheit am 10. Mai 1943 selber erlegen sei. Mit ihren letzten Worten soll sie ihrer Umgebung noch Mut und Trost zugesprochen haben: »Unser schönes Frankreich wird frei werden und unsere Ideale werden siegen.«

Die Résistance war, auch auf Korsika, weitgehend eine Sache der gut organisierten Kommunisten (was ihren Einfluß auf die Gestaltung Frankreichs nach dem Krieg erklärt). Mahnmale erinnern noch heute überall auf Korsika an das Schicksal von Heroen und Heroinnen des Widerstandes, Straßen und Schulen wurden nach ihnen benannt.

So hat man auch in mehreren Orten Jean Nicoli geehrt, einen der wichtigsten Führer des kommunistischen Widerstands in Korsika. Er wurde 1899 in San Gavino-di-Carbini (Alta-Rocca) geboren und entwickelte sich, nicht untypisch für einen Korsen, als Lehrer in Algerien zu einem glühenden korsischen Patrioten. Seinen Beruf übte er später auch in Olmeto und Propriano aus, wo er sich beispielsweise für die unterdrückte Sprache seiner Heimat einsetzte. Schon vor seiner Hinrichtung am 30. August 1943 war er auf Korsika zur Legende geworden.

Die Befreiung Korsikas von den Deutschen wurde von Nicolis Kameraden auch als erfolgreiche Rache für seinen Tod gefeiert. *»Vendetta corsa. Jean Nicoli, tu seras vengé. Vive de Gaulle!«* (Korsische Vendetta. Jean Nicoli, du bist gerächt. Es lebe de Gaulle!) stand auf einem Maschinengewehr, das de Gaulle, dem ›Befreier Frankreichs‹, bei seinem triumphalen Aufmarsch in Ajaccio am 8. Oktober 1943 überreicht wurde.

Verfassung der Fünften Republik auf Korsika 87% der abgegebenen Stimmen gegenüber 62% im Landesdurchschnitt. Es schien, als habe sich Korsika endgültig als Teil Frankreichs zu fühlen begonnen.

Zentralmacht und Autonomiebewegung

Vor allem der Dekolonialisierungsprozeß, so die Meinung des irischen Forschers Robert Ramsey, legte dann doch in den 60er Jahren die Lunte an ›die korsische Zeitbombe‹. Mit dem Ende des Versuchs, Algerien in der kurzlebigen ›Französischen Gemeinschaft‹ zu halten (1962, Verträge von Evian), wurde die Rolle Korsikas als ›Entsorgungsstation‹ für französische Probleme deutlich: Über 3000 Mann der Fremdenlegion wurden in Korsika stationiert. Erst in den 80er Jahren zogen sie bis auf das 2. Fallschirmjägerregiment in Calvi wieder ab.

Am nachhaltigsten wurde der soziale Frieden auf Korsika durch die Rückführung von ehemaligen Kolonisten aus Nordafrika gestört, auch wenn man diese Aktion gern als Maßnahme zur Wiederbevölkerung der Insel ausgab. Zwischen 1958 und 1965, verstärkt nach 1962, kamen 17 000 *Rapatriés*, Rückkehrer aus Nordafrika, nach Korsika – die Zahl entspricht mehr als 10 % der damaligen Inselbevölkerung. Gut die Hälfte von ihnen blieb in Bastia und Ajaccio, die anderen konzentrierten sich an der Ostküste. (Ihren Spitzenamen ›Schwarzfüße‹ [*Pieds noirs*] hatten sie von den Nordafrikanern erhalten, denen die schwarzen Lederschuhe der Kolonialherren absonderlich erschienen.)

Obwohl ein großer Teil der *Pieds noirs* korsische Vorfahren hatte, galten sie zumeist als unwillkommene Fremde: Wurden ihnen doch Vergünstigungen für den Aufbau einer Agrarindustrie gewährt, die korsischen Bauern zur Erhaltung ihrer Familienbetriebe verwehrt worden waren. Gestützt auf diese Subventionen, hatten

Tourismus bildet einen wichtigen Wirtschaftszweig, aber nicht nur Nationalisten warnen vor Übertreibungen

die Neusiedler sogleich mit der Kultivierung der Küstenebene begonnen. Die Anbaufläche von Weinreben – später kamen Zitrusfrüchte, Getreide und Kiwis hinzu – verdreifachte sich von 1960–1970 von 9600 auf 29000 ha. Zu Beginn der 70er Jahre brachten knapp 10% aller Weinanbaubetriebe 90% der Ernte ein – und keiner von ihnen gehörte einem Korsen.

Die Bevorzugung durch den Staat sowie Weinpanschskandale machten die *Pieds noirs* zunehmend unbeliebt bei den Korsen. Als besonders kolonialistisch galt ein gewisser Henri Depeille, in dessen finanzielle Machenschaften schließlich auch die Firma Mattei verwickelt wurde. Ein führender Manager dieses altehrwürdigen korsischen Unternehmens gehörte zur Führung der ›Action pour la renaissance de la Corse‹ (ARC), der Aktion für die Wiedergeburt Korsikas (sie wurde noch 1975 verboten). Seinem Tip folgend, besetzte die ARC am 21. August 1975 unter der Führung von Edmond Simeoni, der anschließend zu fünf Jahren Zuchthaus verurteilt wurde, das Weingut Depeilles bei Aléria. Daraufhin stürmten 1250 schwerbewaffnete Polizisten das Gebäude, wobei zwei von ihnen ums Leben kamen.

Diese ›Ereignisse von Aléria‹ haben die Bewegung des korsischen Nationalismus, der zuvor eher eine Sache weniger Intellektueller gewesen war, populär gemacht. So hat sich die Partei UPC (Unione di u Populu Corsu) als politische Kraft etabliert; mit Max Simeoni, dem Bruder von Edmond, stellt sie sogar einen Abgeordneten im Europa-Parlament.

Eine radikale Gruppe der Nationalisten, die Untergrundorganisation FLNC (Fronte di liberazione naziunale corsu), hat vor allem in den ›blauen Nächten‹ von sich reden gemacht, als in den Jahren nach 1975 an vielen Stellen der Insel gleichzeitig Bomben hochgingen. Im Jahre 1982, als die Statistik 146 Attentate gegen touristische Institutionen und Einrichtungen zählte, wurde die FLNC verboten; sie existiert indes im Untergrund weiter und kann auf die Unterstützung der ACN (A Cuncolta Nazionalista) und ihrer Zeitung ›U Ribombo‹ (Das Echo) rechnen.

Maghrebiner fegen die Straße

Die FLNC hat aber das Monopol auf Terror längst verloren: 1986 wurden auf Korsika 22 militante Organisationen gezählt. Sie decken das gesamte politische Spektrum von links nach rechts ab und reichen von erbitterten Gegnern der Franzosen bis zu deren vehementen Freunden. Viele Anschläge sind inzwischen rein krimineller Art, gehen auf das Konto von Bandenkriegen.

Doch auch die politisch motivierten Attentate haben seit Ende des Jahres

1989 im Zuge der Diskussion über das ›Projet Joxe‹ wieder zugenommen. Die Bemühungen des sozialistischen Innenministers Pierre Joxe zielten durch die verfassungsmäßig delikate Anerkennung einer korsischen Identität auf eine Entspannung der politischen Lage auf der Insel. »Die französische Republik garantiert der historischen und lebendigen kulturellen Gemeinschaft, welche das korsische Volk bildet, die Rechte zur Wahrung seiner kulturellen Identität und zur Verteidigung seiner besonderen wirtschaftlichen und sozialen Rechte«, heißt es im Artikel 1 des Verwaltungsstatuts, das die Nationalversammlung in Paris am 22. November 1990 verabschiedete.

Fischer in Bastia

Korsika werden in diesem Statut ungewöhnliche Selbstverwaltungsrechte zugebilligt. Auch der Schulunterricht in korsischer Sprache wurde erleichtert. Dennoch finden sich auf der Insel in allen politischen Lagern viele Gegner des Statuts. Einigen geht es nicht weit genug, einigen zu weit, denn weder hat man Korsika einen größeren finanziellen Spielraum gewährt, noch ist die legislative Kompetenz der Regionalversammlung erweitert worden.

Die Clanchefs dürfte vor allem stören, daß sie stärker in die Verantwortung genommen werden. Sie profitieren nämlich am ehesten von den wirtschaftlichen, politischen und verwaltungstechnischen Verhältnissen. So decken die Exporte wertmäßig, wie in klassischen Entwicklungsländern, nur 6 % der korsischen Importe. In der französischen Region Nr. 20 Corse stehen zudem in zwei Départements, fünf Arrondissements, 52 Cantons und 360 Gemeinden Posten und Pfründen in Fülle zur Verteilung an: 27700 Menschen sind im öffentlichen Dienst beschäftigt; fast 30 % aller Arbeitnehmer und 56 % der privaten Haushaltseinkommen auf Korsika stammen aus öffentlichen Mitteln, aus Löhnen und Gehältern für Staatsdiener, aus Pensionen, Renten und Sozialhilfe.

Die Arbeitslosenquote auf Korsika wird auf 15–20 % geschätzt. Sozioökonomische Gründe sind es denn auch, die die wirtschaftlich unterentwickelte und extrem dünn besiedelte Insel nicht zur Ruhe kommen lassen. Mit einer Gesamtzahl von 240000 Einwohnern leben hier im Durchschnitt 28,2 Menschen auf dem Quadratkilometer. Diese Angabe verschleiert zudem noch die großen Unterschiede zwischen urbanen Stadt- und Küstenzonen und dem entvölkerten Binnenland. In 60 % der Dörfer wohnen weniger als 200 Menschen. Selbst das benachbarte Sizilien kann 67,1 Einwohner/km^2, die Balearen können gar 132,9 Einwohner/km^2 aufweisen.

Hoffnungslosigkeit macht sich vor allem unter jungen Leuten breit. Man schätzt, daß zwischen 1968 und 1975 29 % der 20–30jährigen Korsika verlassen haben und der

Bevölkerungsdichte

Insel nun bei der Überwindung ihrer Entwicklungsprobleme fehlen. Gleichzeitig wächst die Zahl der ›Gastarbeiter‹, die vor allem in untergeordneten Tätigkeiten, bei der Ernte sowie im Hoch- und Tiefbau, eingesetzt werden und nach offizieller Lesart bereits zu einem Fremdenanteil von knapp 11 % geführt haben (landesweit knappe 7 %). Gegen sie richtet sich, wie in Frankreich auch, eine zunehmende Ausländerfeindlichkeit.

Statt der Industrie fand, vor allem in den 60er und 70er Jahren, die industriell betriebene Landwirtschaft über die SOMIVAC (Société pour la mise en valeur agricole de la Corse) staatliche Unterstützung. Das Ergebnis kann jedoch weder ökonomisch, noch ökologisch, noch soziologisch befriedigen. So ermittelte das statistische Institut INSEE für 1985, daß gerade 3,2 % der Landwirte Flächen von mehr als 100 ha bewirtschafteten, während 33,1 % weniger als 5 ha bearbeiteten.

Der Versuch, den Tourismus (s. a. S. 90ff.) zu fördern, ist ebenfalls umstritten, denn in Korsika mangelt es an Kapital. Die Zeitschrift ›KYRN‹ fragte bereits besorgt:

»Gehört Korsika den Banken?« Nicht ohne Grund stellten gerade touristische Einrichtungen, besonders illegal gebaute Ferienanlagen, immer wieder das Ziel von terroristischen Anschlägen der Nationalisten dar. Die *Plastiquages* zünden indes durchweg im Winter, gelten sie doch den Spekulanten und Investoren und nicht den Gästen.

Billig ist Korsika trotz erheblicher Subventionen (jährlich 1,3 Mrd. Francs) auch nicht. Steuervergünstigungen sollen zwar einen Ausgleich für die Insellage und den damit verbundenen kostenintensiven Transportweg schaffen, trotzdem liegen die Preise im Schnitt 10 % über denen im übrigen Frankreich. Hiervon profitiert nicht etwa nur der korsische Handel, sondern in höherem Maße noch die französischen Importeure: Ajaccio und Bastia sind nach Paris die teuersten Städte Frankreichs! Die ohne Frage großen Probleme lassen vielen Korsinnen und Korsen den Weg ins vereinte Europa als recht steinig erscheinen. Sie fürchten, ihre Heimat könne zu einem Lilliput bei Gulliver & Co. werden.

BAUEN und WOHNEN

Seit der Steinzeit hat sich der Sachverhalt, daß die Menschen stets mit dem Material bauen, dessen Beschaffung und Verarbeitung die geringsten Probleme bereitet, nicht verändert. Holz und Natursteine erfüllten diese Forderung auf Korsika jahrtausendelang in idealer Weise. Schiefer dominierte als Baumaterial im Nordwesten der Insel, wo es natürlich vorkommt. *Teghie* (Steinplatten) decken dort noch immer viele Bauten.

Im Süden, wo die Dachdecker früh auch schon die rotgebrannten Lehmziegel benutzten, bestehen die Wände traditionell aus Granit. Die *Scandule* (Holzschindeln) fanden auf der ganzen Insel für ärmlichere Häuser Verwendung, und manches Stalldach ist noch heute damit gedeckt. Bei Bonifacio leuchten die Hauswände vielfach weiß, denn in dieser Gegend ›wächst‹ Kreide.

Naturstein erfordert allerdings viel Mühe und Kosten bei der Be- und Verarbeitung, so daß heute vielfach die einfacheren und billigeren modernen Methoden wie die Betonbauweise vorherrschen. Man mag dies als ›Kulturverlust‹ beklagen – die gegenwärtige Art zu siedeln und zu bauen belegt jedoch auch, daß die Korsen den Anschluß an die Entwicklung im Rest der Welt nicht verschlafen haben und überdies noch genauso ökonomisch denken wie ihre Vorfahren. Das zeigt sich nicht zuletzt in ihrem Bemühen, neuerdings den Erwartungen ihrer zahlenden Gäste dadurch entgegenzukommen, daß sie zumindest Ferienhäusern äußerlich eine traditionelle Gestalt geben. Doch im allgemeinen war die Pflege von Bausubstanz sichtlich noch nie gerade das wichtigste Anliegen der Korsen. Sie hatten und haben näherliegende Probleme zu bewältigen.

Dies ist sicher auch ein Grund für die auffällige Ignoranz oder Indifferenz gegenüber den Baudenkmälern auf der Insel: Die ›alten Mauern‹ interessieren hier außer einigen Wissenschaftlern vorwiegend Nicht-Korsen. Prosper Mérimée, der im frühen 19. Jh. als erster überhaupt auf die Suche nach Kulturdenkmälern ging, war Franzose. Dies gilt auch für Roger Grosjean, der ab 1954 als erster Archäologe den Geheimnissen der Urkorsen auf die Spur zu kommen suchte, und für das Ehepaar Jehasse, das zur gleichen Zeit in Aléria eine antike Stadt auszugraben begann. Mit Dorothy Carrington hat eine Britin sich um die Spurensuche verdient gemacht, die Deutschen Sibylle von Reden und Adalbert Graf von Keyserlingk waren um Interpretationen bemüht.

Steine in der Macchia

Höhlen, Felsvorsprünge, Grotten oder auch nackte Felswände dürften den ersten Menschen auf Korsika, die vermutlich vor etwa 9000 Jahren auf die Insel kamen, Schutz vor Wind und Wetter geboten haben. Vor allem im Süden, wo die Menschen Grosjean zufolge zuerst siedelten, weisen viele Felsformationen so einladende *Tafoni*-Löcher auf, daß sie oft noch heute als Unterstände oder Abstellräume genutzt

◁ *Malerische Winkel zeichnen Bergdörfer wie Lama aus*

Tafoni-Felsen bei Torre, zu einem Schuppen ›umgebaut‹

werden. Unterhalb des **Torre** im Ort Torre befindet sich ein schönes Beispiel dafür. Es fällt auf, daß viele dieser frühesten Siedlungen in nächster Nähe auffälliger Felsformationen errichtet wurden.

Auch ihre Toten bestatteten die neolithischen Urkorsen in Grotten und (unterirdischen) *Tafoni*-Löchern. Das änderte sich in der zweiten Hälfte des vierten vorchristlichen Jahrtausends, als die Megalithkultur (von griechisch *megas* = groß und *lithos* = Stein) Korsika erreichte und nicht nur die Landwirtschaft, sondern vermutlich auch eine neue Religion mit sich brachte. »Die neue Lehre aber verlangte eine höhere Ehrung und bessere Versorgung der Toten, es mußte für sie ein eigenes Haus gebaut werden«, schreibt Sibylle von Reden dazu.

Anfangs genügte eine große Steinkiste, bis zu 2 m tief in die Erde gegraben und von einem kleinen Hügel bedeckt. Im Laufe des 3. Jt. v. Chr. begann man, oberirdische Dolmen zu bauen. *Stazzone,* Schmiede, heißen sie bei den Korsen, etwa 100 von ihnen kennt man. Vier regelmäßig behauene, glatte und erstaunlich flache Tragsteine und ein ebensolcher, riesiger Deckstein bilden den bekanntesten, schönsten und leicht zugänglichen ›Steintisch‹ von Fontenaccia an der **Cauria** genannten Fundstätte bei Sartène (2,60 m lang; 1,60 m breit; 1,80 m hoch).

Dort sind – ›verdächtig‹ dicht bei schützenden Felswänden – auch einige Reihen von Menhiren zu finden. Solche Stelen hat man anfangs neben den Steinkisten errichtet, später auch in größeren Entfernungen von Grabplätzen aufgestellt und schließlich zu *Alignements* (Steinalleen) aufgereiht. Bis zu 4 m hoch sind diese *Stantare,* wie die Korsen ihre Totenpfeiler nennen. Was sie bedeuten oder wen sie darstellen, ist umstritten. Sollten sie als Wächter die Ruhe der Toten garantieren? Stellten sie den ›Ersatzleib‹ oder ›Seelensitz‹ der Verstorbenen dar?

In Korsika begann man im 3. Jt. v. Chr. damit, den schlichten Steinsäulen menschliche Formen und Züge zu verleihen. Bei **Filitosa** kann man die schönsten Exemplare sehen, in den *Alignements* südlich von Sartène die Entwicklung nachvollziehen. Erst erhielten die *Stantare* einen Kopf, dann eine Frisur (oder einen Helm?), dessen phallische Form sicher kein Zufall ist. Etwa seit 1800 v. Chr. wurden Gesichter mit Nase, Augen und Kinn gemeißelt. Eine der seltenen und jüngeren Figuren im Norden (in Patrimonio), dem Rückzugsgebiet der friedlichen Steinzeitmenschen vor feindlichen Eindringlingen, hat sogar Ohren.

3m hoher ›Paladin‹ am Eingang von Filitosa

Von etwa 1600 v. Chr. an erhielten die Statuen auch Waffen, eine Art Harnisch, Dolch oder Schwert oder gar beide Waffen. *Paladini* nennen die Korsen diese unheimlichen ›Ritter‹. Roger Grosjean meint, in ihnen hätten die Ureinwohner überlegene Invasoren abgebildet, um sich deren Kraft auf magische Weise einzuverleiben oder den Schrecken zu bannen, den diese mit ihren Bronzewaffen verbreiteten. In einer allerdings umstrittenen Theorie erklärt er sie zu ›Shardanen‹ (s. S. 47).

›Stantare‹ am Zentralmonument in Filitosa

Überhaupt haben die rätselhaften Zeugnisse der bis auf die britannischen Inseln, bis Skandinavien, Malta und auf die Balearen verbreiteten Megalithkultur immer wieder zu Hypothesen und teilweise gewagten Deutungsversuchen herausgefordert. Eine Forschungsrichtung sieht in Nordwesteuropa, in der Bretagne und in Südengland, das Zentrum einer eigenständigen megalithischen Kultur. Doch auch die ältere These, daß die Megalithkultur sich vor Jahrtausenden aus dem höherentwickelten Mesopotamien über Ägypten in den Westen und Norden verbreitet habe, fand im Zeichen moderner archäologischer Möglichkeiten wie der Radiokarbonmethode wieder viele Anhänger. Überzeugend klingt die beide Theorien verbindende Annahme, östliche und westliche Kulturen hätten sich auf dem Seewege gegenseitig beeinflußt.

Auf Korsika fällt beispielsweise auf, daß die vermenschlichten Menhire ihr Gesicht stets nach Osten kehren; der Dolmen in Cauria steht ebenfalls in Ost-West-Richtung, während die Steinreihen in Nord-Süd-Richtung angelegt wurden. Der anthroposophisch orientierte Graf von Keyserlingk sieht in Cauria das Zentrum eines Sonnenkults, der auf geometrisch nachvollziehbare Weise eine Vielzahl anderer Monumente sowie den ›Wackelstein‹ Omo di Cagna einbezieht.

Etwa um 1600 v. Chr. entstanden die bronzezeitlichen Festungsbauten der ›Torreaner‹, vielleicht die als *Paladini* abgebildeten Feinde der neolithischen Ureinwohner. Schöne Beispiele hierfür kann man bei Porto-Vecchio und bei Levie besichtigen, in Filitosa konnten Forscher sogar beweisen, wie die Invasoren die überwundene Urbevölkerung demütigten, indem sie deren Menhire als Material für ihre neue Siedlung benutzten. Auch die zyklopische Festung **Tappa**, auf halber Strecke zwischen Porto-Vecchio und Sotta gelegen, haben diese ›Torreaner‹ im Kern schon vorgefunden. (›Torreaner‹ nannte Roger Grosjean die Träger dieser überlegenen Kultur nach jenem zuerst entdeckten Turm, korsisch *Torre,* der im gleichnamigen Ort nördlich von Porto-Vecchio steht. Mit ihnen endete die korsische Megalithkultur.)

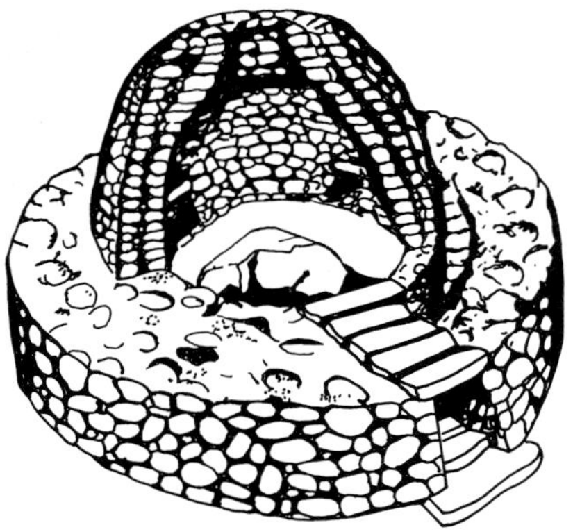

Der Torre von Tappa

Auf Sardinien gibt es ähnliche Bauwerke, die *Nuraghen,* doch sind diese weitaus größer und dienten offenbar als Wohnhäuser. Die *Torre* waren dafür zu klein und stellen wohl, wie Brandspuren in ihrem Innenraum nahelegen, eher Verbrennungs- oder Kultstätten dar. Meist wurden sie in Felsformationen eingebaut und oft im Laufe der Jahrhunderte von Festungswerken umgeben, geschichtet aus mächtigen Steinbrocken, deren Lücken Kieselsteine füllen.

Baukunst aus Italien

Gut 1000 Jahre jünger als die Monumente aus der Stein- und Bronzezeit sind die Funde, die man in **Aléria** besichtigen kann, seit das Ehepaar Jehasse sie in den 50er Jahren freilegte. Griechen gründeten ›Alalia‹ um 565 v. Chr. Von ihren Bauten ließen allerdings die Römer, die an gleicher Stelle ab dem ersten vorchristlichen Jahrhundert siedelten, wenig übrig. Obwohl auch von ihrer Niederlassung nur noch Ruinen blieben, lassen diese doch auf beeindruckende Weise eine kleine Römerstadt erkennen. Im benachbarten Kastell ist ein Museum untergebracht, in dem griechische

Vasen und Gebrauchsgegenstände auch den griechischen Anteil an der Stadtgeschichte erkennen lassen.

Die germanische Völkerwanderung ließ eine erste Christianisierungsphase vorerst Episode bleiben. Im alten **Mariana,** neben der La Canonica genannten Kathedrale südlich von Bastia, bezeugen Mosaiken aus dem 4. Jh. diese frühchristliche Vergangenheit. Sie bildeten den Boden des Taufbeckens eines frühen Baptisteriums. Aus dem gleichen Jahrhundert stammen der Altar der Kapelle Ste. Restitute in **Calenzana** (Balagne) und der Marmorsarkophag dieser Märtyrerin in der dortigen Krypta.

Wo immer die christlichen Ritter der Reconquista erfolgreich waren (s. S. 49ff.), errichteten sie Taufkirchen und Kapellen, die den hl. Johannes den Täufer zu einem beliebten Schutzpatron auf Korsika machten. Auch von diesen vor- und frühromanischen Bauten bleibt wenig zu sehen: Bei **Corte** die Ruine der Kirche S. Giovanni Battista (9. Jh.) und die Reste der gleichnamigen Kirche (Ende 6. Jh.) in **Prunelli-di-Fiumorbo.**

Spätestens seit Papst Gregor VII. im Jahre 1077 den Bischof der Handelsstadt Pisa zum geistlichen und weltlichen Oberhaupt Korsikas machte, setzte sich auch der konstruktive künstlerische Einfluß der Kolonialmacht Pisa auf Korsika durch. Etwa 300 Kirchen und Kathedralen entstanden allein zwischen 1000 und 1200, allesamt im Stil der pisanischen Romanik.

Selbst die größten und herausragendsten Bauten aus dieser Zeit, die Kathedralen La Canonica südlich von **Bastia** und Sta. Maria Assunta in **St. Florent,** erscheinen, verglichen mit dem Dom in Pisa, winzig. Aber auch sie sind dreischiffige Basiliken im typisch pisanischen Stil. Einige Kirchen Korsikas weisen ein besonders auffälliges Schmuckelement der pisanischen Romanik auf, das von verschiedenfarbigen Steinen gegliederte Mauerwerk. Ein herausragendes Beispiel hierfür stellt die nur 14 m lange Kirche **S. Michele bei Murato** dar, deren Fassade die Verwendung von dunkelgrünem Serpentinitschiefer und weißlichem Kalkstein unverwechselbar macht. Weitere Schmuckelemente – Rosetten, Rauten und andere Ornamente, Skulpturen, Flach- und Hochreliefs, Kranzgesimse und Blendarkaden – treten ab der Mitte des 12. Jh. hinzu, jedoch ohne daß die schlichte Linie der Gebäude davon überdeckt wird.

Bei Luomi steht die pisanische Kapelle St. Pierre mit diesem Löwen

Diese Kirchen markierten jeweils das Zentrum einer Pfarrgemeinde, des *Pieve,* und

dienten sowohl der geistlichen wie der weltlichen Autorität (oft wurden beide vom Priester ausgeübt) als Zentrum ihrer Amtshandlungen. Weitere besonders typische und beachtenswerte Beispiele sind die Dreifaltigkeitskirche bei **Aregno** (Balagne) und die Kirche Sto. Pietro bei **Sto. Pietro-di-Tenda** (im Nebbio). Auch auf dem Cap Corse, zum Beispiel in **Canari** und **Sisco,** findet man solche wohlproportionierten pisanischen Kirchen. Eine Besonderheit stellen die Kirchen mit Doppelapsis wie bei **Macinaggio** auf dem Cap Corse oder bei **Cervione** in der Castagniccia dar. In letzterer blieben die Fresken aus dem 15. Jh. gut erhalten.

Das Zentrum der pisanischen Bautätigkeit lag im Norden Korsikas, vor allem in der Balagne, im Nebbio und in der Castagniccia. Die wenigen pisanischen Kirchen im Süden der Insel präsentieren sich durchweg schlichter und strenger und verzichten auch auf das verschiedenfarbige Mauerwerk. Die markantesten Beispiele hier bieten S. Giovanni Battista in **Carbini** mit ihrem freistehenden Campanile sowie die Kirchen von **Sta. Maria-Figaniella** und **Grossa.**

Unter der darauffolgenden Herrschaft Genuas (1284–1768) lassen sich zunächst in der Baukunst keine größeren Änderungen feststellen. Kirchen im gotischen Stil fehlen auf Korsika, wie generell im südeuropäischen Raum, weitgehend. Die große Ausnahme bildet St. Dominique in **Bonifacio,** erbaut zwischen 1270 und 1343. Obwohl es einige schöne Renaissancekirchen gibt, erwähnt sei die Marien-Kathedrale in **Ajaccio,** wurden doch erst im Zeitalter des Barock wieder verstärkt Gotteshäuser gebaut, vor allem in den damals reichen Gegenden in und um **Bastia,** in der **Castagniccia** und in der **Balagne.**

Nach außen hin schlicht, fallen sie allenfalls durch ihre einzeln stehenden Campanile auf. Manche dieser Kirchen enthüllen ihre Eigenarten erst jetzt, wenn sie restauriert werden, z. B. St. Jean-Baptiste in **La Porta** (Castagniccia). Hier zeigen sich gleichzeitig die mit Restaurationen verbundenen Gefahren: So glatt und gefällig herausgeputzt, wie sie sich heute präsentiert, ist sie zuvor nie gewesen.

Vor allem in der Innendekoration zahlreicher Sakralbauten wird deutlich, warum man das 17. und 18. Jh. kunsthistorisch als das ›Goldene Zeitalter‹ Korsikas bezeichnet. Aus Marmor, Holz und Sandstein, mit Stuck und Fresken, Wandbespannungen, Skulpturen und Gemälden schufen die Künstler in dieser Epoche beeindruckende Barockinterieurs. Auch in diesem Zusammenhang verdienen die Kirchen **Bastias** besondere Erwähnung.

Die Künstler und Architekten stammten zumeist aus dem ligurischen Herrschaftsbereich Genuas. Der Gesamteindruck ihrer Werke wird heute leider gelegentlich durch ungeschickte Zusätze und Restaurationsarbeiten aus dem 19. und 20. Jh. beeinträchtigt.

Zu den wenigen unversehrten Klöstern dieser Zeit gehört das in **Ste. Lucie-de-Tallano,** die meisten stammen indes aus dem 19. Jh.; das Kloster in **Vico** ist besonders sehenswert.

Die immer wieder gefährdete genuesische Herrschaft auf Korsika manifestiert sich heute vor allem in Brücken, Wachtürmen und Festungen. Von den Brücken, mit

S. Michele bei Murato, Westseite

deren Hilfe das Land wirtschaftlich und militärisch erschlossen wurde, dient die **Tavignano-Brücke bei Altiani** noch heute dem Straßenverkehr. Beeindruckender und origineller sind hingegen die einbogigen, nur für Fußgänger zu benutzenden Brücken, allen voran der ›Pferderücken‹ **Spin' A Cavallu** nördlich von Sartène und die Brücke im oberen **Asco-Tal.**

Über 90 Wachtürme der Genueser, teils allerdings nur noch in Ruinen erhalten, säumen die korsische Küste, am dichtesten am **Cap Corse.** Sie entstanden zumeist im 16. und 17. Jh., als die ›Barbaresken‹ aus Nordafrika mit ihren Raubzügen die Mittelmeerküsten heimsuchten. Über 150 Türme sollen es einmal gewesen sein. Auf diesen dreistöckigen, überwiegend runden Türmen hielten Wächter Ausschau aufs Meer. Sichteten sie Seeräuberschiffe, gaben sie die Nachricht mit Rauch- und Feuerzeichen an die beiden Nachbartürme weiter, die in Sichtweite lagen – in wenigen Stunden ließ sich die Warnung so über die ganze Insel verbreiten. Der Bevölkerung wurde die Gefahr mit der *Conca* signalisiert, einem Horn aus dem Gehäuse der Tritonsschnecke. Die meisten der viereckigen Türme stammen dagegen bereits von den Pisanern oder wurden später als Wehr- und Schutzbauten von Korsen selber gebaut.

Die Genueser haben sich schließlich mit ihren Zitadellen im Land verewigt, von denen die in **Bastia, St. Florent, Algajola, Calvi, Corte, Girolata, Porto-Vecchio** und **Ajaccio** am bemerkenswertesten sind. Genuesische Handschrift tragen auch ältere Gründungen wie die Festung von **Bonifacio.** An den meisten haben freilich auch spätere Baumeister Hand angelegt, wie etwa eine Inschrift an der Festung Bastia beweist, die König Ludwig XVI. von Frankreich als Bauherrn eines Abschnitts benennt.

Im 19. Jh. erlebte Korsikas Architektur eine letzte Welle italienischen Einflusses, als sich reiche Grundbesitzer vor allem im Norden der Insel Herrenhäuser im Neorenaissancestil errichten ließen. In dieser Zeit begann sich auch der französische Einfluß, überwiegend an Verwaltungs-, Repräsentativ- und Kirchenbauten, bemerkbar zu machen. Frankreich wußte seine politische Dominanz auch in städtebaulichen Neu- und Umgestaltungen zu demonstrieren.

Die neuen Machthaber hinterließen vor allem in **Ajaccio** ihre Spuren, so in der Anlage und Bebauung der beiden Hauptachsen der Stadt, des Cours Grandval und des Cours Napoléon, die sternförmig auf den Place du Général de Gaulle zulaufen. Die französisch anmutenden Wohnblocks mit ihren Mansardendächern und die monumentalen Nutzbauten in pompös historisierendem Stil wirken heute im Vergleich zu modernen Bürohäusern und den Betonwüsten der *Résidences* schon wieder angenehmer.

Wie Korsen wohnen

Typisch korsisch erscheint uns heute diejenige Siedlungsweise, die schon vor über 200 Jahren den Schotten James Boswell beeindruckte: »Die corsischen Dörfer sind gemeiniglich auf den Spitzen ihrer Berge und auf rauhen Klippen von einer so erstaunlichen Höhe gebaut, daß man die Häuser am Tage kaum unterscheiden kann.

Des Nachts aber, wenn die Hirten ihr Feuer anzünden, geben diese in der Luft schwebenden Dörfer einen malerischen und angenehmen Anblick.«

Siedlungen dieser Art gelten oft zu Unrecht als mittelalterlich. Im Mittelalter jedoch herrschten Streusiedlungen vor – die pisanischen Kirchen stehen folglich meist isoliert in der Landschaft. Erst im 14. und 15. Jh. begannen die Korsen, sich in Dörfern zusammenzuschließen. Unter dem Druck wachsender Angriffe nordafrikanischer Seeräuber (s. S. 50) nahmen vor allem im Norden viele Dörfer schließlich den Charakter von Fliehburgen an. Im Süden läßt dieser festungsähnliche Charakter wieder nach, wohl weil die weiteren Gebirgstäler den Menschen hier größere Übersicht boten – so hatten sie Zeit zur Flucht in die Macchia.

Festungsartig wirkt der Balagne-Ort St. Antonino

Ursprünglich lebten die Korsen in Hütten aus Stein. Verstreut über die ganze Insel findet man sie als Geräteschuppen und Unterkünfte für Hirten und Touristen noch heute. Obwohl viele von ihnen noch im 20. Jh. bewohnt waren, blieben sie oft nur als Ruinen erhalten. Auf den ersten Blick gleichen sich die *Stazzu* oder *Capanna:* ein Raum, eine niedrige Tür und allenfalls ein Fenster.

Doch bei näherer Betrachtung lassen sich Unterschiede entdecken. So sind im Désert des Agriates die Hütten quadratisch gebaut, und aus dem mit Grassoden gedeckten Dach ragt der Stummel eines Kamins. Vor allem auf der Halbinsel von Sta. Manza stehen noch an Torre erinnernde Rundhäuschen, die *Borricone*. Besonders im zentralen Gebirge finden sich Hütten mit zwei bis drei Räumen, die jeweils nur von außen zu betreten sind. Hier hatten dann Schafe und Ziegen ihren eigenen Raum und die Menschen einen anderen mit einer Feuerstelle.

Rechteckig sind auch die Kastenhäuser, die vorzugsweise am Fuße der Berge, insbesondere in der Castagniccia, liegen. Sie weisen ein großes Scheunentor auf, das in den *Palmentu* führt, den Wirtschaftsteil des Hauses (er wird heute oft als Garage, Laden oder Werkstatt genutzt), sowie eine Treppe, über die man in den darüber gelegenen Wohnbereich gelangt. In Blocks oder Reihen stehen die Häuser der typischen Bergdörfer, dicht gedrängt an schmalen Straßen oder an Plätzen.

Um- und Anbauten haben im Laufe der Jahrhunderte dafür gesorgt, daß die architektonischen Grundformen der Wohnhäuser nur noch selten klar zu erkennen sind. Das wehrturmartige Wohnhaus, das *Casa Torre,* gilt mit seinen bis zu sechs Stockwerken als besonders typisch für das von endlosen Fehden heimgesuchte Korsika. Ferdinand Gregorovius beschrieb es treffend: »Das korsische Haus in den Bergen, schon an sich hoch, fast turmartig, eng, mit einer sehr hohen steinernen Treppe, wird sehr leicht zur Festung.« Die meist unverputzten und noch seltener angestrichenen Außenwände sowie die durchweg verschlossenen Fensterläden verleihen den korsischen Häusern häufig ein düsteres Aussehen. Eine Marienstatue oder auch Blumenkästen mögen die abweisende Front gelegentlich auflockern.

Wenn je eine korsische Berühmtheit in einem Haus geweilt hat oder gar hier geboren wurde, würdigen Hinweistafeln dieses Ereignis. So kann man nicht nur die Spuren Pasquale Paolis und der Familie Buonaparte über die ganze Insel verfolgen, es zeigt sich zudem, daß aus fast jedem Ort mindestens ein Offizier stammte, der in den vergangenen Jahrhunderten sein Glück in einer kontinentalen Armee machte.

Die erfolgreichsten dieser Söldner haben, wie Sampiero Corso 1553 in Ste. Marie-Sicché, ihren Reichtum und ihre Macht in auffälligen Häusern demonstriert. Die Reichen und Vornehmen, der Geburts- sowie der genuesische und später französische Dienstadel haben ihre Position stets in repräsentativen Häusern, Villen und Palästen deutlich gemacht. Besonders auffällig sind die über die ganze Insel verstreuten Villen im Neorenaissancestil des 19. Jh.

Die traditionellen korsischen Häuser sind Allzweckbauten, Lebensraum für Familien und ganze Sippen, mit deren Vergrößerung auch die Gebäude Stockwerk um Stockwerk in die Höhe wuchsen. Sie dienten dem Vieh als Behausung, waren gleichzeitig Produktionsstätten mit Vorratshäusern und Geräteschuppen. Berufsspezifische Unterschiede fallen selten ins Auge. Selbst Ölmühlen, die früher von Maultieren oder Wasser angetrieben wurden, heben sich mehr durch ihre Lage außerhalb der Dörfer als durch eine unterschiedliche Architektur von den Wohnhäusern ab.

Bauernhöfe wie z. B. in Nord- und Mitteleuropa gibt es auf Korsika kaum, Dörfer wirken eher wie kleine Städte. »Der mediterrane Mensch, Landwirt wider Willen, ist ein Städter«, bemerkt Maurice Aimard hierzu. Regionale Unterschiede in der Bauweise von Wohnhäusern betreffen vorwiegend das verwendete Material. Im Norden der Insel werden die Häuser fast ›zyklopisch‹ gebaut und selten verputzt. Im Süden verfugt man die Mauern oft auffällig; hier ragen auch gelegentlich lange Steine aus den Vorderfronten der Häuser, deren Funktion erst deutlich wird, wenn sie dann doch als Stützen eines Balkons dienen. Man sollte sie nicht mit den Steinen verwechseln, die aus den Seitenfronten mancher Häuser herausschauen: Sie dienen dazu, sich zur Verbesserung der Statik in ein künftiges Nachbarhaus zu ›krallen‹ und kommen überall auf der Insel vor – genauso wie die ›Außentoiletten‹ auf den Balkonen.

Die ›städtische‹ Lebensweise auf Korsika entspricht der sozialen Struktur einer Gesellschaft, in der die alles beherrschende Sippe materielle Sicherheit gewährt und Kontrolle ausübt. In kleineren Dörfern sind noch heute nahezu alle Bewohner miteinander verwandt. Im Idealfall gehört vor jedes Haus eine kleine *Piazza,* sozusagen ein ›verlängertes Wohnzimmer‹, die Erweiterung des privaten Wohnbereichs in die Öffentlichkeit. Auch ist der zentrale Wohnraum des traditionellen korsischen Hauses, die *Salla,* keine abgeschlossene ›Privatsphäre‹. Die angrenzenden Räume waren für Männer tabu, selbst für die Ehemänner und Brüder. Sie mußten sogar in der *Salla* schlafen, die Füße zum offenen Feuer ausgerichtet, das im *Fucone* brannte und das sie auch zu versorgen hatten.

In erreichbarer Nähe eines jeden Hauses lag ein Brunnen. Er war der Treffpunkt der Frauen, die nicht ohne Grund auf Korsika häufig mit einem Wasserkrug auf dem Kopf dargestellt werden. Diese aus Quellen gespeisten Brunnen finden sich, häufig aus Kieselsteinen gemauert (s. Abb. S. 248), für den Bedarf der Hirten auch außerhalb von Ortschaften. In Dörfern und Städten zieren prächtig ausgestaltete Exemplare die zentralen Plätze. Manche wurden zu gemeinschaftlichen Waschplätzen ausgebaut und werden hier und da sogar noch als solche genutzt.

Ähnliches gilt auch für die Backöfen, die überall zu sehen sind (s. Abb. S. 197). *Tre case e un fornu* (drei Häuser und ein Backofen) reichen aus, um ein *Paisolu,* ein Dörfchen, zu bilden. Ein ›richtiges‹ Dorf, ein *Paese,* weist zusätzlich einen Brunnen, eine Kapelle, einen Friedhof, ein Café (wo die Männer morgens frühstücken), ein bißchen Gartenland und meist einige Kastanienbäume auf. So findet man korsische Dörfer noch immer vor. Früher gehörten auch Zisternen zum Dorf, die mit Regenwasser von den Dächern gespeist wurden. Kleine, brückenähnliche Bogen zwischen zwei Häusern erinnern daran (s. Abb. S. 210).

Korsen hängen an ihren Häusern und verkaufen sie nur höchst widerwillig. Lieber lassen sie den Familiensitz verfallen, als ihn Fremden zu überlassen. Ein Hausverkauf entehrt, weshalb man den Käufer keinesfalls in den Reihen von Verwandten sucht, denen man dann nie wieder ins Gesicht sehen könnte. So stehen denn seit den Auswanderungswellen des 19. Jh. Häuser, ja manchmal ganze Dörfer verlassen und oft verfallen in der Landschaft. Erst seit wenigen Jahren haben solche Häuser, meist pachtweise und unter Nicht-Korsen, wieder neue Bewohner gefunden. Einige werden als Ferienhäuser oder Hotels genutzt, in anderen wohnen ›Aussteiger‹ vom Kontinent.

Mehr oder weniger gut erhalten blieben hingegen diejenigen Häuser, die ihre Eigentümer zumindest als Landsitz oder Ferienhaus nutzen. Im Sommer füllen sich sonst leere Dörfer mit den Menschen, die auch nach Generationen im Ausland nicht aufhören, sich Korsen zu nennen. Jeder zweite Haushalt in Ajaccio und Bastia verfügt über einen Zweitwohnsitz auf dem Land. Dies erklärt auch den hohen Anteil von Wohnungseigentümern unter der korsischen Bevölkerung (56,6 %).

Trotzdem wohnen die meisten Menschen in den Ballungsräumen von Bastia und Ajaccio, in den ungeliebten und gar nicht korsischen *Résidences,* Hochhaussiedlungen mit teuren Mietwohnungen, oder in den *Habitations à loyer moderé* (Sozialwohnungen). Die Ärmsten hausen in den verwahrlosten Altstadtvierteln oder in Bretterhütten am Rande der Städte.

Tout Tourisme?

Olmeto-Plage am Golfe de Valinco

Gegenwärtig besuchen jährlich etwa 1,3 Mio. Urlauber die Insel – noch 1959 waren es gerade einmal 105 000. Von einer Art ›Boom‹ kann erst seit 1978 die Rede sein, als sich die Zahlen auf 905 000 erhöhten. Unter den bevorzugten Urlaubsaktivitäten, so hat das statistische Amt INSEE herausgefunden, sind Baden und Wassersport führend, gefolgt von Besichtigungen und Wanderungen.

Die Zunahme des Tourismus ist in besonderem Maße den Italienern zu verdanken. Von 1977–1987 hat sich die Gesamtzahl der Korsika-Touristen ›nur‹ verdoppelt – die der Italiener aber verdreizehnfacht! Sie lassen jedoch, klagen die Einheimischen, zu wenig Geld auf Korsika, schon weil sie häufig nur zum Kurzurlaub kommen. Die

Italiener stellen inzwischen, noch vor den Deutschen, die Hälfte aller nichtfranzösischen Besucher.

Zwei Umstände beunruhigen indes die Experten: Der Touristenstrom verteilt sich ungleichmäßig auf die Insel und auf das Jahr. Die Küstenregionen locken 60% der Urlauber an, nur 10% verbleiben im Binnenland. Beliebt sind vor allem die Regionen Ajaccio/Porto und Porto-Vecchio/Bonifacio, wo sich folglich auch ein Großteil der touristischen Infrastruktur konzentriert. Erklärtes Ziel ist es daher, den Touristenstrom zu entzerren und auch auf die landschaftlichen Schönheiten des Binnenlandes umzulenken.

Überdies kommen zwei Drittel aller Touristen in den Monaten Juli und August, wenn in Frankreich und Italien die Ferien beginnen. Die touristischen Einrichtungen können in dieser Zeit kaum genügende Kapazitäten vorhalten – den Rest des Jahres, mit Ausnahme der Osterzeit, sind sie unterfordert. Bereits ab Mitte Oktober schließen viele Betriebe.

Um die Saison zu strecken, umwirbt man in Frankreich besonders das ›dritte Lebensalter‹: Rentnerinnen und Rentner bevölkern denn auch, kaum daß die letzten Sommerurlauber abgefahren sind, die Insel. Franzosen – soweit es sich bei ihnen nicht um ›Exil-Korsen‹ handelt – lieben es im übrigen, sich in Ferien- und Clubhäusern von Animateuren unterhalten zu lassen. Viele dieser Einrichtungen auf Korsika sind für Einzelreisende nicht zugänglich.

Etwa ein Drittel der Inseleinnahmen erwirtschaftet inzwischen der Tourismussektor. Wie in der Landwirtschaft (s. S. 73f.) profitierten auch hier lange Zeit weniger die traditionellen Familienbetriebe als vielmehr Großinvestoren von seiner Entwicklung. Unter Federführung der SETCO (Société pour l'équipement de la Corse) hatte man in den 60er Jahren damit begonnen, den Massentourismus ohne Rücksicht auf das ökologische oder soziale Gleichgewicht auszubauen. Profitiert haben hiervon vor allem die Banken als Kapitalgeber.

Die wirtschaftliche Zukunft Korsikas, so argumentieren jedenfalls die etablierten Politiker, Ökonomen und Marketing-Experten in Paris und Ajaccio, liege im Tourismus, im Entspannungsbedürfnis der gestreßten Kontinentaleuropäer. Um diese Chance zu nutzen, müsse die touristische Infrastruktur erheblich ausgebaut werden, empfahl etwa der Finanzinspektor des französischen Innenministers, Michel Prada, den Korsen im Jahre 1989. In seinem Weißbuch zeigte er auch den Weg zum Geld der Europäer auf: Investitionsförderung statt Steuerbegünstigung – *Tout Tourisme,* der ›totale Tourismus‹.

Mit diesem Vorschlag fand er freilich keine Freunde auf Korsika. Die radikaleren Mitglieder der *Assemblée Régionale* legten ihr Mandat nieder, und selbst die gemäßigten distanzierten sich vom ›Rapport Prada‹. Sie setzten in einem eigenen Entwicklungsplan für die 90er Jahre, im *Schéma de Développement,* auf mehr Industrie und einen integrierten, ›sanften‹ Tourismus, d. h. den Ausbau eines räumlich und zeitlich entzerrten Fremdenverkehrs.

Brocciu – und was die Korsen sonst noch essen

Die korsische Küche, bodenständig deftig und typisch mediterran, war in der Vergangenheit eher vom Mangel als vom Überfluß geprägt. Trotz vieler Einflüsse (italienische, französische, spanische) hat sie sich etliche Eigenarten bewahrt und verdient heute besonders wegen ihrer ausgezeichneten Naturprodukte Beachtung, die in einem Europa der Massentierhaltung und des industriell betriebenen Landbaus selten geworden sind.

Berühmt – mitunter sogar berüchtigt – ist der korsische Schaf- und Ziegenkäse (Milchkühe sind äußerst selten). Selbst Freunde pikanter Käsesorten können vom starken Duft und Geschmack einiger korsischer Käsespezialitäten noch überrascht werden, doch die breite Palette der Käsesorten hält auch milde Sorten bereit. Nachdem der größte Teil der korsischen Milch bis vor wenigen Jahren nach Roquefort-sur-Soulzon auf das Festland geliefert wurde, verarbeiten die Hirten sie nun mit wachsendem Erfolg wieder direkt auf der Insel. Käse stellt sogar eines der wenigen wirklich erfolgreichen Exportgüter der Insel dar.

Eine besondere Spezialität ist der *Brocciu,* ein milder Frischkäse ähnlich dem italienischen Ricotta. In erwärmter Molke wird frische Milch so lange erhitzt, bis sie auszuflocken beginnt; dann wird sie abgeschöpft. *Brocciu* wird mit Obst, Zucker, Honig und/oder Eau de Vie oder mit Kräutern gegessen, mit Minze zu Omeletts oder mit Spinat zu Klößchen verarbeitet, und mit ihm werden Ravioli und Cannelloni, Paprikaschoten oder Zucchini ebenso gefüllt wie Forellen oder Doraden. Am häufigsten bekommt man ihn aber zu Gebäck verarbeitet, als *Fritelle au brocciu* (kleine Krapfen), *Fiadoni* (Käsekuchen) oder *Falculelle* (flacher Käsekuchen auf einem Kastanienblatt).

Ziegen und Schafe werden neben den ebenfalls freilebenden, halbwilden Schweinen besonders gern zu korsischen Sonntagsbraten verarbeitet. Aber auch Kühe und Kälber suchen sich ihre Nahrung an Steilhängen selber. Sie setzen dabei kein Fett, sondern nur erstklassiges Muskelfleisch an und werden nur spärlich zusätzlich gefüttert. Das gleiche gilt für die Schweine, die sich im wesentlichen von Kastanien, Bucheckern, Eicheln und Kräutern ernähren, und deren Fleisch, verglichen mit dem nichtssagenden Schweinebraten aus den üblichen Zuchtanstalten, sensationell gut schmeckt.

Zu Recht sind die Korsen auf ihre *Charcuterie* stolz, auf die Produkte aus dem hervorragenden Schweinefleisch. *Prisuttu* (roher Schinken), *Lonzu* (Lachsschinken) und *Coppa* (Rollschinken) werden gesalzen und stellen nach einer Beize in Wein, Knoblauch und Kräutern, im Rauch von aromatischen Macchia-Hölzern geräuchert, wahre Delikatessen dar. Für die *Figatelli,* eine Schweinsleberwurst, wird die Leber in einer solchen Marinade eingelegt, bevor sie feingehackt in Därme gepreßt, geräuchert und sodann gebraten oder gegrillt verzehrt wird.

Wenn im Restaurant außerhalb der Jagdsaison Wildschweinbraten angeboten wird, stammt dieser nicht unbedingt aus der Tiefkühltruhe, sondern von einem verwilderten Hausschwein oder einem ›gezähmten‹ Wildschwein (s. S. 27). Auch mit Tauben, Enten, Bekassinen, Rebhühnern, Wachteln und – trotz Verbots – Amseln bereichern die korsischen Jäger das Angebot in den Restaurants.

Ostereier im Brot: Zu Festtagen werden diese Brote gebacken und, wie hier auf dem Markt von Ajaccio, verkauft

In den korsischen Flüssen tummeln sich besonders wohlschmeckende Forellen, im Etang de Diana und Etang d'Urbino werden ganz vorzügliche Austern gezüchtet und besonders am Cap Corse und bei Bonifacio Langusten gefangen. Meeresfische kommen nur zu einem kleinen Teil aus dem Mittelmeer, das schon seit langem den Fischhunger der Anwohner und Touristen nicht mehr stillen kann. Die beliebtesten Fänge sind *Dorade* (Goldbrasse), *Loup de Mer* (Seewolf), *Pagout* (Rotbrasse) und *Rouget* (Meerbarbe). *Rascasse* (Drachenkopf), *Denti* (eine Doradenart), *Congre* (Meeraal) und Languste werden besonders gern in der korsischen Bouillabaisse, der *Aziminu,* verarbeitet. *Zini* (französisch *oursin*), die äußerst schmackhaften Seeigel, werden meist roh verspeist.

Märkte und Geschäfte bieten dem Selbstversorger alles, was man zum Verarbeiten der Landesprodukte benötigt. Oliven und Olivenöl gehören ebenso zum Standardangebot wie ein großes Sortiment an Obst und Gemüse, wozu die besonders köstlichen Artischocken, der intensiv schmeckende grüne Spargel, ein breites Angebot an Pilzen (u. a. Steinpilze und Braunkappen), Mandeln, Avocados, Haselnüsse, Feigen, Zitrusfrüchte und vor allem Maronen zählen.

Obwohl Kastanienbäume in fast allen Dörfern stehen, ist Kastanienmehl dennoch ein teures Mitbringsel; es wird auf Korsika vor allem zum Kuchenbacken verwendet. Die genannten *Fritelli* können auch aus Kastanienmehl bestehen. *Pisticcine* sind Fladenkuchen aus Kastanienmehl und *Brocciu* auf einem Kastanienblatt. Restaurants mit korsischer Küche bieten besonders im Winter Polenta aus Kastanienmehl an, zum Dessert kann es Kastanienpfannkuchen *(crèpes)* mit Zedratlikör oder gar einen *Flan à la farine de chataignes* geben, eine Kastanienversion des in ganz Frankreich beliebten Karamellpuddings (*flan* oder *crème caramel*).

Korsische Gerichte erhalten ihre besondere Note durch die Verwendung der heimischen Kräuter wie Rosmarin, Majoran, Salbei, Thymian, Fenchel, Myrte, Basilikum, Wacholder, Minze und Borretsch. Sie stehen, frisch oder getrocknet, überall zum Verkauf an, können aber in der Macchia auch selbst gesammelt werden und bilden, zusammen mit anderen aromatischen Pflanzen der Insel (Erdbeerbaum, Lavendel, Kastanie etc.), die Grundlage für den außerordentlich würzigen korsischen Honig. Von fast weiß bis dunkelbraun gibt es den Honig in zahlreichen Geschmacksvarianten von feinschmeckend mild (Orangenblütenhonig) bis fast medizinisch streng (Kastanienhonig).

Pizza auf Holzfeuer

Wenn Korsika auch kein ausgesprochenes Reiseziel für Gourmets ist, so gibt es doch auch hier einige ausgezeichnete Restaurants mit sehr guter französischer und internationaler Küche und daneben etliche weitere, die die Kunst der feinen Küche mit korsischer Tradition und den frischen Inselprodukten zu kombinieren verstehen. Hier speist man, natürlich nicht eben billig, Hummerfrikassee mit Morcheln und Doradenfilet mit Pinienkernen, Austern oder auch Ravioli mit Brocciu.

Die meisten Restaurants und *Auberges* indes pflegen eine bodenständige Regionalküche. Hier ist einerseits die Verwechslungsgefahr mit reinen Touristenabfertigungslokalen besonders groß, andererseits sind aber gerade in dieser Kategorie auch die erfreulichsten Entdeckungen möglich, vor allem außerhalb der touristischen Zentren.

Eine besonders günstige Möglichkeit, den Hunger zu stillen, bieten fast alle Bars. Man bekommt ein Sandwich, oft auch kleine Tellergerichte. Diese Lokale nennen sich dann oft *Brasserie* oder *Bistro.* Beliebt sind überdies die Pizzabäcker, die häufig auch ein breiteres Speisenangebot bereithalten. *Au feu du bois* verweist darauf, daß hier zum Backen noch Holz verheizt wird, so wie es sich für die Zubereitung dieses eigentlich süditalienischen Gerichts gehört. Kenner verachten deshalb das ›Billig-

gericht‹ Pizza gerade auf Korsika keineswegs, zumal dazu ein vorzügliches, mit Macchia-Kräutern, Knoblauch und Chilies aufgesetztes Olivenöl gereicht wird, das man über die tischfertige Pizza träufelt.

Kleine Winzer großer Weine

Nach einer unerfreulichen Phase des Massenanbaus und etlichen Weinpanschskandalen in den 60er und 70er Jahren ist sich die Fachwelt inzwischen einig: Der korsische Wein erlebt in den letzten Jahren eine Renaissance. Die korsischen Winzer, unter denen die Zahl der Kleinbetriebe wieder wächst, hat systematisch gegen diesen schlechten Ruf angekämpft. Die weitaus meisten von ihnen arbeiten in ihren »sonnenverwöhnten Hügeln ohne Weinlesemaschinen und ohne Herbizide und produzieren auf diese Weise ganz vorzügliche Weine«. Zu diesem Ergebnis kam das angesehene Magazin ›Gault Millau‹ und wählte im Herbst 1989 sieben korsische Rote unter die 300 besten Weine Frankreichs.

Rund um die Insel erstrecken sich die acht Anbaugebiete: Coteaux du Cap Corse, Patrimonio, Calvi-Balagne, Côte Orientale (sie umfaßt das ganze Gebiet zwischen Bastia und Solenzara sowie das Tal des Golo bis Ponte Leccia), Ajaccio, Porto-Vecchio, Sartène und Figari. Auf diesen Rebflächen werden neben dem einfachen Landwein *(Vin de pays de l'île de beauté)* mittlerweile zu einem großen Teil Weine der höchsten französischen Qualitätsstufe, der *Appellation d'Origine contrôlée* (AOC), produziert. Nur die AOC-Weine aus diesen acht Anbaugebieten dürfen sich *Vin de Corse* nennen.

Auf Korsika dominieren drei ausgezeichnete Rebsorten den gesamten Bestand, die man im restlichen Frankreich vergeblich sucht: Nielluccio, Sciacarello und Vermentino. Rotwein und Rosé wird im wesentlichen aus Sciacarello und Nielluccio gewonnen (letzterer ist eine Variante des Sangiovese, der den großen Rotweinen der Toskana ihre Struktur verleiht). Es kann sich dabei um sortenreine Weine handeln, häufiger sind aber Verschnitte *(assemblage)* aus beiden Sorten oder aber mit den auf Korsika mittlerweile auch verbreiteten hochwertigen französischen Sorten wie z. B. Cabernet franc, Cinsault, Grenache, Merlot und Syrah.

Die korsischen Roten sind körperreiche Weine mit zum Teil ausgeprägtem Charakter. Die besten unter ihnen erreichen eine erhebliche Finesse und brauchen keinen Vergleich mit anderen großen Weinen zu scheuen. Zu ihnen gehören sicher die Roten von ›Clos Reginu‹ in der Balagne, von der ›Domaine Leccia‹ im Patrimonio, der ›Domaine de Torraccia‹ bei Porto-Vecchio und der ›Domaine Fiumicicoli‹ bei Sartène.

Die korsischen Rosés, vollmundig, geschmeidig und von einigem Körper, sind eigenständige Weine und keine Zwitter. Bei einer Weinprobe beim Winzer, die fast alle auch einen Rosé produzieren, soll schon mancher Connaisseur angenehm überrascht worden sein.

Korsischer Weißwein ist zumeist sortenreiner Vermentino, eine hervorragende italienische Rebe, die die Genueser auch auf den Nachbarinseln Elba und Sardinien heimisch machten. Aus ihr wird ein trocken ausgebauter, gehaltvoller und bisweilen rassiger Wein gekeltert. Die Erzeuger ›Domaine de Gioielli‹ und ›Clos Nicrosi‹ vom Cap Corse gehören seit langem zu den ersten Adressen. Auch im Patrimonio, der ältesten und renommiertesten AOC-Region der Insel, werden fruchtig-trockene, aromareiche Weißweine produziert, aber auch alle anderen Regionen haben hier nachgezogen.

Auch für Freunde von natursüßen Weinen bleiben das Cap Corse und das Patrimonio bevorzugte Regionen. Der hier erzeugte Muscat ist hellgelb bis bernsteinfarben, recht süß, aber vor allem von enormer Fruchtigkeit und mit einem eindrucksvollen Bukett. Er wird auf Korsika vor allem als Aperitif getrunken, ist aber ein ebenso guter Begleiter zum Dessert oder Käse, besonders zum Roquefort und zu den kräftigen korsischen Sorten. Manch einem Muscat vom Cap Corse und aus dem Patrimonio fehlt noch das AOC-Gütesiegel, obwohl er es längst verdient hätte.

Den *Eau de Vie,* einen klaren Tresterschnaps, bekommt man spätestens nach dem Essen zum Kaffee gereicht – mitunter auch in großzügigen Portionen ausgegeben, wenn man das Essen allzu überschwenglich gelobt hat. Hat man Glück, bildet er einen angenehmen Abschluß der Mahlzeit, oft ist es aber auch ein ziemlicher ›Rachenputzer‹.

Der berühmteste Aperitif der Insel, der süße *Cap Corse* auf Weinbasis, wird mit Eis serviert. Mehr für die Korsinnen reserviert scheinen die zahlreichen Liköre zu sein, die aus den verschiedensten Kräutern, Früchten und Blüten hergestellt werden, etwa aus Baumerdbeeren *(arbouses),* Limone *(citron vert),* Zedrat (das ist die Zitronenart, aus deren dicker Schale das Zitronat gemacht wird), Haselnuß *(noisette)* oder Myrte.

Jede Bar hält zudem eine Galerie von grellfarbenen Fruchtsirups von Waldmeistergrün bis Himbeerrot vorrätig, die mit Wasser oder dem hervorragenden korsischen Mineralwasser (›Orezza‹, ›St. Georges‹, ›Vanina‹) verdünnt getrunken werden. Womit Sie auch immer anstoßen wollen, auf Korsika trinkt man auf die Gesundheit: *»A a Saluta!«* Bei ganz feierlichen Anlässen darf es auch ein *»Pace e Salute«* sein, mit dem man Frieden und Gesundheit wünscht.

Reizvolle Kurven

»Die Korsen haben höchstens einen Nationalsport: mit dem Auto zu rasen«, urteilte ein korsischer Sportjournalist. Er übersah dabei allerdings die Begeisterung der Insulaner für den Fußball und das Kugelspiel *Pétanque* (eine Variante des französischen Nationalsports *Boule*), doch seinen größten Einsatz hat der Journalist tatsächlich alljährlich bei der Corsica-Rallye, auch ›Rallye der 2000 Kurven‹ genannt. 63 Unfalltote auf korsischen Straßen im Jahre 1989 beweisen, daß man auf der Insel den Reiz der vielen Kurven auch privat mit Todesverachtung zu schätzen weiß – und das in steigendem Maße. Ein Jahr zuvor blieben ›nur‹ 45 Opfer auf der Strecke. Dabei gibt es außer dem anstrengenden Radfahren auch eine gemütliche Art der Fortbewegung: mit der Inselbahn.

Die ›Micheline‹ ist eine einspurige Legende von 258 km Streckenlänge, die Bastia, Ajaccio und Calvi über den Knotenpunkt Ponte Leccia verbindet. Mühsam schlängelt sich der Schienenbus über das Rückgrat der Insel, dem Triebwagen werden Höchstleistungen abverlangt. (Die flache Ostküste ist seit dem Krieg schienenlos.) Im Norden kann man außer Stränden und verbrannter Erde vor allem Müllkippen und die Wracks der Autos sehen, die abgestürzt sind oder in der Wildnis endgelagert wurden. Im Süden hinter Corte durchquert die Bahn dann die wohl grandioseste Landschaft, die Korsika zu bieten hat: Wälder, Schluchten und Berge.

Korsika versetzt mit seinen Gegensätzen Fremde immer wieder in Staunen: Solarzellen liefern die Energie für die automatischen Schranken an den Straßenquerungen, doch den Zug bremsen Anhalter und Ziegenherden. Touristen besetzen die besten und meisten Plätze, Bauersfrauen sitzen auf ihren Körben und Schachteln. Ohne die Fremden gäbe es die Bahn indes vermutlich nicht mehr.

1888 fuhr der erste Zug von Bastia nach Corte. Die Korsen waren begeistert, die Franzosen wunderten sich: Was gab es schon zu transportieren auf dieser Strecke? Zwingend notwendig erschien auch der zweite Bauabschnitt nicht, die Verbindung von Ajaccio nach Vizzavona. Für die Verlängerung der Bahn nach Vivario brauchten die Korsen gut drei Jahre, zwei weitere Jahre bis Corte. 1894 war Calvi ans Streckennetz angeschlossen. Den Rekord an Langsamkeit brachen die Korsen beim Bau der Ostküstentrasse: 42 Jahre brauchten sie, um 17 km Schienen zu verlegen. Erst 1935 fuhr der erste Zug von Bastia nach Porto-Vecchio.

Ausgerechnet diese zuletzt gebaute Strecke zerstörten die Deutschen bei ihrem Rückzug aus Korsika im Zweiten Weltkrieg, die Franzosen demontierten den Rest. 1953 verschwand das letzte Teilstück zwischen Casamozza und Folelli. Nur noch Bahnhöfe und hin und wieder ein Gleisstück blieben an der Ostküste von der Eisenbahn übrig.

Was in Frankreich weitgehend gelang, die Stillegung unrentabler Schienenwege, ließ sich auf Korsika nicht durchsetzen. Zwar sind die Pläne, die Castagniccia durch die Bahn zu erschließen, nie verwirklicht worden, doch wehrte sich die Bevölkerung mit einem Generalstreik gegen weitere Demontagen und hatte Erfolg. Heu-

te ist die Inselbahn verwaltungstechnisch ein Teil der französischen SNCF (CFC, *Chemin de fer corse,* steht immerhin noch unter diesem Kürzel auf den Triebwagen).

Die touristische Nutzung der Bahn hat sich in den letzten Jahren so lohnend gestaltet, daß neue Schienen gelegt wurden und der 40 Jahre alte Fuhrpark ergänzt wurde. Seit 1989 ziehen 240 PS starke Turbo-Dieselmotoren blitzend blaue Triebwagen über die Insel. Ihr Tempo ist dennoch korsisch geblieben, ebenso die Lässigkeit im Umgang mit Fahrplänen: Wer den entspannten Lebensrhythmus der Korsen genießen will, sollte daher ihre Eisenbahn benutzen.

»Schluß mit dem Massaker an unserer Tierwelt«: Die Inselbahn ›Micheline‹ quert den Golo bei Valle-di-Rostino

Die wichtigsten Sehenswürdigkeiten im Überblick

Archäologische Fundstätten

Bei **Aléria** sind Ruinen einer Römerstadt und ein archäologisches Museum im genuesischen Fort Matra zu besuchen, in **Filitosa** die eindrucksvollste prähistorische Fundstätte der Insel, die Reste einer torreanischen Festung mit zahlreichen Menhirstatuen, bei **Levie** die Ruinen der torreanischen Festung **Castellu di Cucuruzzu.**

Genueser-Brücken

Die größte dieser Brücken liegt unterhalb von **Altiani,** die schönste, **Spin'A Cavallu** (Pferderücken), bei Sartène.

Türme

Die ganze Küste Korsikas wird von Wachtürmen gesäumt, zumeist aus dem 16. Jh. Besonders dicht stehen sie am Cap Corse, wo bei Cagnano mit der runden **Tour de Losse** ein gut erhaltenes Exemplar an der Straße steht. Am bekanntesten ist womöglich der eckige Turm, der **Porto** überragt.

Kirchen und Klöster

Die bedeutendsten pisanischen Kirchen stehen bei Mariana (**La Canonica,** 12. Jh.), bei Murato (**S. Michele,** 13. Jh.), bei St. Florent (**Sta. Maria Assunta,** 12. Jh.), in

Valle-di-Campoloro (**Ste. Christine,** 9. Jh.) sowie in Carbini (**S. Giovanni Battista,** 12. Jh.). Die einzige gotische Kirche Korsikas ist **St. Dominique** in Bonifacio.

Unter den zahlreichen Barockkirchen sollte man sich die **Chapelle Ste. Croix** in Bastia, die **Kathedrale in Cervione** sowie **St. Jean-Baptiste** in La Porta nicht entgehen lassen. In der Gemeinde Piedicroce steht die Ruine des barocken Franziskaner-Klosters von **Orezza,** das in der korsischen Geschichte eine große Rolle spielte.

Orte

Ajaccio: Inselhauptstadt mit französischem Charme und voller Erinnerungen an den großen Sohn, Napoleon I.

Bastia: Die zweitgrößte Stadt der Insel wirkt sehr italienisch, hat viele barocke Kirchen und eine sehenswerte Festung.

Bonifacio: Die südlichste Stadt Korsikas (und Frankreichs) wäre auch dann ein Magnet, läge sie nicht malerisch auf Kreidefelsen über dem Meer.

Cargèse: Viel besuchte griechische Enklave auf Korsika.

Corte: Sehenswerte historische Hauptstadt Korsikas mit Zitadelle.

Sartène: Die korsischste aller Städte ist zu jeder Jahreszeit einen Abstecher wert.

Vico: Mittelalter mit Kloster und wenig Touristen.

Landschaften

Korsika ist dank des Nebeneinanders von Bergen und Küste insgesamt ein Landschafts-Erlebnis. Dieser Umstand fällt besonders auf dem **Cap Corse** auf. Einen landschaftlichen Höhepunkt bildet die bizarre Felsenlandschaft der **Calanche** im Westen. Wanderer schätzen die Wälder bei **Evisa** und im **Alta-Rocca** sowie das Hochgebirge am **Monte Cinto** und im **Bavella-Massiv.** Auch das Gartenland der **Cinarca** und die Dörfer in den Kastanienwäldern der **Castagniccia** verdienen ihre Freunde.

Strände
Es ist schwer, unter den vielen Stränden den schönsten zu benennen. Hervorgehoben seien die familienfreundlichen Badestrände von **Calvi** und **Sagone** sowie die weißen Strände der Halbinsel von **Palombaggia** und die einsamen grauen Strände des **Cap Corse.**

Reiserouten durch Korsika

CALVI:
Einstieg ins Paradies

Es gibt gute Gründe, Korsika von Calvi aus zu entdecken – oder gleich in dieser familienfreundlichen Küstenstadt mit den kurzen Wegen zu bleiben: Die mächtige, alles überragende Zitadelle, die Unterstadt mit ihrer quirligen Hafenpromenade sowie die zahlreichen, aber nicht aufdringlich wirkenden touristischen Einrichtungen machen Calvi zu einem idealen Urlaubsort.

Weiße Strände umkränzen einen blauen Golf, der Blick reicht bis zum höchsten Berg Korsikas, dem 2706 m hohen Monte Cinto, der noch im Juni manchmal eine Schneekappe trägt, und auch das Hinterland der alten Festungsstadt, die Balagne, ist überaus reizvoll. So eignet sich Calvi denn auch gleichermaßen als Ausgangspunkt für Wanderer und Bergsteiger, Segler, Surfer, Taucher, Schwimmer, Radfahrer, Reiter und Kulturfreunde. Die legendäre Eisenbahn ›Micheline‹ (s. S. 97 ff.) bietet außerdem eine originelle Möglichkeit, ohne Auto die Umgebung zu erkunden oder gar die Insel zu durchqueren.

Der Granitfelsen oberhalb des schützenden Golfs, von einer fruchtbaren Landschaft umgeben, veranlaßte schon die Römer, im 1. Jh. hier eine Festung zu bauen. Der Name Calvi läßt sich aus dem lateinischen *calvus* (kahler Platz) ableiten, könnte sich aber auch auf ein urkorsisches *kal* für einen erhöhten Ort beziehen. Vandalen und Ostgoten zerstörten später diese Anlage.

Unter pisanischer Herrschaft entstand im 11. und 12. Jh. der Ort dann wieder neu. Gegen die tyrannische Herrschaft der Adligen ersuchte die Stadtbevölkerung erfolgreich Genua um Schutz. Über dem Eingangstor zur Zitadelle, in deren erweiterten Mauern im 15. Jh. die Oberstadt auf dem Granitfelsen entstand, erinnert die Inschrift »Civitas Calvi semper fidelis« (Calvi, die immer getreue Stadt) an die engen Bande zu der ligurischen Republik. Bereits 1278 erhielt die Stadt neben anderen Privilegien sogar Steuerfreiheit.

Ob der Genuese Christoph Kolumbus gar aus Calvi stammte, ist unbewiesen. Daran ändert auch eine Inschrift an einem Mauerrest der Rue Colombo in der Zitadelle nichts, derzufolge ebendort das Geburtshaus des Amerika-Entdeckers stand. Als ein korsischer Vorposten Genuas trotzte Calvi den Angriffen von Pisanern, Sarazenen, Spaniern, Türken und Franzosen. Erst den mit Paoli verbündeten britischen Truppen mußte sich die Stadt im Herbst 1794 ergeben. Ein erbitterter Kampf über viele Wochen war vorausgegangen, in dessen Verlauf Admiral Nelson sein rechtes Auge verlor.

Die Oberstadt, **A Citadella (1),** dominiert auch heute noch das Stadtbild Calvis; die wuchtigen Festungswälle aus dem 15. Jh. blieben vollständig erhalten. Der ehemalige **Gouverneurspalast (2)** aus dem 13. Jh. wurde erst in den 80er Jahren renoviert, sein Inneres kann man allerdings nicht besichtigen. Als Sampiero-Kaserne beherbergt er die letzten Truppen der Fremdenlegion auf Korsika, die nach dem Rückzug der Franzosen aus Nordafrika hier, erstmals seit ihrer Gründung im Jahre 1831, wieder französischen ›Heimatboden‹ betreten durften.

Die Legionäre, im Stadtbild von Calvi noch immer unübersehbar, hielten ursprünglich sogar die ganze Oberstadt besetzt, die erst allmählich wieder dem urbanen Leben erschlossen wird. Bislang blieb sie vom Trubel der Unterstadt (*U Borgu,* korsisch für Neu- oder Vorstädte) noch weitgehend unberührt, laden

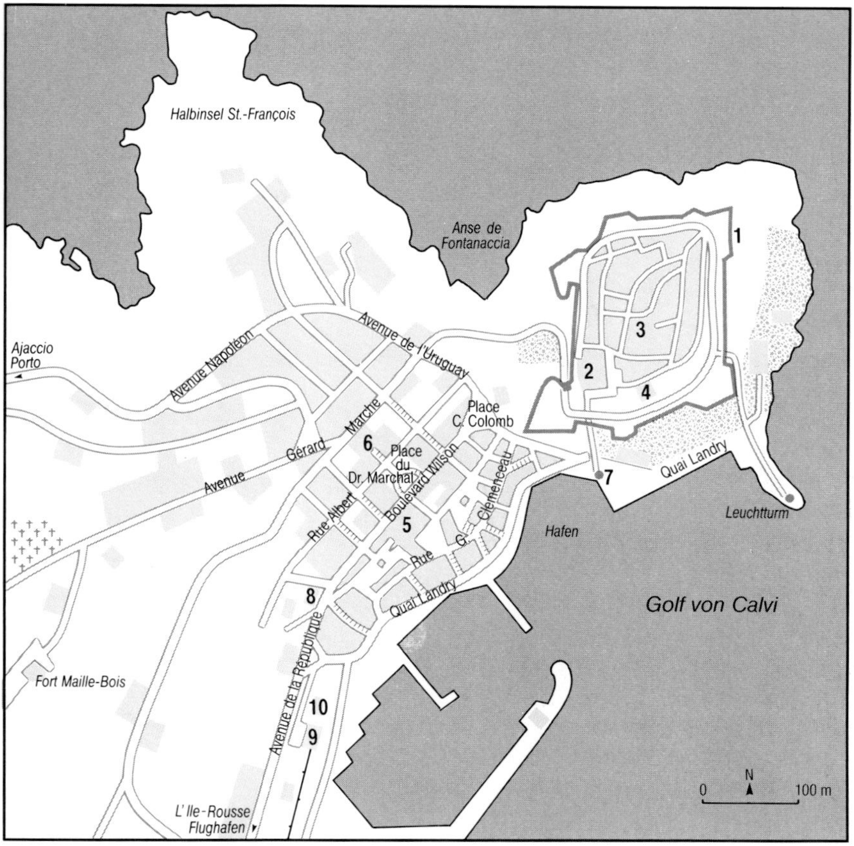

Calvi *1 Zitadelle 2 Gouverneurspalast 3 Kirche St. Jean-Baptiste 4 Oratorium St. Antoine 5 Kirche Ste. Marie-Majeure 6 Hôtel de Ville 7 Tour du Sel 8 Post 9 Bahnhof 10 Tourist-Info*

noch stille Plätze zum Träumen und Ausblicke zum Staunen ein: Beim Rundgang an und auf der Festungsmauer bietet sich, je nach Standort, freie Sicht auf den Golf von Revellata, den Golf von Calvi oder den Hafen samt der Unterstadt.

Direkt gegenüber der Kaserne überragt die ehemalige **Kathedrale St. Jean-Baptiste (3)** aus dem 13. Jh. mit ihrem Kuppeldach alle anderen Bauten der Zitadelle. Ihre Nähe zu militärischen Einrichtungen bestimmte schon früh ihr Schicksal: Bei der Explosion eines Pulverlagers wurde sie 1567 stark zerstört, 1570 wiederaufgebaut. Ihre Fassade ist äußerst schlicht gehalten, die Kirche selbst weist im Grundriß die Form eines griechischen Kreuzes auf. Das **Oratorium St. Antoine (4)** aus dem 15. Jh., mitten in einer Häuserreihe ›versteckt‹, fällt eigentlich nur durch seinen kleinen Glockenturm auf. Der dreischiffige Bau beherbergt ein Museum mit religiöser

Kunst aus der Balagne sowie eine archäologische Sammlung (Öffnungszeiten im Fremdenverkehrsbüro erfragen).

Im Urlaubsalltag dient die Oberstadt häufig nur als Kulisse für das touristische Treiben in der Unterstadt mit ihren Fußgängerzonen, Einkaufsstraßen, Banken, Bars und Restaurants. Hier findet man in der 1774 erbauten **Kirche Ste. Marie-Majeure (5)** mit ihrer hohen Kuppel zwei sehenswerte Gemälde des 16. und 17. Jh. aus der Sammlung des Kardinals Fesch. Dieser Onkel Napoleons stiftete auch die Gemälde, die man sich im **Hôtel de Ville (6),** dem Rathaus, ansehen kann (während der Dienstzeiten).

Wer schon morgens unterwegs ist, den wird sicher der winzige überdachte Markt im Herzen der Unterstadt entzücken, auf dem man sich mit Obst und Gemüse eindecken kann. Am Quai Landry vor einer Bar unter Palmen sitzend, kann man am beliebten Gesellschaftsspiel des ›sehen und gesehen werden‹ teilhaben.

Davor dümpeln im Hafen, der Marina Ste. Marie, die Segel- und Motorjachten, und Fischerboote liegen am Pier, der von der **Tour du Sel (7)** begrenzt wird. Der ehemalige Wachturm, ein besonders alter Teil der Befestigungsanlagen, verdankt seinen Namen der Tatsache, daß hier früher Salz gelagert wurde. Weiter nördlich liegt der neu ausgebaute Fährhafen.

Mit Charterflugzeugen aus ganz Europa und Fähren aus Nizza und Genua landen heute alljährlich so viele Touristen in Calvi, daß allein die dort bleibenden Gäste die Zahl der knapp 4000 Einwohner in der kurzen Saison glatt verzehnfachen: um so erstaunlicher, daß die Stadt städtebaulich weitgehend ›intakt‹ geblieben ist.

Trotzdem beansprucht auch hier die Expansion der ›weißen Industrie‹ immer mehr Flächen, gerade weil sie hier, wie auf Korsika überhaupt, nicht in Form von Bettenburgen, sondern von kleineren und mittleren Hotels, von Campingplätzen, Feriendörfern und Clubanlagen erfolgt. Als 1989 ein ganzer idyllischer Pinienhain für touristische Zwecke privatisiert werden sollte, kam es zu heftigen Auseinandersetzungen. Die FLNC sprach vielen Einheimischen aus der Seele, als sie auf einem Flugblatt schrieb: »Die Entwicklung Eurer Gemeinde ist nur der Vorwand für die Spekulationen Fremder, die von lokalen Politikern unterstützt werden.«

Bootsausflug nach Girolata

Da man eine Insel vom Meer her gesehen und erlebt haben sollte, empfiehlt sich ein Bootsausflug von Calvi aus ganz besonders. Zwei verschiedene Unternehmen bieten ihre Bootstouren unübersehbar in der **Marina von Calvi** an. Die Fahrt führt an einem der interessantesten Küstenabschnitte der Insel entlang bis nach **Girolata** im gleichnamigen Golf. Diese Ortschaft ist überhaupt nur zu Fuß oder mit dem Schiff erreichbar.

Vom Boot aus ergibt sich ein überaus reizvoller Blick auf die ins Meer vorgeschobene Festung Calvi, bis man sie nach der Umrundung des **Leuchtturms von Revellata** aus den Augen verliert. Dafür wird jetzt die Küstenlandschaft zusehends wilder, die Porphyrfelsen schimmern im Sonnenlicht in immer satterem Rot. Diese nur karg

Die Bucht von Nichiaretto bei Calvi

bewachsene Felsenlandschaft, an der das Boot manchmal beängstigend nahe vorbeifährt, gehört zum Naturschutzgebiet **La Scandola,** in dem neben Kormoranen und Sturmmöwen noch einige Fischadler nisten. Obwohl das Schutzgebiet unweit der Küste von Macchia überwuchert ist, kennt es – seit der Zutritt für Menschen stark eingeschränkt wurde – keine Brände mehr. Sogar Fischen und Tauchen vor der Küste sind untersagt.

Als nächstes erreicht das Boot die **Festung von Girolata** aus dem Jahre 1546. Unmittelbar darauf läuft das Schiff in den herrlich blauen **Golfe de Girolata** ein. Hier dürfen die Passagiere bis zur Rückfahrt zweieinhalb Stunden später die örtliche Wirtschaft in Restaurants und Bars befördern helfen, die, ›symbiotisch‹ mit den Schiffern lebend, nur stundenweise zum Leben erwachen. Girolata ist Etappenziel der Neun-Tages-Wanderung ›Tra Mare e Monti‹ (s. S. 283 f.). Man findet hier daher auch eine gut ausgestattete Unterkunft in Mehrbetthütten mit Kochmöglichkeit.

Der Ausflug, der um 9 Uhr morgens begann, endet gegen 16 Uhr. In der Hochsaison kann er länger dauern, denn dann nehmen die Schiffe auch Passagiere in L'Ile-Rousse, Algajola und Galéria auf. Einmal in der Woche besteht die Möglichkeit, die Girolata-Tour zu verlängern und mit dem Schiff, das aus Ajaccio kommt und wieder dorthin zurückkehrt, weiter gen Süden zu fahren. Ab Ajaccio fährt, ebenfalls einmal die Woche, ein Schiff nach Bonifacio, so daß eine halbe Umrundung der Insel auf dem Seeweg möglich wird. Eine weitaus kürzere Tour von eineinhalb Stunden machen Boote aus Calvi zur 200 m langen **Grotte des Veaux Marins** an der westlichen Seite der Revellata-Halbinsel.

Der Wald von Bonifato

Nur 22 km vom manchmal reichlich heißen Calvi entfernt wartet eine kühle Attraktion: der Wald von Bonifato. Der Weg dorthin führt am Flughafen vorbei, parallel zum 23 km langen Fluß **Figarella** durch die Weinfelder, später dann durch große Brandwüsten, bis Fluß und Weg im dichten Wald verschwinden. Bis zum **Maison forestière (Forsthaus) de Bonifato** kann man mit dem Auto fahren, aber auch für Radfahrer mit Kondition zur Überwindung von 536 Höhenmetern ist der Weg geeignet (Fahrräder kann man in Calvi leihen). Am Figarella laden auf dem letzten Stück des Weges schöne Badeplätze zum Erfrischen und zum Picknick ein, in der **Auberge de la forêt** kann man essen und übernachten.

Wandervorschlag: Wanderer benötigen von der Auberge bis zur **Refuge de Carrozzu** und zurück etwa fünf Stunden. Zunächst führt ein breiter Forstweg durch den Schwarzkiefern- und Laubwald immer am Figarella entlang, bis sich nach 2 km der Wald lichtet und den Blick auf den Talkessel von Bonifato freigibt. Dort, wo der

Routen Calvi–Balagne

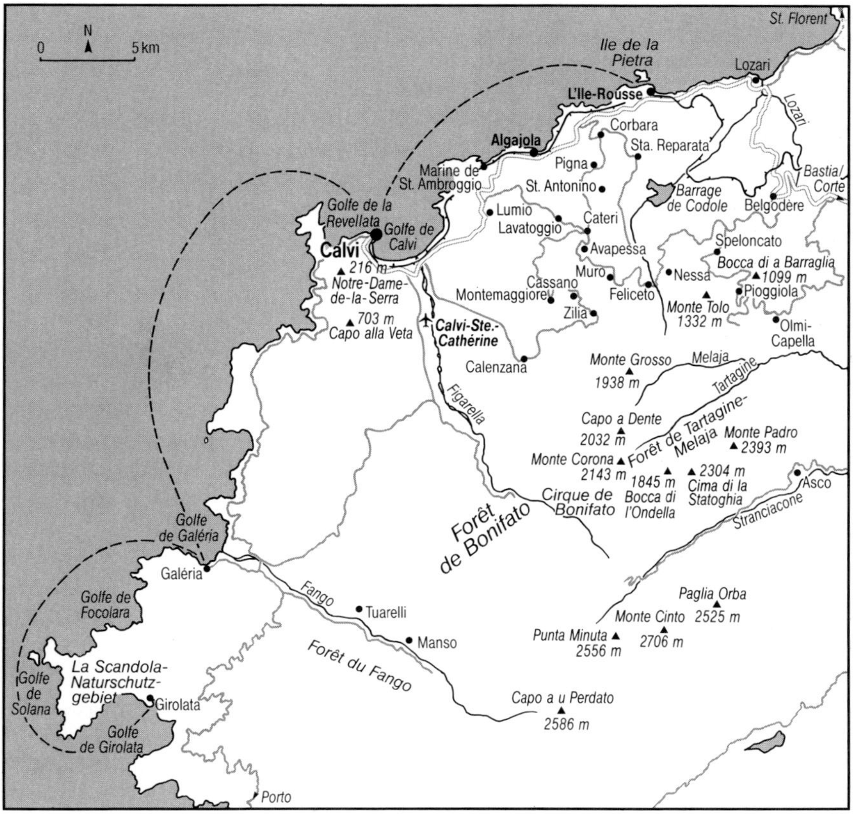

Forstweg in einer Furt nach links über den Bach führt, taucht rechts der GR 20 mit seiner nicht zu verfehlenden rot-weißen Markierung wieder in den Wald ein. Nur einige Bachüberquerungen erfordern im Verlauf des Weges ein wenig Kletterei. Die harmlos wirkenden Bergbäche können bei Regenfällen allerdings gefährlich anschwellen, weshalb die Mitnahme eines Sicherungsseils ratsam ist.

Wenn der Weg den Wald verläßt und man wieder freien Blick auf die Felsspitzen der Zweitausender hat, ist man fast am Ziel. Zuerst taucht die Bergerie Spasimata auf. Die Carrozzu-Hütte (eine leere Schutzhütte für Selbstversorger) liegt einige Kehren weiter oben, doch man sollte dem GR 20 noch einige hundert Meter weiter bis zu einer Hängebrücke über das Tal folgen. Hier wartet nicht nur eine besonders schöne Aussicht, sondern auch das Abenteuer einer schaukeligen Talüberquerung, wobei höchstens zwei Personen die Brücke benutzen sollten.

Für Klettertouren im **Cirque de Bonifato** stellt die Carrozzu-Hütte den idealen Ausgangspunkt dar; der Weg ins Tal zurück dauert knapp zwei Stunden. Sowohl der 173 km lange GR 20, der Korsika diagonal durchquert, als auch der Wanderweg ›Tra Mare e Monti‹ sind hier erst je eine Tagesetappe alt (s. S. 283 f.). Letzteren kann man von hier aus in einer Kurzfassung von zwei oder drei Etappen nehmen: Über Tuarelli (Unterkunft und Verpflegung) geht es durch das Fango-Tal nach Galéria (Hotels), von dort aus fährt ein Bus nach Calvi zurück, oder man wandert gar in einer weiteren Etappe bis Girolata und nimmt dann das Boot zurück nach Calvi.

Die ›Balagne déserte‹, das Filosorma und Galéria

In Richtung Galéria nimmt man von Calvi aus die Straße am Flughafen vorbei. Bei der kleinen Ortschaft Suare führt die hier abzweigende D 51 in die ›Balagne déserte‹, die sich zwischen Calvi und Galéria erstreckt. Das Vorgebirge ist hier von Macchia bewachsen und keineswegs so reizlos und wüst, wie der Name vermuten läßt. Er bezeichnet denn auch eher eine von Menschen verlassene als eine unfruchtbare Gegend.

Den vereinzelt hier weidenden Kühen machen Ziegen und Schafe nur während der Wintermonate das Futter streitig, ansonsten weiden letztere im Hochgebirge. Die Tiere werden im Frühjahr auf uralten Wegen durch das **Fango-Tal** über die Pässe Capronale und Guagnerola auf die Hochweiden des Niolo getrieben. Obwohl die Transhumanz hier überall deutlich sichtbare Spuren in Form von Waldbränden hinterlassen hat (s. S. 22), sind doch das Fango-Tal und seine Nebentäler noch recht bewaldet.

Diese Region, das Filosorma, unterscheidet sich grundlegend von der ›Balagne déserte‹: Am Ende des Tals wähnt man sich dann gar in der Schweiz, wozu sicher der Blick auf den für viele Bergsteiger schönsten Berg Korsikas beiträgt, den **Paglia Orba** (2525 m), auch das ›Matterhorn Korsikas‹ genannt. Rund um die wenigen kleinen Weiler des Tals werden Wein, Oliven und Obst angebaut. Das Gebiet ist ideal zum Wandern, und auch der ›Tra Mare e Monti‹ führt hier ein ganzes Stück am Fango-Bach entlang; seine orangefarbenen Markierungen an der Brücke nach Tuarelli kann man nicht verfehlen. Eine weitere Attraktion des stillen Tals stellen die zahlreichen Felsbecken dar, die der Fango hier überall bildet und die mit ihrem kühlen, glasklaren Wasser zum Baden einladen.

Das nur wenige Kilometer entfernte **Galéria** mit seinem breiten Kieselstrand bietet selbst in der Hochsaison ein beschauliches Bild. Für Ruhesuchende ist Galéria ein idealer Urlaubsort, der sich zudem noch als Ausgangspunkt für eine gründliche Erkundung des Fango-Tals eignet.

Noch einsamer gestaltet sich der Rückweg nach Calvi, der auf der D 81 wieder durch die ›Balagne déserte‹ verläuft. Direkt an der Küste entlang schlängelt sich die kurvenreiche, äußerst schmale Straße. Verlockende, doch kaum erreichbare Buchten liegen weit unterhalb der Fahrbahn, die Aussichten über Meer und Macchia sind spektakulär. Fast schon wieder zurück in Calvi, kurz nachdem ein Schotterweg auf die Revellata-Halbinsel abzweigt, empfiehlt sich ein kleiner Abstecher nach rechts zur **Kapelle Notre-Dame-de-la-Serra** (216 m).

Von hier aus bietet sich der schönste Ausblick über Calvi und den Golf bis zum imposanten Bergland der Monte Cinto-Gruppe. Der Hügel rund um die Kapelle lädt zu einem Spaziergang ein (es führt auch ein Wanderweg von Calvi aus herauf). Die Macchia wird stellenweise von einem grandiosen Felsenmeer unterbrochen, in dem sich mächtige Granitblöcke mit den typischen, bizarr-phantastischen Merkmalen der *Tafoni*-Bildung entdecken lassen.

Legenden zu den Farbabbildungen

3

4

◁ 2

5 ▷

8

9

10

11

12 ▷

BI 136495

3

14

15

16

17 ▷

18

19

20

21

22

24

25

◁ 23

26

27

28 ▷

BALAGNE:

verbrannte Schönheit

Die fruchtbaren Böden, die der ›Balagne fertile‹ ihren Namen gaben, erstrecken sich von den weiten Talbecken in Küstennähe bis in das hügelige Bergland. Schon die Griechen sollen hier Weinreben gepflanzt haben, die Römer kultivierten das Land systematisch. Die Balagne galt bereits im Mittelalter als der Garten Korsikas und blieb bis in die jüngste Vergangenheit ein Bauernland. Der Wohlstand der Bevölkerung erwuchs aus dem Anbau von Getreide, Feigen, Mandeln, Orangen, Zitronatzitronen und vor allem Wein und Oliven. Die Dörfer mit ihren zahlreichen Kirchen und Klöstern künden noch heute von diesem einstigen Wohlstand.

Seit Beginn dieses Jahrhunderts nahm indes auch hier die Bevölkerung stark ab. Die Macchia überwucherte die Äcker und Terrassenkulturen, die Brandgefahr wuchs. Feuer vernichtete 1957 fast die gesamten Ölbaumbestände in der Balagne, und Jahr für Jahr frißt es neue Flächen. Heute wirken weite Teile der ›Balagne fertile‹ so wüst, wie man es eher von der ›Balagne déserte‹ erwartet hätte, doch unversehens stößt man auch immer wieder auf intakte Flächen, auf Olivenhaine und von Kastanien umgebene Ortschaften, auf Straßen, die von Mandelbäumen und Steineichen gesäumt sind.

Trotz der Brandschäden hat sich die Balagne ihre mediterranen Reize bewahrt. Besonders die Nähe von Küste und bergigem Hinterland macht sie für Urlauber reizvoll. Für Ausflüge ins Hinterland kann man seinen Stützpunkt an der Küste beibehalten oder auch dort selbst wohnen. Man sollte sich für eine **Fahrt durch die Balagne** Zeit lassen – sie ist ohnehin nicht an einem Tag zu ›schaffen‹. Die im folgenden empfohlene Entdeckungsfahrt beginnt in Calvi.

Die Dörfer der hohen Balagne

Die D 151 führt durch ein Weinanbaugebiet zunächst auf den Monte Grosso (1938 m) zu. Inmitten von Olivenhainen und Mandelbäumen liegt **Calenzana** in 250 m Höhe. Ortsmittelpunkt ist die Barockkirche St. Blaise aus dem 17. und 18. Jh. Der Campanile wurde im 19. Jh. auf dem *Campu Santu di i Tedeschi* errichtet, dem Friedhof der Deutschen.

Im Jahre 1732 tobte in Calenzana der Kampf um ein unabhängiges Korsika. Genua setzte hierbei auch deutsche Söldnerheere ein, deren Verkaufspreis die Kasse Kaiser Karls VI. aufbesserte. Die Einwohner Calenzanas bedienten sich einer ausgefallenen Guerilla-Taktik, um den Angriff von 800 dieser Söldner abzuwehren: Sie ließen ihre gesamten Bienenvölker auf sie los. 500 deutsche Söldner fanden bei dem anschließenden Gemetzel den Tod; eine Gedenktafel am Glockenturm erinnert an sie.

Der aromatische Honig bildet noch heute eine Erwerbsquelle, vor allem Honig von Macchia-Blüten. Neben Bienenzucht und Weinanbau stellt der Tourismus für den günstig gelegenen Ort einen wichtigen Wirtschaftsfaktor dar. Zum Meer sind es nur 8 km, und zugleich beginnen hier die beiden beliebtesten Wanderrouten der Insel: der GR 20 und der ›Tra Mare e Monti‹ (s. S. 283 f.).

Ein Besuch in Calenzana lohnt sich besonders am Ostermontag, wenn man in einer Prozession Reliquien und Statue der korsischen Märtyrerin Ste. Restitute von der ihr geweihten Kirche (ca. 1 km außerhalb des Ortes in Richtung Zilia) zur Kirche St. Blaise trägt. Jeweils am Sonntag nach dem 21. Mai wird die Heilige dann in einer zweiten Prozession wieder nach Hause gebracht. Ste. Restitute wird auf Korsika als Märtyrerin hoch verehrt, obwohl recht unterschiedliche Versionen von ihrer Legende existieren. Nicht einmal über Zeit und Ort ihres gewaltsamen Todes herrscht Klarheit – Bonifacio im Jahre 303 oder Karthago im Jahre 304. Fest steht nur, daß ihre Reliquien im 5. Jh. von Christen, auf der Flucht vor den Vandalen, nach Korsika gebracht wurden.

◁ *St. Antonino*

Prozession der hl. Restitute in Calenzana

Die Kirche Ste. Restitute, ein ursprünglich romanisches Bauwerk aus dem 11. Jh., wurde an der Stelle einer ehemaligen römischen Siedlung errichtet. Im 14. Jh. zerstört und wiedererrichtet und auch später mehrfach umgebaut, ist sie daher äußerlich nicht sonderlich bemerkenswert. Sehenswert sind jedoch der Altar und ein in der Krypta aufgestellter Marmorsarkophag, beide aus dem 4. Jh., sowie die ihr Martyrium darstellenden Fresken aus dem 13. Jh., die das Grabdenkmal der Ortsheiligen schmücken.

Hinter Calenzana schwenkt die D 151 wieder nach Norden ab und wird zu einer wahren Panoramastraße, zunächst mit Blick auf die malerisch gelegenen Orte **Cassano** und Montemaggiore. Obwohl alle der über 30 Dörfer in der Balagne eine nähere Erkundung wert sind, muß man eine gewisse Auswahl treffen. Ein Besuch von **Montemaggiore** bietet sich an, hat man doch vom Platz vor der imposanten Barockkirche aus eine hervorragende Aussicht auf Calvi.

Die Straße windet sich nun durch eine felsige, mit Macchia nur karg bedeckte Berglandschaft und bietet immer wieder atemberaubende Ausblicke auf das Meer. Kurz hinter Cateri, wo man die D 71 kreuzt, führt eine Sackgasse den Weg nach **St. Antonino** hinauf. Das eher abweisend wirkende Dorf scheint in 500 m Höhe regelrecht aus dem Fels herauszuwachsen (s. Abb. S. 87). Guido Savelli ließ hier im 9. Jh. zum Schutz vor Sarazenen-Einfällen ein Kastell errichten, von dem indes nur noch einige Mauerreste zeugen. Der italienische Rebell gegen die päpstliche Autorität wurde mit dem Auftrag ›gezähmt‹, die Sarazenen zu bekämpfen, wofür er dann als Graf über die Balagne herrschen durfte. Zahlreiche Ruinen stehen in dem weitgehend verlassenen Ort, andere Häuser hingegen wurden auch liebevoll renoviert. Wer den Ort mit seiner großartigen Panoramaaussicht besichtigen will, muß zu Fuß gehen, denn die Gassen, oft eher Schlupflöchern gleich, sind schmal und verwinkelt. Zum Transport von Waren werden Esel und Maultiere eingesetzt.

Weiter auf der D 151 liegt kurz vor der Abzweigung nach **Aregno** der ummauerte Friedhof mit der romanischen Dreifaltigkeitskirche (Trinità). Das einschiffige Gebäude mit Apsis wurde im 12. Jh. in typisch pisanischer Art aus hellen und dunklen Granitquadern errichtet und mit Blendarkaden verziert. Ungewöhnlich und in seiner Symbolik z. T. bis heute nicht geklärt ist der eigenwillige Skulpturenschmuck. Die Figur des Mannes, der im Giebel hockt und einen seiner Füße festhält, wirkt wie ein früher ›Dornauszieher‹, wird aber auch als eine Allegorie auf den Monat März gedeutet.

Die Dreifaltigkeitskirche von Aregno

In **Pigna,** dem nächsten Ort auf der Route, leben und arbeiten zahlreiche Künstler und Kunsthandwerker. Von hier ging in den 60er Jahren die Gründung der ›Corsicada‹ aus (s. S. 30) – in der Casa di l'Artigiani findet jeder ein Mitbringsel. Eine gute Aussicht auf Algajola und Umgebung hat man von der Terrasse der Casa Musicale aus, wo man essen, übernachten und vor allem Musik hören kann. Jeden Dienstagabend wird traditionelle korsische und mediterrane Musik, teilweise auf Nachbauten von Originalinstrumenten, geboten (von April bis zum 15. September ab 22 Uhr, sonntags geschlossen).

Einen Zwischenstopp sollte man am **Couvent de Corbara** einlegen, der 2 km vor dem gleichnamigen Ort oberhalb der Straße liegt (sonntags geschlossen). Das heutige Dominikaner-Kloster wurde im 19. Jh. auf den Resten des in der Revolution zerstörten Franziskaner-Klosters von 1456 wiederaufgebaut. Unterhalb des Klosters, direkt an der Straße, steht die schlichte und untypischerweise weiß verputzte Kirche St. Lazio, deren Eingang zwei schön gewachsene Palmen flankieren. Sie strahlt eine mediterrane Heiterkeit aus, die man auch in der Balagne nicht überall findet.

Nur wenige Meter weiter in Richtung **Corbara** hebt sich der große Friedhof des Ortes mit seinen schneeweiß gekalkten Grabmalen von einem azurblauen Himmel so strahlend ab, daß der Tod eine gelassene, fast heitere Seite zu zeigen scheint. Kurz hinter dem Ort vermittelt die ebenfalls weiß getünchte Kapelle SS. Pietro e Paolo einen Hauch von Andalusien, gekrönt von dem Ausblick, der sich von hier auf das Meer und den weißen

Strand von Algajola bietet. Maurische Einflüsse machen viele Kunsthistoriker für diesen Eindruck verantwortlich. Auch das Dorf lohnt, nicht nur wegen der großen barocken Verkündigungskirche (Eglise de l'Annonciation) aus dem 18. Jh. und der Burgruine der Familie Savelli (sie steht auf Grundmauern aus dem 9. Jh.), einen Rundgang.

Um Corbara rankt sich eine Geschichte, die vielleicht das maurische Element des Ortes erklären könnte: Gegen Ende des 18. Jh. machte eine gewisse Davia (oder Marthe) Franceschini als Favoritin des Sultans von Marokko ›Karriere‹, nachdem sie ein typisch korsisches Schicksal als Sklavin in seinen Barbaresken-Staat geführt hatte. Sie stammte aus Corbara und nutzte, wie es sich im Mittelmeerraum gehört, ihre Stellung aus, um ihre Familie zu protegieren. Die Geschichte ist nicht zweifelsfrei geklärt, hat jedoch einen gewichtigen Fürsprecher: Der heutige König Hassan von Marokko aus der Dynastie der Alawiten hält sich für einen Nachfahren der Korsin. Darauf verwies der damalige Thronfolger, als er während des Algerien-Krieges in L'Ile-Rousse interniert war (1953/54).

Wen es jetzt nicht mit aller Macht zurück an den Strand zieht, der sollte nach **Sta. Reparata** und dann auf der D 13 in Richtung Feliceto fahren, zurück in die hohe Balagne. Rotweinfreunde können einen Besuch im ›Clos Reginu‹ einplanen – besonders der rote ›E Prove‹, ausgebaut in Eichenholzfässern, wird auch Kenner zufriedenstellen. In **Feliceto** kann man nicht nur in der Osteria U Molinu essen, sondern auch eine traditionelle Ölmühle in Betrieb erleben. Die Glasbläserei stellt eine andere Attraktion Felicetos dar.

Etwas oberhalb der Hauptstraße liegt kurz darauf **Nessa,** und nur wenige Kilometer weiter zweigt die D 663 rechts ab, die sich nach **Speloncato** (553 m) über enge Kehren emporwindet. Der Ort duckt sich im Halbkreis um einen ihn überragenden Felsen. Er gilt als das schönste Dorf der Balagne – bei einem Rundgang durch die engen Treppengassen mit vielen Aussichtspunkten über die Macchia-Landschaft wird man dem wohl zustimmen.

Das größte Gebäude im Ort gehörte dem Kardinal Savelli, dem Sekretär von Papst Pius IV. (1846–1878). Heute befindet sich in dem Gebäude das einzige Hotel des Ortes. Etwas außerhalb ist auf einem Felskamm ein einzigartiger *Tafoni*-Felsen zu sehen: In den *Pietra Tafonata* hat die Erosion einen regelrechten Tunnel von 8 m Länge hineingefressen. Der Felsen fungierte als Namengeber für den Ort, denn das korsische *speloncato* bedeutet ›durchlöchert‹. In Richtung **Pioggiola** windet sich die D 63 steil bergauf zum **Bocca di a Barraglia** (1099 m) und einer großartigen Aussicht auf dem Paß, von dem man große Teile der Balagne und ihrer Küste überblickt.

Wandervorschlag: Direkt vom Aussichtspunkt auf der Paßhöhe führt ein bequemer, gut sichtbarer und mit Steinhaufen *(cairns)* kenntlich gemachter Weg immer auf dem Gratrücken zum **Monte Tolo** (1332 m). Während der Wanderung von etwa einer Stunde Dauer kommt noch der Blick nach Süden über das grüne Tal des Tartagine auf den mächtigen Monte Padro (2393 m) hinzu.

Wem dieser Spaziergang Lust auf Steigerungen gemacht hat, der sollte kurz hinter Pioggiola rechts auf eine 17 km lange, recht schmale Straße (D 963) abzweigen, die durch die Macchia bis zum Forsthaus am schattigen Ufer des Tartagine führt. Durch die Oase des 2600 ha großen **Forêt de Tartagine-Melaja** mit seinen sprudelnden Bächen, seinen Seestrand- und Schwarzkiefern führt nun ein markierter Wanderweg. Mit festen Schuhen läßt sich vom Forsthaus aus eine reizvolle Wanderung zum **Bocca di Tartagine** (1852 m) unternehmen (Kennzeichnung durch *Cairns*). Allerdings ist mit einer Marschzeit von etwa neun Stunden und der Bewältigung von 1100 Höhenmetern zu rechnen.

Weiße Strände

Über Speloncato zurück geht es nach **Belgodère.** Der Name dieses freundlichen Balagne-Dorfes bedeutet ›schönen Aufenthalt‹ (s. Farbabb. 24). Von Belgodère aus erreicht man über die N 197 nach 8 km **Lozari** mit seinem Genueser-Turm. Der herrliche Strand ist trotz des dortigen Feriendorfes nicht überlaufen.

Vorbei an einigen weiteren Wachtürmen führt die Straße nach **L'Ile-Rousse** mit dem angeblich mildesten Klima der Insel, einem schönen Strand und einer perfekten Infrastruktur (s. Farbabb. 2 und 4). Das von Pasquale Paoli 1758 gegründete ›Paolivilla‹ sollte den von Genua kontrollierten Häfen Calvi und Algajola Konkurrenz machen. Der geometrisch angelegten Stadt sieht man an, daß sie nicht ›gewachsen‹ ist. Nach den roten Granitfelsen der vorgelagerten Felsinseln heißt *Isola Rossa*, wie die Korsen sie nennen, erst seit der Französischen Revolution.

Auf dem nach dem Gründer benannten, von Platanen gesäumten großen Platz, der das Zentrum des Städtchens bildet, steht, umrahmt von vier hohen Palmen, seine Büste. Der rechteckige Platz wird an seiner Westseite von der Pfarrkirche begrenzt; der überdachte Markt an der Nordseite des Platzes gehört schon zu der vergleichsweise jungen Altstadt aus der Gründungszeit, deren breite Gassen Luft und Licht einlassen.

Für Urlauber bietet L'Ile-Rousse Möglichkeiten, ohne Auto die Schönheiten der Balagne zu erkunden. Die ›Tramway de la Balagne‹, die mehrmals täglich auf der Strecke L'Ile-Rousse – Algajola – Calvi verkehrt, hält an jedem Strand und an fast jeder Bucht, insgesamt an 22 Stationen, von denen aus man die Landschaft und ihre Dörfer bequem zu Fuß erkunden kann. Auf der topographischen IGN-Karte ›41/49 Calvi est‹ ist das Netz von alten Maultierpfaden und Holzwegen eingezeichnet, das viele Orte untereinander verbindet.

Auch wer sein Domizil in **Algajola** aufschlägt und nach den Wanderungen ins Landesinnere hierher zurückkehrt, hat eine gute Wahl getroffen. Den ehemals bedeutenden Hafen sollen schon die Phönizier genutzt haben, sicher überliefert ist allerdings nur seine römische Vergangenheit. Unterhalb der genuesischen Zitadelle und innerhalb der noch in Teilen erhaltenen Stadtmauer, die 1664 nach einem Sarazenen-Überfall errichtet wurde, liegt der alte Kern Algajolas.

Die Kirche Ste. Marie überragt die Oberstadt von Bastia ▷

BASTIA:

Hauptstadt des Nordens

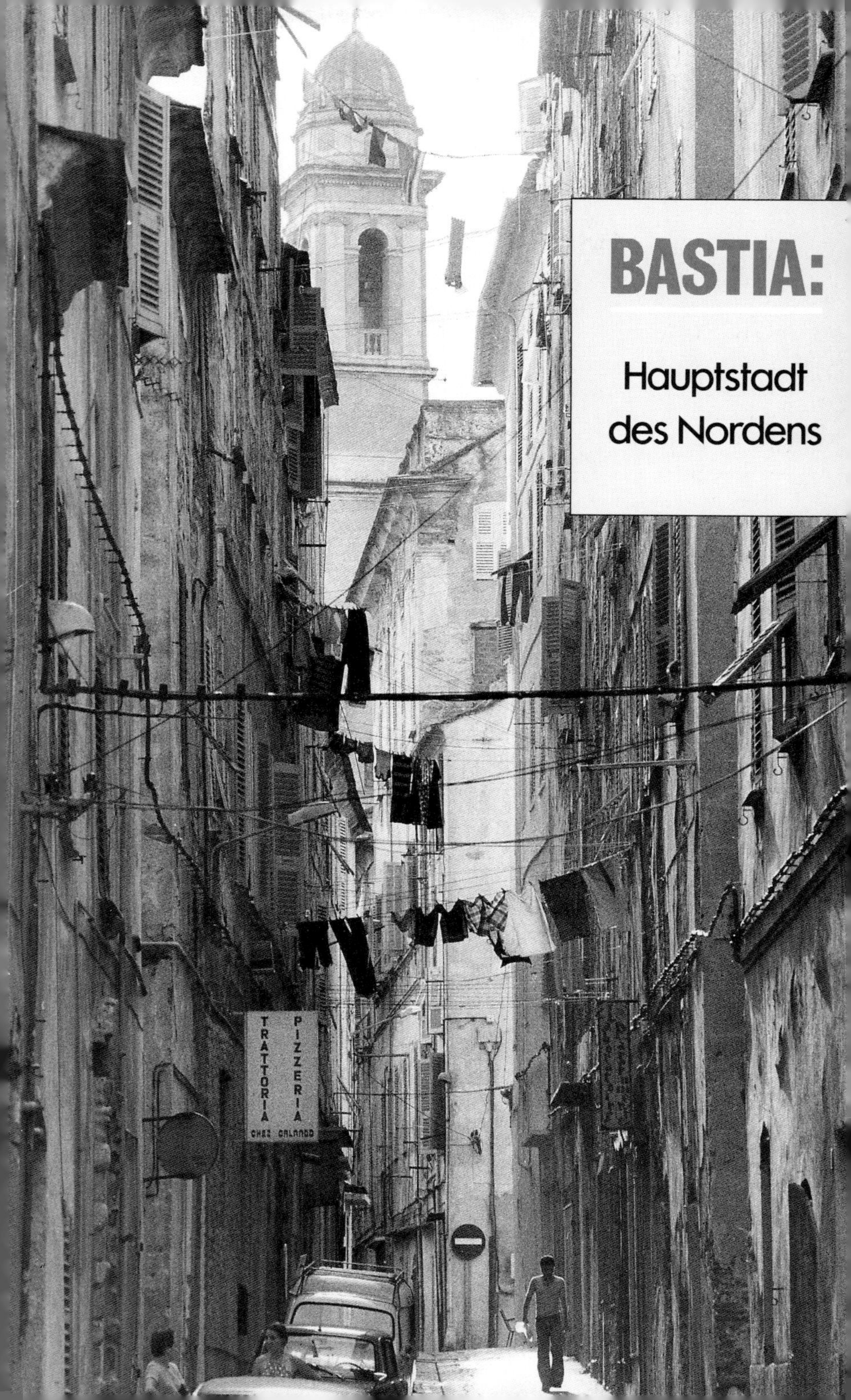

Ajaccio, die Hauptstadt des Départements Corse du Sud, gilt vielfach als die Hauptstadt des französischen Korsika. Diesen inoffiziellen Titel versucht ihr Bastia – nicht ohne Erfolg – von jeher streitig zu machen. Bastia ist schließlich nicht nur die Hauptstadt des Départements Haute-Corse, sondern vor allem die Kapitale des Inselfußballs, der hierzulande neben dem Motorsport die meisten Fans hat. Der ›Sporting Club Bastia‹ spielt in der französischen Zweitliga. Überdies können die Bastianer den größten Hafen vorweisen, und wenn sie schließlich mit ihrem Sommerfestival, mit Handels- und Gewerbemessen sowie mit internationalen Kongressen Ajaccio zu übertrumpfen suchen, dann tritt auch hier die Aktualität der jahrhundertealten Spaltung Korsikas in zwei Fraktionen deutlich zutage (s. S. 44 f.).

Bastia verdankt seine Gründung im 14. Jh. dem genuesisch-pisanischen Krieg: Gegen den erfolgreichen propisanischen Arrigo della Rocca ließ der genuesische Gouverneur Leonello Lomellino 1380 eine Festung am Naturhafen von Cardo

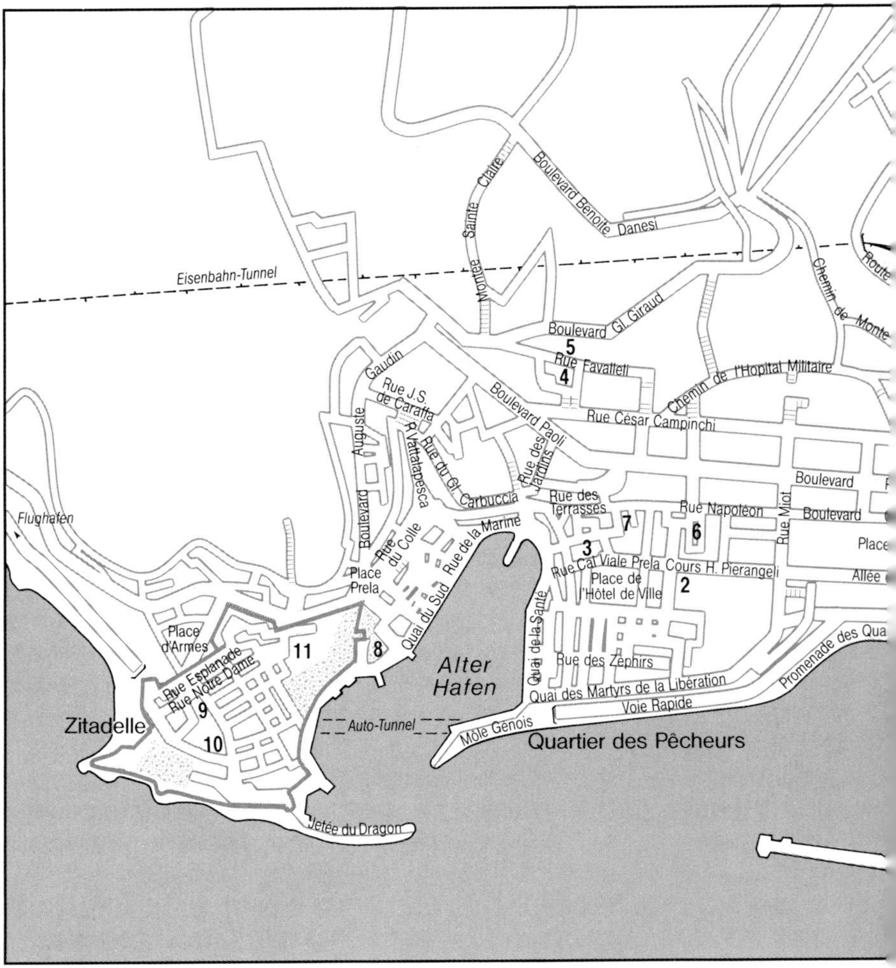

errichten. Diese *Bastiglia* gab dem Ort, der sich alsbald in ihrem Schutz bildete, seinen Namen.

Trotz des Ehrgeizes, die Hauptstadt des französischen Korsika zu sein, ist Bastia italienischer als andere Orte der Insel geblieben. Das zeigt bereits der Blick von der Zitadelle über den alten Hafen: Die teils versetzte Häuserfront, überragt von der Kirche St. Jean Baptiste, könnte auch jenseits des Tyrrhenischen Meeres stehen. Italienisch hoch und eng ist die Stadt gebaut, in der annähernd 40 000 Menschen wohnen, über 2000 pro km². Selbst den ligurischen Dialekt der Genueser haben sie in ihrem Korsisch bewahrt.

Nur ein knappes Drittel der Bastianer besteht heute aus ›Einheimischen‹, deren Eltern schon hier geboren wurden. Bastia, schon immer ein Magnet für Fremde, wurde nach dem Zweiten Weltkrieg, seit hier Handel und Gewerbe florieren, besonders attraktiv. Noch 1954 wohnten nur 29 000 Menschen in der Kommune Bastia. Wie man bei der Anreise vom immerhin 20 km weiter südlich gelegenen Flughafen entlang von Wohnsiedlungen, Industrie- und Gewerbebetrieben leicht erkennen kann, besitzt Bastia ein umfangreiches suburbanes Agglomerat. Groß-Bastia umfaßt denn auch zehn Kommunen , in denen die Hälfte der Bevölkerung des ganzen Départements Haute-Corse wohnt.

Wer mit der Autofähre nach Korsika übersetzt, kommt im neuen, 1870 fertiggestellten Hafen an. Möglichst schon den ersten der zahlreichen Verkehrskreisel gilt es nun nach rechts zu verlassen, will man nicht durch den Tunnel an der

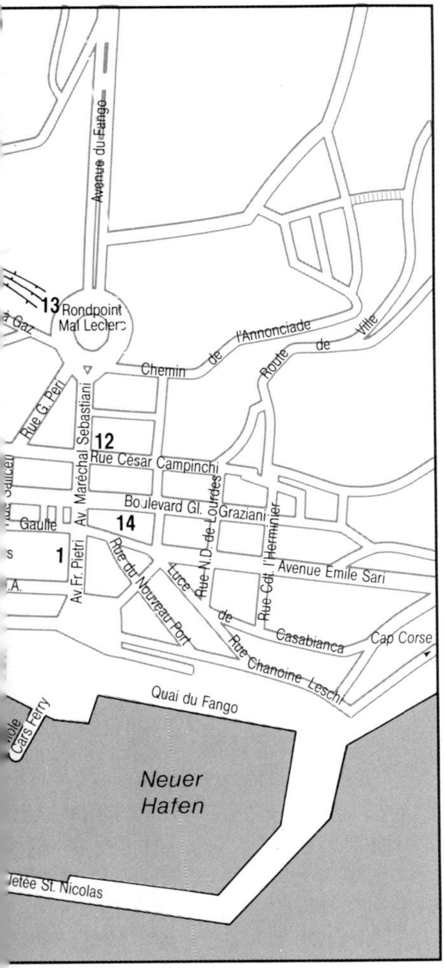

Bastia
1 *Place St. Nicolas/Tourist-Info*
2 *Place de l'Hôtel de Ville*
3 *Kirche St. Jean-Baptiste*
4 *Oper*
5 *Bibliothek*
6 *Kirche St. Roche*
7 *Kapelle der Unbefleckten Empfängnis*
8 *Parc Romieu*
9 *Kirche Ste. Marie*
10 *Kapelle Ste. Croix*
11 *Musée d'Ethnographie Corse im ehemaligen Gouverneurspalast*
12 *Hauptpost*
13 *Bahnhof*
14 *Busbahnhof*

Stadt vorbeifahren. Man gelangt nun auf die **Place St. Nicolas (1)** – und wird den dringenden Wunsch zum Parken verspüren, was an der Wasserseite des Platzes auch möglich ist. Was die Verkehrsdichte betrifft, kann Bastia locker mit Ajaccio mithalten.

Die Place St. Nicolas wird zu Recht stets das ›Herz Bastias‹ genannt, denn auf ihm spielt sich ein großer Teil des öffentlichen Lebens ab: Hier flaniert die Jugend, ruhen sich die Älteren auf den Bänken aus, hier wird sonntags der Flohmarkt abgehalten, hier schlürft man in einer der zahlreichen Bars seinen Kaffee. Seit 1900 befindet sich an der Westseite des Platzes ein Ladengeschäft des Louis-Napoléon Mattei, dessen Würzwein ›Cap Corse Mattei‹ seit 1872 Weltruf genießt: In dem Magazin, dessen Einrichtung nie verändert wurde, kann man korsische Produkte aller Art kaufen. Eine Statue Napoleons, die ihn in Haltung und Gewand der römischen Kaiser zeigt, überblickt den Platz (s. Farbabb. 16).

Die meisten Geschäfte säumen allerdings den Boulevard Paoli, der einen Häuserblock landeinwärts parallel zur Place St. Nicolas verläuft. *A Traversa* wird diese meist verstopfte Schlagader Bastias genannt. Sie führt in die belebte Altstadt am Rande des Hafens, deren enge Gassen und graue Mauern den Namen *Terra-Vecchia,* altes Land, glaubhaft machen. Das Viertel entstand im 14. Jh. im Schutze der Bastion. Auf der **Place de l'Hôtel de Ville (2)** mit dem alten Rathaus können sich Neuankömmlinge in kleinen Bars schon früh morgens mit *Café noir* und Croissants über den mangelhaften Service der Fähren hinwegtrösten und dabei korsisches Alltagsleben verfolgen, findet doch hier der tägliche Lebensmittelmarkt statt.

Den Platz begrenzt die Fassade des größten aller korsischen Gotteshäuser, **St. Jean-Baptiste (3).** Die Barockkirche aus dem 17. Jh. überragt unübersehbar als mächtige Kulisse das Altstadtviertel und den alten Hafen mit seinen Fischer- und Sportbooten (s. Farbabb. 12 u. Abb. S. 75). Ihre beiden Türme sind das Wahrzeichen der Stadt. Die kunsthistorisch nicht sonderlich interessante Innendekoration aus dem 18. Jh. wird durch einige Gemälde, z. T. aus der Sammlung Fesch, aufgewertet.

Ihre **Oper (4)** verdankt die Stadt dem französischen Gouverneur Marbeuf, der in Bastia residierte, im fernen Ajaccio seine schöne Freundin Letitia Buonaparte besuchte und ihren Sohn Napoleon förderte. Als dem Festland besonders nahe Hafenstadt war Bastia stets ein beliebter Ausgangspunkt für Inselbesucher mit militärischen und auch mit friedlichen Absichten. Diese Italiener haben Korsika auch kulturell beeinflußt und Bastia zur ›Wiege der korsischen Barockkunst‹ gemacht. Nicht zufällig findet sich in Bastia auch eine beachtliche **Bibliothek (5)** mit über 50 000, z. T. sehr wertvollen Büchern.

Manche architektonischen und künstlerischen Schätze fallen auf den ersten Blick kaum auf. Die **Kapelle St. Roche (6)** aus dem Jahre 1604, an der Rue Napoléon gelegen, ist schon wegen ihrer florentinischen Innendekoration einen Besuch wert. Das gilt in noch höherem Maße für die benachbarte **Kapelle der Unbefleckten Empfängnis (7)**: 1611 errichtet, wurde sie im 18. Jh. überreich mit Gold und Marmor ausgestattet, ihre Wände mit rotem Damast und Samt bespannt. Die in Genua gefertigte Marienstatue aus dem 18. Jh. wird am 8. Dezember in einer Prozession zur Kirche St. Jean-Baptiste getragen.

Waffenverkauf auf dem Flohmarkt auf der Place St. Nicolas

Wo es eine *Terra-Vecchia* gibt, da kann eine **Terra-Nova** nicht fehlen. Die ›Neustadt‹ entstand im 16. Jh. und entspricht in ihrer problematischen Ästhetik der Armut so recht den Vorstellungen von einer malerischen Mittelmeerstadt: Zwischen den bröckelnden Fronten hoher Häuser spannen sich Wäscheleinen über schmale Gassen. Behutsame Renovierung täte not. Das Viertel stellt einen Anbau zur Zitadelle dar. Bereits der Aufstieg zu diesem Teil Bastias, über eine Freitreppe entlang des terrassenartigen **Parc Romieu (8),** eröffnet einen großartigen Überblick über den alten Hafen und auf die *Terra-Vecchia.*

Zwei weitere Kirchen innerhalb der *Terra-Nova* untermauern die Vorrangstellung Bastias in architektonischer Hinsicht, denn mit ihren prächtig ausgestatteten Barockkirchen überflügelt die Stadt ihre Konkurrentin Ajaccio klar. Die dreischiffige **Kirche Ste. Marie (9)** besaß von 1570–1801 den Rang einer Kathedrale, dann wurde der Bischofssitz ausgerechnet nach Ajaccio verlegt. Der Bau ist mit allen Attributen barocker Pracht ausgestattet, an Gold und Marmor wurde nicht gespart. Das Tafelbild über dem Altar des Allerheiligsten stammt aus dem Jahre 1512 und hing ursprünglich in der alten Kathedrale La Canonica (s. S. 148ff.).

Ein womöglich noch beeindruckenderes Schmuckstück barocker Innenarchitektur ist die **Kapelle Ste. Croix (10),** was man ihr von außen allerdings nicht ansehen kann. Der Eingang hinter der Kirche Ste. Marie wirkt wie ein einfacher Hauseingang, im Innern geht es dann allerdings in Gold- und Blautönen um so prächtiger zu. Das heilige Kreuz, nach dem die Kapelle benannt wurde, sollen Fischer inmitten eines Lichterkranzes auf dem Meer treibend gefunden haben; sie gedenken ihres wunderlichen Fanges noch heute mit einer Prozession, die alljährlich am 3. Mai stattfindet.

Die **Zitadelle** ließ der genuesische Gouverneur Leonello Lomellino 1380 oberhalb des alten Hafens errichten. Sie erfuhr noch im 19. Jh. Umbauten und Ergänzungen und beherbergt heute neben etlichen Wohnhäusern das **Musée d'Ethnographie Corse (11)** im ehemaligen Gouverneurspalast. Die Sammlung reicht von steinzeitlichen Funden bis zu Alltagsgegenständen aus dem letzten Jahrhundert. Auch wenn die Fülle der Exponate ein wenig zu Lasten der Übersicht geht, bietet das Museum doch eine gute Einführung in die korsische Geschichte und stellt einen geeigneten Auftakt für Besuche historischer Stätten wie Aléria und Filitosa dar. Im Hof des Museums ist der Kommandoturm des U-Boots ›Casabianca‹ zu besichtigen (s. S. 249). Bastia hat besonders schwer unter dem Zweiten Weltkrieg gelitten und wurde als einzige Stadt in Korsika von den Deutschen und von den Alliierten bombardiert.

Bereits am 9. September 1943, gleich nach der Kapitulation der Italiener, hatte ein *Maquisard* vom Balkon des Rathauses herab den Anschluß Korsikas an de Gaulles freies Frankreich verkündet, nicht ohne den stolzen Zusatz zu vergessen: »Es lebe das freie Korsika.« (In Bastia ist eine Straße nach diesem historischen Datum benannt.) Die Versöhnung zwischen Deutschen und Korsen war dann auch eines der Anliegen des 1990 verstorbenen deutschen Honorarkonsuls, als er in den 80er Jahren die Partnerschaft der Stadt mit dem bayrischen Landkreis Erdingen vermittelte. Nicht nur Besuche offizieller Delegationen, sondern auch private deutsch-korsische Begegnungen sind seither die Regel.

Die Umgebung von Bastia

Im Süden Bastias – die Vororte der Stadt laufen hier mit Industrie- und Gewerbeflächen recht häßlich aus – beginnt derjenige Teil der ostkorsischen Tiefebene, den der **Golo** angeschwemmt hat.

Biegt man von der N 193 nach links ab, kommt man zum **Etang de Biguglia**, der mit 1500 ha Wasserfläche größten korsischen Lagune, die einen kaum erkennbaren Zugang zum Meer besitzt. Zugvögel überwintern hier – und locken dann regelmäßig auch die Jäger an. Fischer und Fischzüchter sind ganzjährig in und an den Salzgewässern im Einsatz. Umweltschützer haben dafür gesorgt, daß das Biotop des Etang de Biguglia unter Naturschutz gestellt wurde, und verlangen die Bewahrung auch der übrigen Etangs als ökologische Nischen. Gerade hier bei Bastia zeigt sich, angesichts der Nähe zum Industriegebiet und zum unüberhörbaren Flughafen, die Berechtigung ihrer Sorgen. Tatsächlich war die Wasserfläche früher sehr viel größer: Die flachen Etangs lassen sich leicht trockenlegen, und ebene Flächen, z. B. für Gemüsekulturen, wie sie hier entstanden, sind rar auf Korsika.

Auf der anderen Seite der Zufahrtsstraße zum Etang de Biguglia liegt der Strand. Hier beginnt die Kette der Feriendörfer, Campingplätze und Hotels, die sich an der einladenden Küste mit ihren 80 km Sandstrand weiter nach Süden fortsetzt.

Am Ende des Etangs führt die Straße zurück ins Landesinnere und direkt an der alten Kathedrale der Sta. Maria Assunta (Mariä Himmelfahrt) vorbei. **La Canonica** wird nach ihrem einstigen Kanonikerkollegium die 1119 geweihte dreischiffige

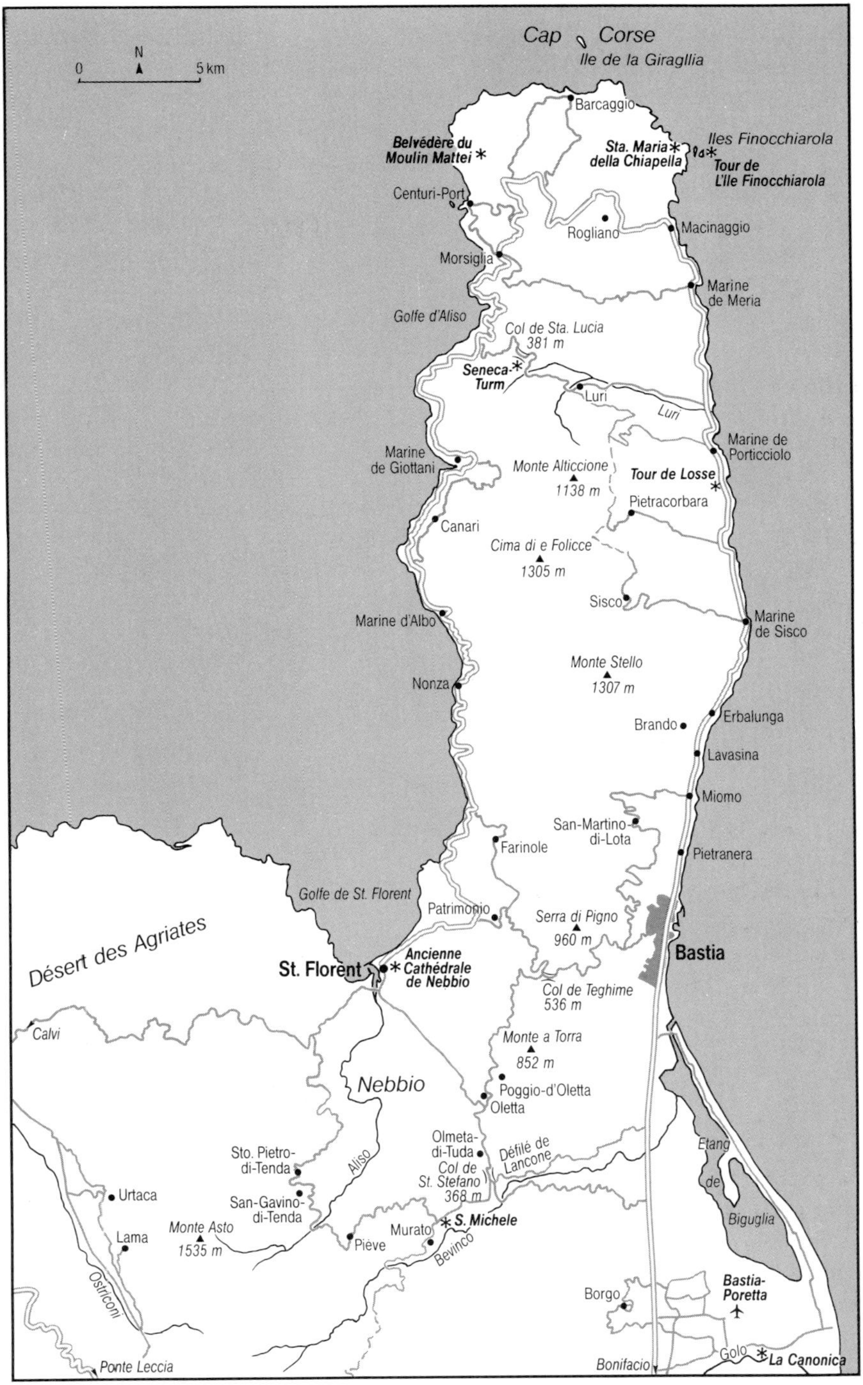

Routen Cap Corse

La Canonica, die Apsis

Basilika genannt, deren schlichte Eleganz schon Prosper Mérimée beeindruckte. Bereits zu seiner Zeit war der einst neben der Kirche liegende Bischofspalast verschwunden und der Campanile auf den Stumpf geschrumpft, den man an der Südflanke heute noch sehen kann.

Die Kathedrale gilt als Inbegriff frühpisanischer Romanik und als Vorbild aller anderen – meist einschiffigen – pisanischen Kirchen und Kapellen auf Korsika. Mit 35 m Länge, 12 m Breite und 13 m Höhe sind die Ausmaße der Canonica im Vergleich zu den ligurischen Originalen zwar bescheiden, im innerkorsischen Vergleich indes die größten. Als typisch pisanisch fallen wieder die verschiedenfarbigen Steinplatten auf, deren farblich nicht allzu stark kontrastierender Marmor (hellgraues bis dunkelgrünes Gestein, mit Tönungen von grün und ocker) die Eleganz der Kirche unterstreicht.

Zahlreiche, nur schießschartengroße Fenster gliedern die Seitenfassaden, während Blendarkaden auf hohen Pilastern die halbrunde Apsis vor dem flachen Chorhaupt zieren. Auch die Westfassade zeigt sparsamen Dekor. Ein halbkreisförmiger Fries mit Tierdarstellungen bildet, getragen von zwei zierlichen Pilastern, den oberen Abschluß des Portals, das außerdem noch stilisiertes Blattwerk schmückt.

Die Kathedrale wurde, wie die nur 300 m weiter südwestlich stehende Kirche **S. Parteo** stilwidrig mit roten Dachziegeln gedeckt – stilecht wären *Teghie* (Steinplatten) gewesen. Französische Architekten haben dieses noch etwa 100 Jahre ältere Beispiel pisanischer Baukunst durch Restaurierungsarbeiten unglücklich verändert. Vor allem das Westportal und die südliche Seitenfassade weisen jedoch noch einigen Reliefschmuck auf (s. Abb. S. 52f.)

Beide Kirchen stehen auf dem Gelände der römischen Siedlung Mariana, die hier im ersten vorchristlichen Jahrhundert gegründet wurde und noch den Genuesern zeitweise als korsischer Hauptstützpunkt diente. Schon im 4. Jh. entstand hier eine frühchristliche Basilika, die jedoch von Langobarden und Vandalen im 5. Jh. zerstört wurde. Archäologen haben unter den Fundamenten des Bischofspalastes an der Südseite der Canonica auch gut erhaltene Mosaiken des Baptisteriums dieser frühen Basilika freigelegt. Diese Zeugen spätrömischen Reichtums verdienten es, wie viele Kulturdenkmäler Korsikas, besser präsentiert zu werden.

Einen guten Überblick über die Gegend kann man sich verschaffen, wenn man zurück zur Nationalstraße und in Richtung Bastia fährt, dann jedoch links nach **Borgo** abbiegt. Dieser 320 m ü. d. M. liegende Ort ist korsischen Patrioten immer einen historischen Rückblick wert: Im Dezember 1738 wurden hier französische Truppen, die auf Ersuchen Genuas gekommen waren, von der korsischen Nationalgarde vernichtend geschlagen; die Schlacht ist unter dem Namen ›Korsische Vesper‹ bekannt, und 1768 zögerte Paoli die Abhängigkeit Korsikas von Frankreich mit einem Sieg an gleicher Stelle noch einmal um ein Jahr hinaus. Obwohl die französische Stellung – sie hatten sich in Borgo verschanzt – strategisch günstig war, konnten sie den Ort gegen die Truppen Paolis und der auf seiner Seite kämpfenden Ortsbevölkerung nicht halten.

Ähnlich erging es später den Deutschen am **Col de Teghime** (s. S. 71); ein deutscher Soldatenfriedhof in Montesoro erinnert an die verlustreiche Schlacht. Kurz vor Bastia, im Vorort Montesoro, zweigt die D 254 nach links ab und trifft kurz unterhalb der Paßhöhe auf die Paßstraße (D 81). Auf dem 536 m hohen Paß selbst steht als Mahnmal noch eine der Panzerabwehrkanonen aus dieser letzten Schlacht des Zweiten Weltkrieges auf Korsika. Gedenktafeln erinnern an die gefallenen Alliierten und korsischen Widerstandskämpfer. Was den Punkt einst strategisch auszeichnete, macht jetzt seine touristische Attraktivität aus: Man hat von hier einen herrlichen Rundblick, zur einen Seite auf Bastia, den Etang de Biguglia und (bei gutem Wetter) die Casinca sowie auf die Inseln Elba und Capraia, zur anderen Seite auf den Golf von St. Florent, Patrimonio und die westliche Cap-Küste.

Hier stand, glaubt man Ferdinand Gregorovius, einst ein junger französischer Korporal namens Jean Baptiste Bernadotte (1763–1844), als er den Ausbau der strategisch wichtigen Straße überwachte. Er sollte der Ahnherr des noch heute regierenden schwedischen Königshauses werden. Fast wäre sogar eine korsische Bauerstochter aus Cardo an seiner Seite schwedische Königin geworden, doch ihrem Vater war der französische Soldat als Schwiegersohn damals nicht fein genug gewesen. Statt ihrer heiratete Bernadotte dann Desirée Clary, die Exverlobte von Napoleon Bonaparte, deren Leben Romanliebhabern bestens bekannt sein dürfte.

Einen noch besseren Überblick gewinnt derjenige, der die schmale Stichstraße D 338 zum 960 m hohen **Serra di Pigno** hinauffährt. Das Feuer hat den ganzen Berghang bis nach Bastia kahlgebrannt. Wie die Gegend vorher ausgesehen haben mag, läßt sich bei einer Rundfahrt auf der Höhenstraße (anfangs D 64, später D 31) um Bastia herum feststellen. Die *Corniche* (in eine Felswand gebaute Straße) zweigt auf halber Strecke nach Bastia hinter Suerta links von der D 81 ab und führt über Cardo und San-Martino-di-Lota nach **Miomo**. Sie durchquert dabei ein Gebiet, das bisher von Bränden verschont blieb. Wer es sich leisten kann, wohnt hier inmitten der grünen Umgebung in erholsamen Vororten – und arbeitet in Bastia.

Etliche Hotels im Norden der Stadt laden zum Verweilen ein. Die hiesigen Attraktionen sind der Kieselstrand von Miomo und einer der für das hier beginnende Cap Corse so typischen genuesischen Wachtürme. Bis nach Bastia säumen nun exklusive Wohnanlagen und Villen die Küste. Erst kurz vor dem neuen Hafen von Bastia stößt man, wie auch im Süden der Stadt, auf Gewerbe- und Industriebauten sowie Mietskasernen.

Rundreise durch das Nebbio mit Abstecher in die Agriates

Nur 23 km auf der D 81 von Bastia entfernt liegt St. Florent, eine der touristischen Hochburgen Korsikas am gleichnamigen Golf, die Hauptstadt des Nebbio (korsisch *Nebbiu*). Das lateinische *Nebula* schwingt in dem Namen dieser Region mit und verweist auf ein mildes und feuchtes Klima. Die Terrassen dieses uralten fruchtbaren Kulturlandes, das in einem muschelartig geformten Talbecken liegt, trugen einst so reiche Ernten, daß die Korsen es *Conca d'Oru* (Goldmuschel) nannten. Im Zeichen des Fremdenverkehrs könnte das Nebbio sich den Namen erneut verdienen.

Die Straße führt zunächst vom Col de Teghime (s. S. 151) nach **Patrimonio** hinunter (s. Farbabb. 26). Der Ort ist das Zentrum des renommiertesten korsischen Weinanbaugebiets, das sich südlich und nördlich von ihm erstreckt und noch die Gemeinden St. Florent, Farinole, Olmeta-di-Tuda, Oletta und Poggio-d'Oletta mit einbezieht. Eine Weinprobe hier sollte man sich nicht entgehen lassen (s. S. 284). Die Häuser Patrimonios liegen verstreut an einem Hügel und werden von der mächtigen, alleinstehenden Kirche St. Nicolas überragt. Auf dem Weg zur Kirche befindet sich, neben einer schönen alten *Auberge,* ein Garten mit dem örtlichen Kriegerdenkmal und einer großen Menhirstatue. Erst 1964 fand man diesen ›Krieger‹ aus einem 2,29 m hohen Stück Kalkstein; er stammt aus dem ersten vorchristlichen Jahrtausend und zeigt ausgeprägte Gesichtszüge und Ohren, auch Brustbein und Taille sind andeutungsweise vorhanden.

Die unscheinbare und unzugängliche Zitadelle von **St. Florent** weist auf die Gründung des Ortes im 15. Jh. durch die Genueser hin. Zuvor hatte sich hier bereits ein römischer Handelsplatz befunden, aus dem sich der Bischofssitz Nebbio als Hauptstadt der gleichnamigen Region entwickelte. Sarazenen machten sie im 13. Jh. dem Erdboden gleich.

Von der Zerstörung blieb nur die Kirche Sta. Maria Assunta verschont, im Mittelalter die Kathedrale der Diözese Nebbio (Ancienne Cathédrale de Nebbio). Sie gehört neben der etwas älteren Canonica zu den eindrucksvollsten Beispielen pisanischer Romanik auf der Insel und wurde vermutlich im Jahre 1140 fertiggestellt. Die schlichte dreischiffige Basilika aus einfarbigem Kalkstein strahlt eine große Ruhe und Harmonie aus und macht mit ihrem reichen Skulpturenschmuck dennoch neugierig. Vor allem der Westgiebel mit seinen zwei übereinandergestellten Reihen von Pilastern, die über skulptierte Kapitelle mit Blendarkaden verbunden sind, verdient Beachtung. Im Innern der Kirche steht in der Apsis eine Holzfigur des hl. Florus; dieser römische Märtyrer aus dem 3. Jh. ist der Schutzpatron von St. Florent.

Zur Rundfahrt durch das Nebbio verlassen wir St. Florent über die Aliso-Brücke auf der D 81. Schon 5 km später gabelt sich die Straße: Die D 62 verläuft nach Süden ins Nebbio, die D 81 hingegen ›verführt‹ zunächst zu einem Abstecher in den **Désert des Agriates.**

Auch hier täuscht, wie in der ›Balagne déserte‹, der Name, obwohl die Gegend noch in den 70er Jahren stark unter Bränden litt. Der Begriff bezeichnet keine Wüste, sondern ein von Menschen weitgehend verlassenes Agrarland, in dem sich eine zähe kleinwüchsige Macchia-Flora hält. Sie duftet hier, vor allem im Juni, durch den

◁ *Blick über das Nebbio nach einem Brand*

Zwischen Olivenbäumen im Ostriconi-Tal steht diese Ölmühle

hohen Anteil von besonders bedürfnislosen Pflanzen wie Rosmarin, Thymian, Lavendel, Salbei und Bergminze besonders betäubend. Stellenweise wird in der äußerst dünn besiedelten Region, die jüngst unter Landschaftsschutz gestellt wurde, sogar wieder Weinanbau betrieben.

Durch die Agriates führt nur eine einzige Straße, eben jene D 81. Sie stellt für St. Florent die nächste Verbindung mit der Balagne dar und erreicht das Meer an der Mündung des Flüßchens **Ostriconi**, das die Agriates im Westen begrenzt. Der kaum frequentierte Strand von Peraiola wartet hier auf Badebesucher. In der nahen Gemeinde **Lama** (s. Abb. S. 78) hat man im Rahmen eines vielbeachteten (und 1989 in Paris ausgezeichneten) Projekts touristische Privatquartiere geschaffen und hofft darauf, daß sie als wahre Naturfreunde die geschützte Vogelwelt im schilfreichen Flußdelta nicht stören, sondern nur die ausgeschilderten Wanderwege benutzen.

Auch Etappenquartiere für Wanderer sollen in den kleinen, in dieser Region quadratischen Hütten der Schäfer entstehen, von denen einige ihre Herden hier im Winter immer noch weiden. Sie und die Jäger benutzen vor allem die nur mit Geländewagen befahrbaren Stichstraßen, die von der D 81 zur Küste mit ihren einsamen Buchten führen. Der bessere Weg führt indes über das Meer; ihn wählten einst auch die Bewohner des Cap Corse, als sie hier Getreide anbauten. In St. Florent kann man sich Boote mieten oder eines der Ausflugsschiffe besteigen.

Über die D 62 (s. S. 154) gelangt man ins Nebbio, traditionell der ›Vorgarten‹ Bastias. Hier gibt es noch immer Oliven- und Korkeichenplantagen, hier wird Wein und Getreide angebaut. Doch das Paradies ist, wie zuletzt die Brände vom Sommer 1989 gezeigt haben, bedroht. Streckenweise meint man, durch eine Geisterlandschaft zu fahren – gerade der Gegensatz zu den unversehrten Gebieten macht den Verlust deutlich.

Die äußerst schmale und kurvenreiche D 62 führt südlich nach **Sto. Pietro-di-Tenda** durch eine ständig grüner und imposanter werdende Landschaft. Kurz vor der Ortschaft weist ein Schild auf die Kirche Sto. Pietro hin. Der Bau aus dem 13. Jh. hat unter dem ungebremsten Verfall gelitten – und später dann unter der Renovierung. Die dekorativen Elemente an ihrer Außenseite verdienen jedoch eine nähere Betrachtung.

Im 4 km entfernten **Pieve** stehen, direkt neben der Kirche mit ihrem bemerkenswerten Turm aus grünem Schiefer, gleich zwei Menhirstatuen. Hinter dem Ort fallen wieder die Brandflächen ins Auge. Inmitten einer solchen erhebt sich die originellste und schönste Kirche Korsikas, das besterhaltene Beispiel der späten pisanischen Romanik, das 1280 vollendet wurde: **S. Michele de Murato** (s. S. 83, Abb. S. 84 und Farbabb. 28). Der Ort Murato liegt 2 km weiter südwestlich.

Das Gotteshaus besitzt einen auf zwei kräftigen Säulen ruhenden, an die Westfassade gebauten Glockenturm, der gleichzeitig eine kleine Vorhalle vor dem Eingang bildet. Unterschiedliche Grautöne und abwechselnd blaugrüne und gelbweiße Steine (Serpentinit und Kalkstein), teilweise in parallel geführten Bändern, rufen eine überwältigend polychrome Wirkung hervor. Die Ornamente, mit denen die wenigen schießschartenähnlichen Fenster umrahmt werden, sowie die Figuren, auf denen die Blendarkaden ruhen, sind selbst für korsische Verhältnisse ungewöhnlich vielfältig und phantasievoll gestaltet. Ihre Symbolik kann nur in Einzelfällen, z. B. bei der Versuchung Evas durch die Schlange über dem östlichen Fenster der Nordfassade, entschlüsselt werden. Der Anblick der Kirche, die ganz verlassen auf einem Hügelrücken thront, trifft den Besucher vollkommen unvermittelt und wirkt, vor allem wohl durch die beiden Säulen und den Glockenturm, fremd und völlig anders als die übrigen Kirchen Korsikas.

Einige Kilometer hinter diesem Höhepunkt einer jeden Nebbio-Rundfahrt, wo sich am **Col de St. Stefano** fünf Straßen kreuzen, nimmt man entweder die D 82 nach Norden, die über Oletta zum Col de Teghime führt, oder die gleiche Distriktstraße in Richtung Westen, die über den **Défilé de Lancone** verläuft. Diese kurvige und steile Straße erschließt die grandiose Landschaft im steilen und engen Tal des Bevinco, der in den Etang de Biguglia mündet; bei Casatorra trifft sie auf die N 193 – von dort aus geht es nach Norden, nach Bastia.

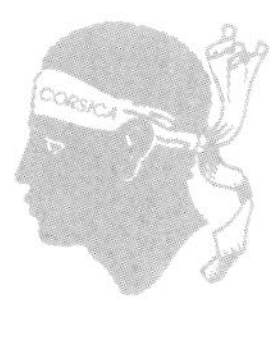

Bei Barcaggio enden Cap Corse und Korsika ▷

CAP CORSE:

VERLASSENES LAND

Nur 5% aller Korsika-Touristen verbringen ihren Urlaub auf Cap Corse, was angesichts der geringen Zahl von Hotels – Reservierungen sind ratsam – plausibel klingt. Doch wesentlich mehr Menschen dürften zumindest einen Abstecher auf die Halbinsel unternehmen. Vor allem unter Radfahrern scheint es sich bereits herumgesprochen zu haben, wie reizvoll eine Rundfahrt um das ›Cap der Türme‹ sein kann, die auf der Küstenstraße zwei bis drei Tagesetappen beansprucht. Die Strecke ist zwar, vor allem an der Westküste, nicht gerade flach, dafür aber auch nur etwa 130 km lang.

Das Cap Corse ist heute eine der am meisten entvölkerten Regionen Korsikas. Ganze Dörfer, die aus der Entfernung gesehen einladend an Hängen oder auf Hügeln liegen, erweisen sich beim Näherkommen als weitgehend verlassen, mitunter als reine ›Geisterorte‹. Die Reblaus befiel im 19. Jh. – wie im übrigen Europa – auch die hiesigen Weinreben, von deren Ertrag ihre Bewohner zuvor nicht schlecht gelebt hatten, und die Fischerei allein konnte den Absturz dieser Wirtschaftsregion nicht aufhalten. Der Weinanbau am Cap Corse reicht nun zwar qualitativ wieder an vergangene Größe heran, als Wirtschaftsfaktor, der Arbeitsplätze schafft, spielt er indes immer noch eine nur geringe Rolle.

Da es an Industrie und sogar an Tourismus mangelt, ist auch die Infrastruktur nur dürftig ausgebaut: Es gibt so wenige Tankstellen, daß Auto- und Motorradfahrer vor einer Cap-Tour auf einen vollen Tank achten sollten. Vor allem aber sollte man genügend Geld mitführen, denn Banken fehlen gänzlich.

Die steile Westküste

Als Start für eine **Rundfahrt** empfiehlt sich St. Florent – wer im Uhrzeigersinn fährt, hat immer einige Meter Platz zwischen sich und der vor allem im buchtenreichen Westen steil abfallenden Küste. Im Osten läuft das Land dagegen in weiten Tälern vergleichsweise sanft ins Tyrrhenische Meer aus. Bereits hinter **Marine de Farinole,** dem Hafen des landeinwärts gelegenen Farinole, zeigt sich die Westküste von ihrer schroffsten Seite und eröffnet erstmals einen der atemberaubenden Ausblicke auf den Golf von St. Florent und die Küstenlinie des Désert des Agriates.

Auch den ersten der zahlreichen Türme findet man hier, die, rund oder eckig und aus den verschiedensten Epochen stammend, die Halbinsel zieren (s. S. 86). Einige geräumigere Wehr- oder Schutztürme vornehmerer Cap-Korsen wurden in der jüngsten Vergangenheit renoviert und als Wohnhäuser eingerichtet. Derjenige, vor dem wir jetzt stehen, ist einer der insgesamt 20 mehr oder weniger zerstörten Wachtürme aus der Zeit der genuesischen Herrschaft. Zwingburgen gegen aufsässige Korsen wurden gerade am Cap kaum benötigt, denn die Bewohner galten stets als genuafreundlich und als ganz ›unkorsisch‹ friedlich. Sie waren Bauern und Seeleute, weil ihre Felder in den Agriates mitunter nur per Schiff erreicht werden konnten und weil sie ihre im ganzen Mittelmeerraum begehrten Produkte ohne Zwischenhändler eigenhändig verschiffen und vermarkten wollten.

Kurz hinter dem nächsten Turm und einer überwachsenen Klosterruine, die tief unterhalb der Straße und direkt über dem Meer liegt, erwartet **Nonza** die Rundreisenden. Dieser erste Höhepunkt der Cap-Rundfahrt fasziniert durch seine spektaku-

Nonza mit dem legendenumwitterten Turm

läre Lage auf einer 200 m steil zum Meer abfallenden Felsformation. Helle, mit Schiefer gedeckte Häuser drängen sich um die Kirche Ste. Julie aus dem 17. Jh. und um den gemütlichen kleinen Dorfplatz.

An der höchsten Stelle des Ortes, direkt über dem Meer, thront ein eckiger Wach- und Wehrturm. Mit ihm verbindet sich eine den Korsen besonders liebe Anekdote: Ein Hauptmann Casella aus der paolinischen Miliz habe ihn, heißt es, 1768 allein gegen 1200 angreifende Franzosen verteidigt – ununterbrochen aus den Gewehren schießend, die seine geflohenen ›Mitstreiter‹ ihm hinterlassen hatten. Er ergab sich erst, als ihm der freie Abzug mit allen kriegerischen Ehren und dem gesamten Kriegsgerät zugestanden wurde. Als der Alte dann die Festung verließ und es den Franzosen klar wurde, daß sie es mit nur einem Verteidiger zu tun hatten, geriet Casella in Gefahr, von den gedemütigten Angreifern gelyncht zu werden. General Grandmaison jedoch, auch er ein Mann von Ehre, wußte dies schließlich zu verhindern.

Die heilige Julia (Ste. Julie), eine der auf Korsika am meisten verehrten Märtyrerinnen, soll in Nonza geboren worden sein. Ihre Legende, wenn auch unterschiedlich erzählt, beleuchtet doch in jeder Version den Schrecken, den die Vandalen im 5. Jh. verbreitet haben müssen. Nach Lina Euvrard-Fumarolli flüchtete Julia mit Glaubensbrüdern nach Karthago. 439 nahmen die Vandalen die Stadt ein und verkauften ihre Einwohnerschaft in die Sklaverei. Die Heilige fiel unduldsamen Heiden in die Hände und mußte sterben, weil sie ihrem Glauben nicht abschwören wollte. Die Legende will, daß Nonza auch Schauplatz ihres Martyriums war.

Legenden haben auf Korsika ein zähes Leben – besonders dann, wenn sie mit Leiden und Tod verbunden sind: Eine Darstellung der gekreuzigten Heiligen hängt über dem gewaltigen barocken Altaraufsatz aus weißem Marmor in der Kirche Ste. Julie. Und eine wundertätige und nie versiegende Quelle sprudelt zweistrahlig am Kletterpfad zum Strand hervor – dort, wo man die Brüste der Märtyrerin hingeworfen hatte. Alljährlich am 22. Mai gedenken Gläubige ihrer in großer Zahl bei einer Prozession in Nonza.

Die dunklen Schieferstrände von Nonza und dem nächsten Ort, Marine d'Albo, sollte man besser meiden, denn sie sind mit Abraummaterial aus dem Asbesttagebau aufgefüllt, der bis in die 60er Jahre noch für Arbeitsplätze in dieser Gegend sorgte. Heute signalisiert die Ruine der Bergwerksgesellschaft (s. Abb. S. 68) den Niedergang dieses Wirtschaftszweiges, der wegen Unrentabilität eingestellt wurde: Die französische Regierung scheint die Abhängigkeit von Importen Investitionen auf Korsika vorzuziehen. Was Inselökonomen beklagen, begrüßen die Ökologen. Der Badewillige findet nur wenig weiter nördlich, in der Bucht von **Marine de Giottani,** adäquaten Strandersatz.

Allerdings sollte man auf dem Weg dorthin die *Corniche* (Höhenstraße D 33) benutzen, die prächtige Ausblicke zuläßt und vor allem nach **Canari** führt, das zwischen Olivenhainen in den Bergen liegt und unverdienterweise oft übersehen wird. Vor dem Hotel Au Bon Clocher sitzen die freundlichen und gesprächigen Fischer auf der Terrasse und flicken hoch über dem Meer ihre Netze. Sie schauen dabei auf den Dorfplatz mit dem ehemaligen Leuchtturm, der heute nur noch die Stunden schlägt.

Außerdem steht hier die bemerkenswerte pisanisch-romanische Kirche Sta. Maria Assunta, erbaut aus dem grünen Schieferstein der Umgebung. Ein Fries kleiner Bogen säumt den Giebel der Kirche, die jeweils in geometrischen Ornamenten münden. In der Mitte einiger Bogen finden sich eigentümliche Tier- und Menschenköpfe. Prächtiger, aber deshalb nicht unbedingt bedeutender, ist die barocke Klosterkirche St. François, die man wegen eines Bildnisses des hl. Michael aus dem 15. Jh. und wegen einer Grabplatte (16. Jh.) aus weißem Marmor besuchen sollte, auf der Vittoria de Gentile und ihr Kind dargestellt sind. Die genuatreuen Familien De Gentile und Da Mare beherrschten über Jahrhunderte hinweg die Halbinsel. Sie spielten hier eine ähnliche Rolle wie ihre Standesgenossen ›jenseits der Berge‹ (s. S. 53f.).

Von 43–49 verbrachte der römische Philosoph Seneca auf Korsika einige kummervolle Jahre in der Verbannung fern des zivilisierten Rom, vermutlich in Aléria oder Mariana. Die Legende verbannt ihn hingegen auf den **Seneca-Turm** (Tour de Sénèque), oberhalb des Col de Sta. Lucia auf dem Boden der Gemeinde **Luri** gelegen. Durch den Paß führt die D32, die Pino und die Westküste mit Sta. Severa an der Ostküste, gewissermaßen als Abkürzung auf dem Rundkurs, verbindet.

Kurz hinter dem ungewöhnlich weißen Strand des nahen **Golfe d'Alisio** hat der Tourismus inzwischen mit Campingplatz und Hotels Fuß gefaßt. Hier liegt **Centuri-Port,** ein weiterer Höhepunkt der Cap-Tour: Wo bereits eine römische Siedlung stand, unterhielten die Genueser im 13. Jh. einen Stützpunkt, richtete Paoli einen Kriegshafen ein. Heute ist der Ort im Kern ein idyllischer kleiner Fischereihafen, denn die Gewässer weisen für das Mittelmeer einen ungewöhnlichen Reichtum an

Blick durch einen Tafoni auf den Strand von Nonza

Fischen und Krustentieren auf. Die Urlauber schätzen an Centuri vor allem, daß man hier Wassersport in allen Varianten betreiben kann. Jedes zweite Haus am Hafen, so scheint es, beherbergt ein Restaurant, und der Ortskern wird von modernen Reihenhäusern und Bungalows gesäumt.

Centuri-Port ist einer von mehreren Ortsteilen (*hameau*) der Gemeinde Centuri. Die anderen Weiler liegen stufenweise oberhalb des Hafens am Berg und lohnen eine Besichtigung, denn seit alters her unterhalten betuchte Korsen hier ihre Sommerresidenzen. So steht in **Ortinola** das zinnenreiche und eine atemberaubende Aussicht bietende ›Château Bellavista‹, das der aus Florenz stammende General Graf Cipriani sich im 19. Jh. bauen ließ.

Auch die Familie Mattei unterhält hier eine Villa: Ihr berühmter Aperitif heißt schließlich ›Cap Corse‹! Das Unternehmen hat sich an der Stelle, wo das Cap endet und die Straße nach Osten abbiegt, sogar ein ›Denkmal‹ gesetzt: Auf zwei rosmarinbewachsenen Hügeln stehen die Überreste von drei Windmühlen, deren eine der Firma Mattei einst zu Werbezwecken diente und deshalb renoviert wurde. Sie bietet sich, adrett verputzt und weiß gestrichen, als Vordergrund für Panoramabilder an, auf denen unter günstigen Umständen sogar die Balagne und der Monte Cinto auftauchen. Ihre unrenovierten grauen Schwestern auf dem Nachbarhügel sind nur noch für die Hirten attraktiv, die in ihnen ihr Vieh unterstellen.

An der Nordspitze der Halbinsel, nur auf einer Nebenstrecke von Ersa aus zu erreichen, liegt der kleine Fischerort **Barcaggio,** der einen einsamen Strand und von April bis Mitte September sogar ein Hotel bietet. Die Landschaft hier ist karg und felsig, bewachsen nur von niedriger Macchia. Häufig findet man Ruinen von Häusern, die schon im 19. Jh. oder früher verlassen wurden. Überall stößt man auch auf Spuren alter Brände, die diese Gegend immer wieder heimsuchen.

Erst kurz vor **Rogliano** wird die Landschaft wieder grüner, an den Hängen wachsen nun Kastanien und Steineichen, sieht man Olivenhaine und kleine Rebflächen. Rogliano besteht aus mehreren Ortsteilen, die alle terrassenförmig am Hang des Monte Poggio übereinander liegen (s. Farbabb. 27). Hier, auf dem Boden der römischen Siedlung Aurelianus, stand die Burg, die der genuesische Admiral Ansaldo da Mare 1198 kaufte, womit er die Macht seiner Familie und die Freundschaft mit Genua begründete. Die Da Mare beherrschten von Rogliano aus zwischen dem 12. und 16. Jh. weite Teile der Halbinsel. Die Ruine ihrer Burg S. Colombano thront über der Gemeinde.

»Ihre unrenovierten grauen Schwestern auf dem Nebenhügel ...«

Auf gleicher Höhe steht das alte Kloster St. François, daneben ein zinnengesäumter Viereckstrurm. Während das Kloster weiter zerfällt, ist der Turm nicht nur sehr gut erhalten, sondern auch bewohnt, was man nicht von allen Häusern in Rogliano behaupten kann. Zwar zeugen Türme, Kirchen, mächtige Grabstätten der bedeutenden Familien, große Villen und Landhäuser noch von der einstigen Bedeutung dieser Gemeinde, aber heute stehen ganze Ortsteile fast leer. Neues Leben regt sich indes zumindest in der Saison. Immer mehr Gebäude, so auch der schmucke Tour Franceschi im Ortsteil Bettolacce, werden derzeit renoviert und als Sommerhäuser genutzt. Im abseits gelegenen, ansonsten unbewohnten Ortsteil Magna hat ein Unternehmer mehrere Häuser sogar zu einem Hotel um- und ausgebaut.

Ein zweites Hotel steht bei der Kirche St. Agnel mit ihrem bemerkenswerten Altar aus weißem Carrara-Marmor. Die ›Wiedergeburt‹ Roglianos erstaunt nicht, gehören der Ort und seine grüne Umgebung doch zum Schönsten, was das Cap zu bieten hat. Schon vor der Reblaus-Katastrophe galt der Wein aus Rogliano neben dem aus Luri als besonders gut. Heute keltern die Erzeuger De Gioielli und Nicrosi aus der Vermentino-Traube vorzügliche trockene Weißweine.

Im Osten grüne Täler

In **Macinaggio,** ebenfalls einem Ortsteil von Rogliano, erreicht man wieder das Meer, diesmal die Ostküste der Halbinsel. *Chemin de l'Impératrice* heißt der 3 km lange Weg zwischen Rogliano und seinem Hafen, den die auf Korsika sehr beliebte Kaiserin Eugénie pflastern ließ, nachdem sie seine Beschwerlichkeit eigenfüßig kennengelernt hatte. Ihre Jacht hatte hier im Dezember 1869, auf der Rückreise von der Einweihung des Suez-Kanals, Zuflucht vor einem Wintersturm gesucht. Pasquale Paoli belagerte 1757–1761 den Hafen, baute ihn anschließend als eigenen Flottenstandort aus und eroberte von hier aus 1767 die Insel Capraia von den Genuesern, deren Herrschaft über Korsika damit definitiv zu Ende ging. 1790, als Paoli aus dem englischen Exil ein letztes Mal nach Korsika zurückkam, landete er ebenfalls hier in Macinaggio – was freilich auch von anderen Orten behauptet wird, die sich um diese ›Ehre‹ streiten.

Noch heute ist Macinaggio der größte Hafen am Cap Corse, nur machen hier keine Kriegsschiffe mehr fest, sondern Segel- und Motorboote. Sie bringen so viel Leben in den Ort, daß sich hier ein Hotel sogar ganzjährige Öffnungszeiten leisten kann. Auch Badegäste kommen auf ihre Kosten, finden sie doch gleich neben dem Jachthafen einen ausgedehnten, sachte ins Meer abfallenden Sandstrand vor. Weitere einladende und einsamere Strände und Badebuchten sind in nördlicher Richtung nur zu Fuß erreichbar. Nach

einer Stunde Fußweg in diese Richtung gelangt man auch zu der romanischen Kapelle **Sta. Maria della Chiapella.** Besondere Beachtung verdient die seltene Bauform der Doppelapsis dieser im 18. Jh. umgebauten ehemaligen Wallfahrtskapelle.

Ihr gegenüber liegt die Inselgruppe **Finocchiarola** mit ihrem Wachturm von 1569. Seit 1987 stehen die fast nackten Inseln, ein Reptilienparadies mit einer endemischen Eidechsenart, unter Naturschutz und dürfen zwischen März und August überhaupt nicht betreten werden. Selbst die Schäfer, die die Inseln früher als Isolierstation für Böcke benutzten, haben ›Hausverbot‹ bekommen.

Die Ostküste fällt nicht mehr so steil und schroff ins Meer ab wie die Westküste, auf der nun weniger kurvenreichen Küstenstraße brauchen Radfahrer große Höhenunterschiede nicht mehr zu fürchten. Die Gegend wird insgesamt einsamer, denn die Orte liegen, der ehemaligen Seeräubergefahr wegen, zumeist zurückgezogen und versteckt in den weitläufigen Seitentälern. Bei Sta. Severa erreicht die Querstraße von Pino über Luri die Ostküste, und kurz hinter der verträumten **Marine de Porticciolo,** dem Hafen der Kommune Cagnano, steht der besonders gut erhaltene genuesische Wachturm Tour de Losse direkt am Weg.

Für einen Abstecher ins Landesinnere empfiehlt sich besonders **Sisco.** Die einstmals reiche Gemeinde besteht heute aus z. T. verfallenden Ortsteilen, insgesamt zehn, einschließlich der Marine de Sisco. Schon landschaftlich lohnt sich der Weg durch das dichte Grün der Macchia. Im Mittelalter lag hier ein Zentrum der Erzverarbeitung mit Waffen- und Kunstschmiedebetrieben. Das maskenähnliche Kopfreliquiar des hl. Johannes Chrysostomus aus dem 12./13. Jh. und weitere sakrale Gegenstände in der Pfarrkirche St. Martin werden diesen örtlichen Künstlern zugeschrieben. Ein schönes Beispiel pisanisch-romanischer Baukunst stellt die Kapelle S. Michele aus dem Jahre 1030 dar. Sie liegt nördlich oberhalb der schlichten Kirche St. Martin auf einem Felsblock, etwas versteckt in der Macchia, und kann nur auf einem Fußweg erreicht werden.

Unter Künstlern und Touristen bekannter ist **Erbalunga,** einer der kleinsten – und attraktivsten – Fischerhäfen Frankreichs (s. Farbabb. 22 und Umschlaginnenklappe). Schon von der Straße aus kann man einen herrlichen Blick auf diesen malerischen Ort mit seinem Genueser-Turm werfen. Ein Spaziergang hier gestaltet sich besonders angenehm, da der kleine Ort in der dem Meer zugewandten Seite keinen Autoverkehr zuläßt. Direkt am Hafen und auf dem schönen Platz gibt es einige Bars und Restaurants. Wer schon zu Ostern hier Urlaub macht, sollte sich die beeindruckenden Prozessionen nicht entgehen lassen, die dem Zuschauer einen lebendigen Blick in die leidenschaftliche Religiosität, zu der Korsen fähig sind, vermitteln. Sie beginnen bereits Gründonnerstag, wenn Männer und Frauen, die Köpfe unter Tüchern und Kapuzen verhüllt, schwere Kreuze zum Kloster der Benediktinerinnen schleppen, und gipfeln am Karfreitag in zwei weiteren Prozessionen.

Ein anderes Beispiel korsischer Frömmigkeit kann man am 8. September im nächsten Küstenort anläßlich der Wallfahrt zur Madonna von **Lavasina** erleben, die auf einem Altargemälde des 16. Jh. in der Wallfahrtskirche Notre-Dame-des-Graces dargestellt ist. Eine große, nicht unbedingt geschmackvolle Marienstatue überragt die Betonkuppel des Kirchturms. Da die Statue im Ruf der Wundertätigkeit steht, wallfahren alljährlich Gläubige aus ganz Korsika hierher.

Die Tour ums ›Cap der Türme‹ neigt sich nun ihrem Ende entgegen. Der direkte Weg nach Bastia führt an der Küste entlang über Miomo und **Pietranera,** wo Prosper Mérimée seine Heldin Colomba wohnen ließ. Weitaus reizvoller jedoch ist der Umweg über **San-Martino-di-Lota.** Die Höhenstraße D 31 dringt tief in das grüne Tal des Poggiolo ein und schlängelt sich durch üppige Vegetation und an einigen schönen Aussichtspunkten vorbei gewissermaßen ›durch die Hintertür‹ nach Bastia.

CORTE:

die heimliche Hauptstadt

Zum zweiten Frühstück ist man, wenn man die Inselbahn von Bastia nimmt, in Corte, wo man auf alle Fälle Station machen sollte. Von hier aus lassen sich eine ganze Reihe von Binnenlandattraktionen erschließen, so daß die Stadt sich auch als ideales Standquartier für einen längeren Aufenthalt, vor allem für Wanderfreunde, anbietet.

Corte (korsisch *Corti*) war 14 Jahre lang, von 1755–1769, die Hauptstadt eines unabhängigen Korsika unter Pasquale Paoli, dem ›General der Nation‹. Dessen Freund James Boswell kommentierte eher zurückhaltend: »Mitten auf der Insel liegt Corte, welches eigentlich die Hauptstadt ist und ohne Zweifel mit der Zeit ansehnlicher werden kann.« Das 400 m ü. d. M. thronende Corte ist zwar die einzige korsische Stadt ohne Zugang zum Meer, hat sich aber dennoch in letzter Zeit zu einem urbanen und wirtschaftlichen Zentrum für die über 5000 Einwohner und die angrenzenden Kantone Niolo, Bustanico, Vezzani und Venaco entwikkelt.

Dank der **Universität Pasquale Paoli (1)** stellt Corte überdies das kulturelle Zentrum der ganzen Insel dar. Die Inseluniversität wurde 1981 nach fast zehnjährigen Bemühungen verschiedener regionalistischer Bewegungen gegründet. Zahlreiche Institute und mehr als 2000 Studierende, die in Corte Jura, Agrar-, Geistes-, Wirtschafts- und Naturwissenschaften sowie ›Korsisch‹ belegen können, erweisen sich als vielfach belebender Faktor in Stadt und Land. Der Standort war zwar nicht unumstritten – auch Bastia und Ajaccio wären gerne Universitätsstädte geworden –, bot sich jedoch aus historischen Gründen an.

Bereits 1765 hatte Pasquale Paoli in seiner Hauptstadt eine Universität mit zwölf Fakultäten für 300 Studierende gegründet. Sie kostenlos zu unterrichten galt ihm als Zukunftsinvestition (s. S. 63). Die Art der eingerichteten Lehrstühle zeigt, wo Paoli Bildungsdefizite sah: Rechtswissenschaft, besonders Zivil- und Menschenrechte, und Theologie, hier vor allem die Moraltheologie. Aber auch Wirtschafts- und Naturwissenschaftler wurden in Corte ausgebildet – und selbstverständlich konnte man auch damals Korsisch studieren.

Corte ist *La capitale sentimentale,* die Hauptstadt der Erinnerungen, geblieben, der Gründer ist allgegenwärtig. Ungezählte Betriebe tragen seinen Namen, ebenso die zentrale Einkaufsstraße der Stadt. Auf dem Place Paoli steht die **Statue (2)** des *Babbu di a patria,* des ›Vaters des Vaterlands‹, die patriotisch gesinnte Landsleute 1864 stifteten. Heute kann Paoli über die Restaurants, den Markttrubel und die Reisebusse hinwegsehen, die sich um den Sockel drängen.

Corte ist zwar auch ein Zentrum des Wandertourismus, jedoch zu groß, um sich vom Fremdenverkehr dominieren zu lassen. So hält sich der Rummel – verglichen etwa mit Porto-Vecchio oder Bonifacio – in wohltuenden Grenzen. Die meisten Geschäfte am Cours Paoli sind eher auf die Dauerkundschaft aus dem Ort und seiner Umgebung eingestellt als auf die Touristen, die hier im Sommer flanieren. Unbehelligt können diese an der Place Paoli in den beiden Geschäften, die Kunsthandwerk, Honig, Gewürze und Wein anbieten, ihre Wahl treffen.

Der Töpfer in der Oberstadt *(Terraghja di Corti)* blickt von seiner Arbeit gar nicht auf, wenn Fremde ihm auf die flinken Finger und auf die – nicht gerade billigen – Produkte schauen. Der Besucher befindet sich hier in der fotogenen

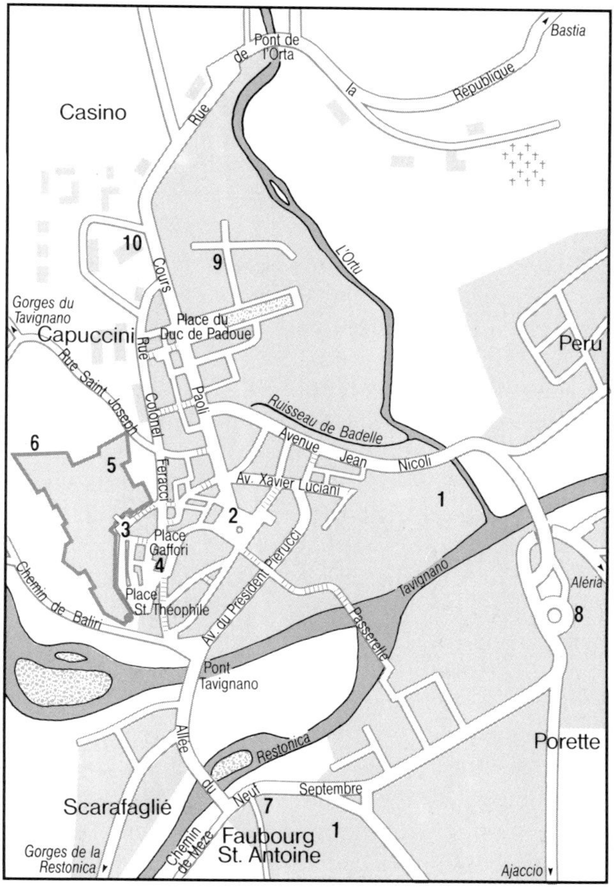

Corte
1 Universität
2 Paoli-Statue
3 Palais National
4 Verkündigungskirche
5 Tourist-Info/ Regionalparkbüro
6 Zitadelle
7 Campanile
8 Bahnhof
9 Post
10 Hôtel de Ville

oberen Altstadt mit ihren Winkeln, Treppen und Torbogen, wo sich viele namenlose und einige namhafte Gebäude auf engem Raum drängen. Zu letzteren gehört ein Haus, in dem die Familie Buonaparte vor ihrem Umzug nach Ajaccio wohnte, als Vater Carlo noch Mitarbeiter von Paoli war; hier kam Napoleons älterer Bruder Joseph zur Welt.

Das **Palais National (3)** bietet das einzige auf Korsika erhaltene Beispiel ziviler Architektur aus der genuesischen Zeit. In dem eher klotzigen Bau lag von 1755–1769 der Sitz der Nationalversammlung und der Universität, heute beherbergt er ein Institut für korsische Sprache.

Nur wenige Schritte entfernt liegt die kleine **Place Gaffori** mit dem Haus und der Statue des namengebenden Generals – und Arztes – Gianpietro Gaffori. Er ist nach Paoli die bekannteste Figur der korsischen Freiheitskriege. 1751 wählte man ihn in Orezza zum Präsidenten der Nationalversammlung. Schußspuren aus der Zeit des Freiheitskampfes ›zieren‹ die Front des legendären Hauses der Familie Gaffori noch heute. Das Gebäude ist vor allem mit seiner Frau Faustina verbunden: Beider Sohn hing, so wird berichtet, einstmals als ›lebender Schutzschild‹ über der Mauer der besetzten Festung. Die korsischen Angreifer zögerten zu schießen, bis Faustina sie zum Sturm drängte. Der Sohn blieb unverletzt, und der heldenhaften Mutter wurde ein Relief im Sockel des Gaffori-Denkmals gewidmet.

Einige Jahre nach dem Sturm belagerten die Genueser bei ihrem Versuch, die Zitadelle zurückzuerobern, das ganze Gaffori-Haus samt Bewohnern, aber ohne den fernab weilenden Hausherrn. Als die Besatzung kapitulieren wollte, drohte Faustina, mit der Fackel in der Hand neben einem Pulverfaß stehend, mit einer selbstmörderischen Explosion, die vermutlich das ganze Viertel gesprengt hätte. Derart überredet, hielten die Belagerten durch, bis der General sie mit einer Truppe entsetzte. Heute geht es rund um den Platz mit seinen gemütlichen Bars und Imbißstuben weitaus entspannter zu.

Die Südseite des Platzes begrenzt die **Verkündigungskirche** (4) aus dem 15. Jh. (Fassade 17. Jh.), deren schlanker Glockenturm die roten Dächer der Umgebung überragt. Der Geburtsschein eines gewissen Blaise de Signori aus dem Jahre 1676 wird in dieser Kirche ausgestellt. Als St. Theophil wurde er hernach zum Schutzpatron Cortes – und präsentiert sich gruselig-lebensecht in Wachs nachmodelliert in einer Vitrine. Eine grottenartige Seitenkapelle, ein Anbau hinter der Kirche, ist diesem heiligen Sohn der Stadt gewidmet.

Wer der Grotte den Rücken kehrt, hat freie Aussicht auf macchiabedeckte Berghänge: Corte liegt im Zentrum des Regionalparks. Ein Verwaltungsbüro befindet sich dicht bei der Tourist-Information (5) im Eingangsbereich zur **Zitadelle (6)**. »Sie ist die Akropolis von Korsika«, urteilte Ferdinand Gregorovius über die einzige Festung im Landesinnern der Insel. Wie eine Gallionsfigur vor einem gigantischen Schiffsbug beherrscht sie – zumindest optisch – das Tal von Corte noch heute (s. Farbabb. 5). Der ›Adlerhorst‹ wird derzeit renoviert und soll Sitz eines korsischen Nationalmuseums werden. Von seiner Höhe haben schwindelfreie Besucher nach dem Aufstieg über 166 Marmorstufen aus heimischer Produktion Übersicht über die Dächer der Stadt. Hierbei wird ihnen ein dreieckiger, freistehender **Campanile (7)** nicht entgehen; er wurde im 15. Jh. gebaut und stellt den einzigen baulichen Rest eines Franziskaner-Klosters dar, das als Versammlungsort korsischer Patrioten eine gewisse Rolle spielte.

Über die Dächer der Altstadt und der neueren Vorstädte hinweg schweift der Blick auf den Kranz der nahen Berge, der das Hochtal von Corte umschließt. Den Blick auf die Berge genossen bereits die Sarazenen im 9. Jh., die hier dem Chronisten Grossa (s. S. 219) zufolge sogar einen König stellten. Unweit eines Truppenübungsplatzes an der N 200 nach Aléria kann man die Ruine einer Kirche mit Baptisterium ausmachen, vermutlich in vorromanischer Zeit von Kreuzrittern gebaut, die gegen die ›ungläubigen‹ Sarazenen zu Felde zogen. Die heutige Festung ließ Vincentello d'Istria 1419 errichten, als er Vizekönig der Aragonesen war. Die genuesische ›Bank des hl. Georg‹ übernahm sie 1459. 1553 ergab sich die Festung Sampiero Corso, der hier als heimlicher König von Korsika Hof hielt. In den darauffolgenden Jahrhunderten wechselten Zitadelle und Stadt mehrfach ihre Herren, bis sie 1745 letztmals mit Waffengewalt eingenommen wurden: von Gafforis Truppen und, wie beschrieben, von dessen Frau.

Korsische Spezialitäten bekommt man in diesem Altstadtgeschäft

Seit 1769, als der korsische Freiheitstraum mit der Niederlage gegen die Franzosen in der Schlacht bei Ponte Nuovo endete, wurde es stiller um die Zitadelle. Die Wohngebäude und eine Kapelle hinter den Mauern rissen die neuen Herren in den folgenden Jahrzehnten ab. Kasernenbauten, ein Amphitheater und Exerzierplätze nahmen im 19. Jh. ihren Platz ein. Während der italienischen Besatzungszeit während des Zweiten Weltkriegs diente die Festung als Gefängnis für korsische Patrioten. 1962 schließlich quartierten die Franzosen Fremdenlegionäre hier ein, die die Zitadelle bei ihrem Abzug 1983 in einem erbarmungswürdigen Zustand hinterließen. Die Renovierungsarbeiten werden hoffentlich die Zellen mit den interessanten Graffitis arrestierter Legionäre verschonen.

Auf dem Dach der Insel

In Corte, einem Verkehrsknotenpunkt des Inselzentrums, schneiden sich zwei der wichtigsten Überlandverbindungen Korsikas; die N 193, die Bastia mit Ajaccio verbindet, und die N 200, die zur Ostküste bei Aléria führt. Diese Route folgt dem Lauf des mit 80 km zweitlängsten Flusses Korsikas, des Tavignano, der von Wildwasserkanuten und Anglern sehr geschätzt wird: Der Fluß, der die südliche Grenze der Castagniccia bildet, fließt durch eine kaum bewohnte, dicht bewaldete Gegend, deren landschaftlicher Reiz auf halber Strecke in einer wildromantischen Schlucht gipfelt.

Invasoren haben das Tavignano-Tal seit alters her für Streifzüge ins Landesinnere genutzt. Corte und seine Zitadelle stehen mithin an strategisch exponierter Stelle, gewissermaßen am Eingang zum gebirgigen Dach der Insel. Cortes exponierte Lage nutzen heute die Manager des ›Parc Naturel Régional de la Corse‹. Drei der sechs Wandergebiete, mit denen man den Binnenlandtourismus fördern will, erschließen sich von Corte aus: die *Randonnées* (Touren) im Niolo, Venachese und Bozio (s. S. 282). Nicht viel weiter entfernt liegen Asco-, Restonica- und Tavignano-Tal.

Die Täler von Restonica und Tavignano

Von Corte aus erreicht man bequem dieses Herzstück des Regionalparks mit dem ›Hausberg‹ der Stadt, dem **Monte Rotondo** (2622 m). An den Hängen des Rotondo und in den Tälern von Tavignano und **Restonica** (dieser Fluß ist nur 17 km lang und mündet bei Corte in den Tavignano) grasen traditionell die Schafherden, deren Eigentümer in Corte und Umgebung leben. Die Transhumanz, einst typisch für den gesamten Mittelmeerraum, wird hier teilweise noch praktiziert, und schätzungsweise 200 000 Touristen wandern oder klettern jedes Jahr im Rotondo-Gebiet.

Der zweithöchste Gipfel Korsikas galt lange als der höchste Berg der Insel überhaupt. Vielleicht hegten aus diesem Grunde die Alpinisten schon immer den Ehrgeiz, ihn zu besteigen. Weniger Ehrgeizige genießen bereits, wie vor über 100 Jahren Ferdinand Gregorovius, den Weg durch das Restonica-Tal, durch das man heute auch auf der D 623 mit dem Auto fahren kann: »In der Nähe Cortes öffnet sich das Tal zu ziemlicher Breite, und da gedeihen Kastanien- und Walnußbäume am Wasser. Weiter hinauf wird es enger und enger, die Uferwände türmen sich schwarz und gigantisch zu beiden Seiten, und tiefgrüne Urwälder von alten Pinien und Lärchenbäumen umschatten sie.« In einem Punkt irrt sich der Deutsche jedoch: Nicht Pinien, sondern die korsische Schwarzkiefer, die Lariciokiefer, beherrscht das aromatisch duftende Tal mit seiner üppigen Vegetation. Auch die Fauna, besonders die Vogelwelt, zeigt sich hier besonders zahl- und artenreich.

Wandervorschlag: Hinter der Brücke über den Timozzo-Bach (zuvor hat man schon den Restonica auf der größeren Ponte de Tragone überquert) beginnt ein mit *Cairns* gekennzeichneter Weg zur Bergerie de Timozzo, die auch untrainierte Berg-

◁ *Im Tavignano-Tal*

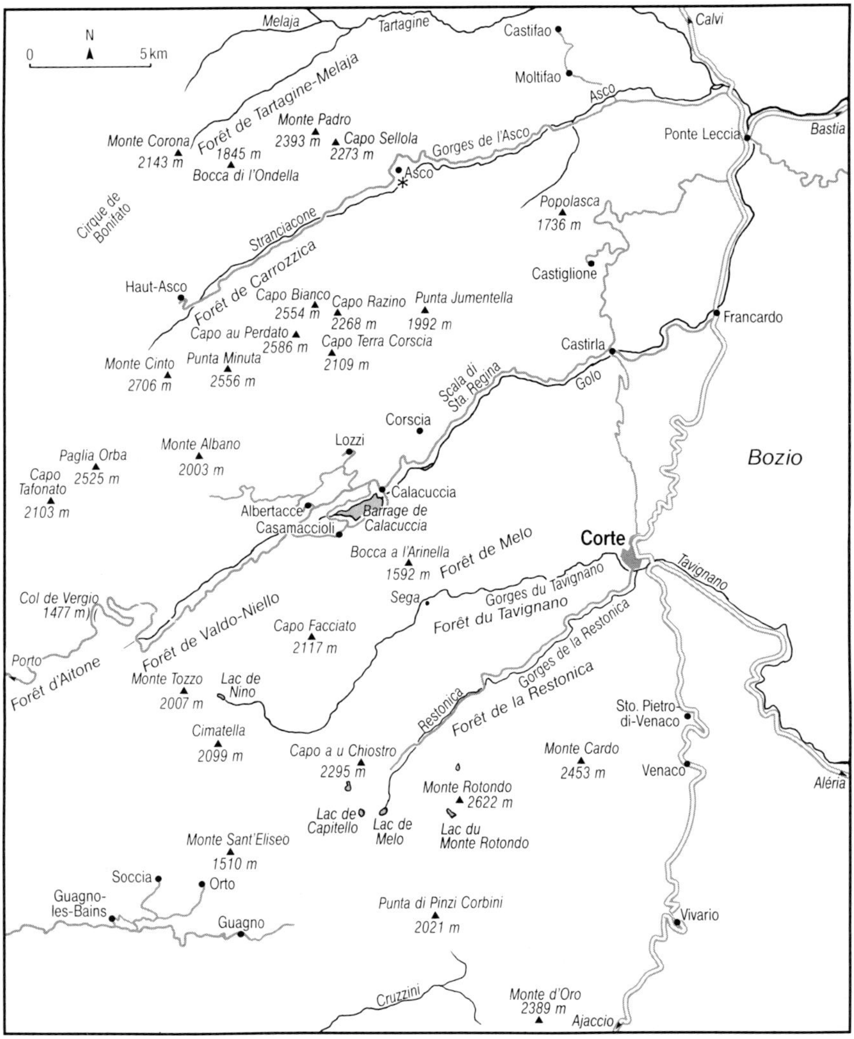

Routen Dach der Insel

wanderer in eineinhalb Stunden erreichen. Die meisten Touristen beginnen den Einstieg in die Bergwelt oberhalb der Baumgrenze aber erst bei der **Bergerie de Grotelle,** wo sich am Ende der Straße, in 1375 m Höhe, ein Parkplatz befindet.

Von hier geht und klettert man mindestens eine Stunde lang auf einem Pfad bergauf, der zwar ausgetreten und ausgeschildert, aber nicht immer gut in Schuß ist, über kahle Flächen, vorbei an einladenden natürlichen Badebecken im Felsbett des Flusses, durch Macchia-Gestrüpp und über steile Steinhalden. Stellenweise müssen die Hände helfen; das gilt selbst für den etwas weniger beschwerlichen Weg, der an einer Gabelung abzweigt und ebenfalls zum Lac du Melo führt. Der Lohn der Mühe ist die Ankunft an der Quelle des Restonica am Melo-See in 1711 m Höhe. Der **Lac du Melo** und der benachbarte **Lac du Capitello** (1930 m ü. d. M.), den man nach einer weiteren Stunde Marschzeit erreicht, entstanden in der Eiszeit und erweisen sich ihres Rufs würdig: tiefblaues Wasser, sattgrüne Hänge, graue Felsen und schneebedeckte Gipfel.

Das Restonica-Tal, ohne Zweifel eine der größten Naturschönheiten Korsikas, ist durch die wachsenden Touristenzahlen ökologisch in besonderem Maße gefährdet, auch wenn es seit 1966 unter Naturschutz steht, wildes Zelten verboten ist (dafür stehen am Stadtrand von Corte und bei Tuani, etwa in der Mitte des Restonica-Tals, Campingplätze zur Verfügung) und ab 20 Uhr kein Auto mehr auf der Straße fahren darf. Ein Restaurant auf halber Strecke der D 623 nutzt bereits seine Chance. Noch kämpfen Umweltschützer erfolgreich gegen den Plan, die Bergerie de Grotelle zu einem regelrechten Ferienzentrum auszubauen. Anläßlich des internationalen Tages der Umwelt im Juni 1989 forderten Experten aus Korsika und Frankreich, den Tourismus zum Wohle des bedrohten Biotops einzuschränken, ja das ganze Tal vom 1. Juni bis 30. September vollkommen zu sperren.

Wandervorschlag: Das **Tavignano-Tal** oberhalb von Corte ist vielleicht nicht ganz so spektakulär wie das Restonica-Tal, dafür aber auch um so ruhiger. Wer in den Felsenbecken des Flusses baden will, hat zunächst einen Fußmarsch von über einer Stunde vor sich, denn das Tavignano-Tal, Teil der Mehretappenwanderung vom

Die Brücke von Altiani im Tavignano-Tal

Bozio bis nach Cargèse an der Westküste (s. S. 283), läßt sich ausschließlich zu Fuß erschließen. Das Niolo erreicht man von Corte aus auf diesem Weg in neun Stunden, indes kann man bereits nach etwa vier Stunden Wanderung in der Sega-Schutzhütte übernachten – oder umkehren. Schon ein kurzer Spaziergang am Ufer des Tavignano-Oberlaufs ist ein Erlebnis.

Das Niolo

Erst seit dem Ende des 19. Jh. führt eine Straße in das Quellgebiet des Golo: die D 84. Sie zweigt nördlich von Corte bei Francardo von der Inseltraversale N 193 ab und erreicht 79 km später bei Porto die Westküste. Kurz hinter **Castirla,** wohin auch eine Stichstraße direkt von Corte führt, bekommt man eindrucksvoll demonstriert, warum das Niolo so lange weltabgeschlossen und nur über Maultierpfade zu erreichen war: Korsikas Hauptstrom, der mächtige Golo, schießt hier durch eine der eindrucksvollsten und wildesten Schluchten Korsikas, die **Scala di Sta. Regina.** Wer die bizarre und urtümliche rot-braune Felsenwüste erleben will, sollte ein Stück auf dem alten Maultierpfad wandern. Ein günstiger Zugang bietet sich an der **Accia-Brücke,** die über einen Nebenfluß des Golo führt. Der Weg wirkt wie eine in den Fels gehauene Treppe *(scala),* was auch den Namen der Schlucht erklärt.

Einige Kilometer weiter öffnet sich die Landschaft, und man befindet sich im Hochtal des Golo mit dem **Barrage de Calacuccia.** Der Stausee wurde 1968 eingeweiht, kann 25 Mio. m^3 Wasser fassen (wozu ihm Regenmangel seit Jahren keine Gelegenheit gibt), treibt das wichtigste Kraftwerk Korsikas an und bewässert die Küstenebene südlich von Bastia. An seinem Ufer liegt, kühle 830 m hoch, Calacuccia, der Hauptort der Region und ein günstiger Ausgangspunkt für Wanderungen im ›ethnischen Herz‹ Korsikas. Im abgeschlossenen Niolo haben sich alte korsische Sitten und Gebräuche besser erhalten als anderswo auf der Insel. So wird das alljährlich vom 8.–10. September stattfindende Fest der ›La Santa‹ von **Casamaccioli,** mit Jahrmarkt und Sängerwettstreit, als besonders ursprünglich gerühmt.

Wegen seiner isolierten Lage war das Niolo auch stets eine Hochburg des Banditenwesens (s. S. 66). An seiner Ostseite, nur über die Saumpfade durch die Scala di Sta. Regina zugänglich, wird das Gebiet im Westen von Korsikas größtem Wald, dem **Forêt de Valdo-Niello,** begrenzt. Er lichtet sich erst kurz vor dem **Col de Vergio** (1477 m), um nach diesem Paß, der Wasserscheide und Département-Grenze zugleich markiert, als **Forêt d'Aitone** weiterzuwuchern. Im klassischen Land der Transhumanz fehlt es natürlich nicht an Pfaden und Bergerien, die den heutigen Wandertourismus begünstigen.

Mit den höchsten Bergen der Insel in greifbarer Nähe, läßt sich das Niolo ideal als ›Basislager‹ nutzen. Den schönsten Berg Korsikas, den **Paglia Orba** (2525 m), kann man vom Col de Vergio aus erreichen. Der Höchste, der **Monte Cinto** (2706 m), läßt sich besonders gut von Lozzi aus bezwingen. Beide Touren sollten nicht von unerfahrenen Bergwanderern gegangen werden. Erprobte Schwindelfreiheit, Trittsicherheit und einige Kletterkenntnisse sind unabdingbare Voraussetzungen. Wer sich in dieser Hinsicht unsicher fühlt, sollte sich einer geführten Wanderung anschließen.

Wandervorschlag: Eine leichte Wanderung ohne Schwindelgefahr führt durch den Forêt de Valdo-Niello zum **Lac de Nino.** Vom Forsthaus Popaja, 10 km westlich von Albertacce, führt südlich ein gelb markierter Weg in zweieinhalb Stunden am Colga-Bach entlang über den Stazzone-Paß zu dem Gletschersee. Wer nicht denselben Weg zurückgehen will, folgt in westlicher Richtung den rot-weißen Markierungen des GR 20. Dieser führt zum **Castellu di Vergio** kurz unterhalb des Col de Vergio. Es lassen sich indes unterwegs auch unmarkierte, aber gut sichtbare Pfade (kurz hinter dem Col de St. Pierre) ausfindig machen, die in ca. viereinhalb Stunden direkt zum Ausgangspunkt zurückführen.

Das Asco-Tal

Autofahrer finden den Eingang zum Asco-Tal (von Corte aus 21 km) kurz hinter Ponte Leccia. Die Straße begleitet den Asco – ein 29 km langer Nebenfluß des Tavignano, der am Oberlauf Stranciacone heißt – fast bis zu seiner Quelle. Im weiten, recht einfach zugänglichen unteren Asco-Tal, nur 200 m ü. d. M., wurde der Wald schon früh abgeholzt. Die Straße säumt ein Felsenmeer mit Macchia-Vegetation, und die Kühe ziehen bisweilen auch auf der Fahrbahn entlang. Auf den ersten Kilometern steigt die Straße nur ganz allmählich an. Ein Hotel und zwei Campingplätze bieten Unterkunft.

Die Landschaft verändert sich kaum, bis die Berghänge unvermittelt zu kahlen Felswänden werden und näher zusammenrücken: Hier beginnen die **Gorges de l'Asco,** eine wilde und enge Schlucht (s. Farbabb. 23). Die sich hier drastisch verengende Straße wurde in Felswände von fast 1000 m Höhe gesprengt und bietet atemberaubende Ausblicke auf den sich tief im Tal dahinwindenden Fluß.

Der einzige Ort des Tales, das Dorf **Asco,** schmiegt sich an einen von Terrassengärten umgebenen Hang, die jedoch vielfach ungenutzt bleiben. Bienenkästen, die schon zuvor die Straße säumten, fallen hier besonders ins Auge. Den aromatischen Honig, in mehreren wohlschmeckenden Sorten produziert, kann man denn auch in einer Verkaufsstelle probieren. In erster Linie leben die Menschen hier jedoch von ihren Schafen und Ziegen. Die Herden werden von Hirten im Sommer auf die Hochweiden der umgebenden Berge getrieben, im Winter, zwischen Oktober und Mai, weiden die Tiere aus dem Asco-Tal dann in der Balagne und in den Agriates.

Kurz hinter Asco führt eine schmale Straße zum Fluß und zu der **genuesischen Brücke.** Das elegante Bauwerk spannt sich in einem Bogen über den Fluß und bildet zusammen mit der wilden Tallandschaft einen unbedingt sehenswerten Anblick. Hinter der Brücke führt ein ebenso gangbarer wie empfehlenswerter Fußweg am Pinnera-Bach entlang zur Bergerie Pinnera, wo man mit entsprechender Ausrüstung (Schlafsack, Verpflegung etc.) auch übernachten kann. Der Hin- und Rückweg dauert etwa sechs Stunden.

Die Autostraße folgt nunmehr dem Stranciacone durch eine zunehmend bewaldete Landschaft. Vor allem Stern- und Schwarzkiefern bilden hier ein großes zusammenhängendes Waldgebiet, ein Reservat für Mufflons und die Heimat der letzten Steinad-

Im Asco-Tal

ler und Bartgeier. 7 km hinter Asco mündet der Tassineta-Bach in den Stranciacone. Bei der Schutzhütte Refuge Giunte führt ein Wanderweg zur **Bergerie Tassineta** hinauf (ca. drei Stunden für Hin- und Rückweg). Ein alter Hirtenweg führt über den **Col de l'Ondella** in den **Forêt de Tartagine** in der Balagne. In einem Tagesmarsch können erfahrene Bergwanderer mit guter Kondition diesem Pfad folgen.

Auf der Straße nach **Haut-Asco** (1450 m ü. d. M.) geht es jetzt wesentlich steiler bergauf. Einige weitere enge Kehren hinter dem Campingplatz Monte Cinto endet das Asco-Tal in einem imposanten Talkessel, gebildet von zahlreichen Zweitausendern, die der **Monte Cinto** (2076 m) noch überragt. Haut-Asco besteht lediglich aus einer Skistation an einem kahlen Abfahrtshang, einigen Ferienhäusern und einem Hotel mit Restaurant. Die etwas trostlosen Bauten und die Skipiste vermögen den Reiz der Umgebung nicht nachhaltig zu stören, und nach nur wenigen Schritten verliert man sie ohnehin aus den Augen. Die meisten der zahlreichen Wanderrouten sind nur erfahrenen Bergwanderern zu empfehlen. Schwindelfreiheit, Trittsicherheit und gute Ausrüstung (mit Sicherungsseilen) bilden neben gutem Wetter die Grundbedingungen.

Auf der Rückfahrt sollte man einen nördlichen Abstecher auf der D 247 nach **Moltifao** und **Castifao** einplanen. Zwischen den beiden Dörfern zeugen die Überreste des Klosters **S. Francesco-de-Caccia** von vergangener Größe und Bedeutung. 1510 fertiggestellt, fiel es bereits 1553 den Kriegen Sampieros zum Opfer. In dem 1569 entstandenen Neubau suchte Pasquale Paoli 1755 auf einer *Consulta* Verbündete unter den zögernden *Caporali* der Gegend. Ein Jahr darauf traf er hier seinen englischen Freund und Biographen James Boswell. Während der Französischen Revolution wurde das Kloster erneut zerstört, und seit 1824 dient es nun als Friedhof. Selbst in der Ruine der Klosterkirche liegen die reich geschmückten Gräber und erzeugen eine eigentümliche, leicht unheimliche Stimmung. Auf einsamen Nebenstrecken durch eine fast unbewohnte Landschaft führt von hier aus eine empfehlenswerte Route auf der D 547 in die Balagne.

Das Venachese

Nur 10 km südlich von Corte liegt **Venaco,** 600 m ü. d. M. und zwischen Kastanienhainen in einer wald- und wasserreichen Landschaft. Diese Gemeinde ist die Heimat des allmächtigen Clanchefs des Nord-Départements, François Giacobbi. Sie besteht aus mehreren Ortschaften, die eines der wenigen aufstrebenden urbanen Zentren des Berglands bilden, und fungiert als Namengeber und Hauptort der Region Venachese. Venaco und seine Nachbargemeinden gelten als heilklimatisch besonders begünstigt. Der Fremdenverkehr befindet sich im Aufwind, was nicht zuletzt den Aktivitäten der Verwaltung des ›Parc Naturel Régional de la Corse‹ zu verdanken ist – der Präsident der Trägergesellschaft heißt François Giacobbi.

Das Venachese verfügt mittlerweile über ein Netz gekennzeichneter Wanderwege, das sich besonders gut von Venaco oder **Sto. Pietro-di-Venaco** erkunden läßt (in beiden Orten gibt es Hotels). Über Wanderwege erreicht man von hier aus in vier Stunden die Nachbarregion Bozio. Auch die südliche Variante der Inselüberquerung von Sermano nach Cargèse führt durch das Venachese. Die Region kann man sich indes ebensogut im Sattel erschließen, liegt doch hier eines der Zentren des Reitsports auf Korsika. Die gut ausgebaute N 193 führt über ein weiteres malerisches Bergdorf, **Vivario,** zum **Col de Vizzavona,** wo die Département-Grenze verläuft.

Waldland mit Geschichte:

Castagniccia, Casinca und Bozio

›Balkons‹ werden die Dörfer und Städtchen genannt, die oberhalb des östlichen Küstenvorlands an den Berghängen förmlich kleben. Ihre Bewohner blicken auf die Ebene hinab, in der zumindest im Sommer das Leben brodelt. Entlang der N 198, südlich des Flughafens von Bastia, haben Landwirtschaft und Tourismus eine neue Urbanität geschaffen. Nach Westen hin zeigt sich die Landschaft von weitaus eindringlicherem Reiz, doch die meisten Dörfer veröden, die Bewohner wandern ab in die Küstenorte, auf das Festland oder gar ins Ausland. Ihre Häuser verfallen, soweit sie nicht als Feriendomizile dienen, Schulen, Postämter, Banken, Tankstellen und Geschäfte sind längst geschlossen. Rollende Läden versorgen die Bevölkerung, die überwiegend aus alten Menschen im Ruhestand besteht.

In den größeren Orten können Urlauber in Hotels oder Privatquartieren strandferne, aber mit etwas Glück originellere und billigere Unterkünfte als an der Küste finden. Hier wird der Fremde in wenigen Tagen zum Freund, den man kennt und grüßt, den man in den Plausch unter Nachbarn einbezieht, selbst wenn die Sprachkenntnisse dürftig sind. Das neugierige Flanieren lohnt sich in einem solchen Ort besonders: Korsischer Alltag wird sichtbar, korsische Geschichte spürbar.

Die Castagniccia ist die Kernlandschaft des Schiefergebirges zwischen den Flüssen Golo und Tavignano. Zusammen mit den eigenständigen Teilbereichen der Casinca im Nordosten und dem Bozio im Südwesten gehört die Castagniccia zu dem Teil der Insel, den der tektonische Grabenbruch geologisch vom Granitgebirge des Westens trennt: das Gebiet ›diesseits der Berge‹. Hier, wo die Fruchtbarkeit der Böden und klimatisch günstige Verhältnisse dafür sorgten, daß eine wohlhabende und entsprechend selbstbewußte Bevölkerung entstand, lag die klassische *Terra di commune* (s. S. 54f.).

So beängstigend Auto- und Motorradfahrern die Windungen und Steigungen der Straßen in der Castagniccia auch erscheinen mögen, so spricht doch schon die Dichte des Straßennetzes für die relative Zugänglichkeit der Täler. Die Vielzahl der Dörfer deutet auf den Reichtum der Gegend, die noch im 19. Jh. die größte Bevölkerungsdichte Korsikas aufwies. *Castagniccia* ist das korsische Wort für Kastanienwald, und dieser bedeckt die Landschaft noch immer fast lückenlos (s. a. S. 23).

In den Dörfern wohnten hier einst keine Hirten, sondern intensive Garten- und Landwirtschaft betreibende Bauern. Ihre ursprünglich gewählten Anführer, die *Caporali,* haben es im Laufe der Jahrhunderte nicht selten zu Großgrundbesitzern gebracht, zu einem gebildeten Bauernadel. Immer wieder trifft man auf ihre Häuser von beachtlicher Größe, die regelrechtes ›Schloßformat‹ annehmen können. Viele von ihnen haben sich in den Freiheitskriegen der Korsen oder im Widerstand gegen die Deutschen als Politiker und Feldherrn hervorgetan.

Aus Morosaglia im Kernland der Castagniccia stammt Pasquale Paoli. Sein Freund und Förderer, der Deputierte der Französischen Nationalversammlung, Antoine Christophe Saliceti, wurde im nahen Saliceto geboren. Von hier aus geht es ins Bozio, wo Jahrhunderte zuvor Sambucuccio lebte, der als Begründer der kommunalen Selbstverwaltung auf Korsika gilt (s. S. 54f.). Aus der Casinca, die stets von der Nähe

◁ *Das ›Balkondorf‹ Cervione oberhalb der Plaine Orientale*

Routen Ostküste

zu Bastia profitierte, wo die Konsumenten ihrer landwirtschaftlichen Produkte wohnten, kamen zwei historische Inselgrößen, beide reiche Grundbesitzer: Andrea Antoine Ceccaldi, der zu den Männern der ersten Stunde im Aufstand gegen Genua gehörte, und Matteo Buttafuoco, der Jean-Jacques Rousseau nach Korsika holen wollte.

Die ›Hauptstadt‹ der Casinca, **Vescovato,** war zwischen 1269 und 1570 Bischofssitz. Die ehemalige Kathedrale S. Martino, im 15. Jh. errichtet, besitzt ein prachtvolles Chorgestühl und einen Marmoraltar von 1441. Die Kirche steht mitten im romantischen Gassen- und Treppengewirr der Altstadt, deren Kern, wie fast alle Orte in der Casinca, auf einem Bergkamm errichtet wurde. Hier kann man besonders gut die hohen Häuser bewundern, die festungsgleich am Rand des Felsens, direkt über dem Fluß, gebaut sind. Der lebhafte Ort stellt mit seinem schattigen Dorfplatz, seinen Bars und Cafés einen stark frequentierten Treffpunkt dar.

Vescovato hat sich viel von dem Charakter bewahrt, den Ferdinand Gregorovius als »originell korsisch« beschrieb, als Ausgangspunkt für Spaziergänge, »auf denen man ungestört träumen kann, bald im Gesteine am wilden Bergbach, bald unter einem blütenvollen Erikabusch an einem efeugrünen Kloster, bald auf einem Berghange, von dem das Auge in die paradiesische Ebene des Golo und ins Meer hinabsieht.« Diese einfühlsame Landschaftsbeschreibung trifft auch heute noch auf die Casinca zu, deren wohlhabend wirkende Ortschaften auf Bergkämmen ›reiten‹ oder an Bergterrassen liegen. Von **Castellare di Casinca** aus hat man einen sehr schönen Blick nicht nur zum Meer, sondern auch auf etliche andere Dörfer der Casinca.

Nur 20 km weiter südlich, in der Castagniccia, blick Cervione (326 ü. d. M.) auf das Meer, mit dem es die D 71 verbindet. Auf dem Weg dorthin kommt man durch **Valle-di-Campoloro** mit der Kapelle Ste. Christine, ein völlig ungewöhnliches Beispiel der pisanischen Romanik. Die fast fensterlosen Schieferwände unter dem stilechten Schindeldach lassen jeglichen Dekor vermissen. Die seltene Doppelapsis im Osten wurde laut Inschrift 1473 mit spektakulären Fresken ausgemalt, deren Farben in dem dunklen Kircheninnern über die Jahrhunderte hinweg ihre Leuchtkraft bewahren konnten.

In der Gemeinde **Cervione,** einem kleinen urbanen Zentrum, leben über 1000 Menschen. Von der guten Infrastruktur profitieren auch Urlauber: In Cervione gibt es ein Hotel, mehrere Bars und zwei Restaurants mit korsischer Küche. Die verwinkelten, mittelalterlich anmutenden Gassen mit ihren hohen Häusern laden zum Verweilen ein. Auch das Heimatmuseum hinter der Kathedrale sollte man sich nicht entgehen lassen. Es wird von einem privaten Verein unterhalten, ist jedoch reichhaltiger bestückt und übersichtlicher geordnet als manch ein staatliches Museum und verschafft einen guten Einblick in den korsischen Alltag der jüngeren Neuzeit.

Auch die von einer mächtigen Kuppel überragte Kathedrale von Cervione aus dem späten 16. Jh. ist sehenswert – allein schon wegen der unzähligen Schwalbennester über dem Portal. Die Kirche entstand, als Cervione 1578 Bischofssitz in Nachfolge von Aléria wurde (bis 1780). Im bescheidenen Palais des Bischofs war ein König zu Gast, an den man sich in Cervione gern erinnert: Theodor I. (s. S. 60) machte die Stadt zu seiner zeitweiligen Hauptstadt. Am 15. April 1736 war er im nahen **Kloster von Alesani** auf einer *Consulta* der Notablen zum König gewählt worden.

Heute steht der Name Alesani vor allem für einen gewaltigen, 11 Mio. m^3 Wasser fassenden Stausee, der den gleichnamigen, 22 km langen Fluß zur Bewässerung der Plantagen zwischen Moriani und Bravone nutzbar macht. **Moriani-Plage, Prunete** und **Bravone** sind beliebte Ferienorte an der N 198 mit feinen Sandstränden. Vereinzelt findet man zwischen modernen Wohn- und Ferienhäusern, zwischen Hotels und Supermärkten noch die schlichten, rechteckigen Kastenhäuser aus Steinquadern. Mit ihrem großen Eingang für die Erntewagen und einer Treppe zu den Wohnräumen waren sie früher für die Plaine Orientale typisch.

Ausflüge von Cervione

Cervione eignet sich gut als Ausgangspunkt für Wanderungen und Rundfahrten durch die Castagniccia. Zu einer **großen Rundfahrt** führt die D 71 in engen Kurven durch Kastanienwälder und jene dicht zusammengedrängten, für den Norden Korsikas so typischen Bergdörfer, eröffnet Blicke auf verwilderte Terrassenäcker und über tiefe Täler auf verwunschene Häusergruppen oder auch, gegen Ende der Straße, auf Brandflächen, auf denen heute Macchia wächst. Auf der D 71 gelangt man von Cervione aus über das gemütlich wirkende Dorf **St. Andrea-di-Cotone** nach **Valle d'Alesani,** von wo eine schmale Straße zum gerade renovierten, aber leider verschlossenen Franziskaner-Kloster führt. Nicht nur König Theodor, sondern auch die ›ketzerischen‹ Giovannali sind diesem Platz verbunden: In dieser Gegend wurden die letzten Versprengten aus Carbini von frommen Katholiken niedergemacht (s. S. 226f.).

In immer engeren Kehren führt die D 71 kurz hinter **Piedicroce** mit seiner ansehnlichen Barockkirche (St. Pierre et St. Paul) und einem der wenigen Hotels der Gegend zu der Ruine des Franziskaner-Klosters **Couvent d'Orezza.** Es liegt talbeherrschend oberhalb des Ortes Valle d'Orezza und war bereits seit der Französischen Revolution verlassen, als die Italiener es während des Zweiten Weltkriegs als Munitionslager benutzten. Deutsche Soldaten haben es dann zerstört.

Das Kloster St. Antoine de Casablanca war während des vierzigjährigen Unabhängigkeitskrieges der wahrscheinlich wichtigste Treffpunkt der korsischen Revolutionäre. Ein geistlicher Konvent hat die Korsen hier 1731 von ihrer Treueverpflichtung gegen Genua entbunden. Der Abt der hiesigen Franziskaner gehörte zu den ersten Führern der Erhe-

Schweine wissen die Kastanien der Castagniccia zu schätzen

bung. Auf mehreren *Consultas* haben die korsischen Honoratioren in diesem Kloster in der Folge ihre Führer gewählt. Die größte Bedeutung sollte die *Consulta* vom 13. Juli 1755 erlangen, die Pasquale Paoli zum ›General der Nation‹ machte.

Bereits im nächsten Ort an der D 71, in **Morosaglia,** steht gleich am Ortseingang das Haus, in dem Paoli am 5. April 1725 zur Welt kam und wo seit 1889 seine sterblichen Überreste ruhen (s. S. 64). Das Gebäude ist erstaunlich klein für den Wohnsitz einer alten *Caporali*-Familie. Die Verehrung der Korsen für den *Babbu* hat dazu geführt, daß der Bau verputzt und gelb gestrichen, nicht jedoch für den Publikumsverkehr geöffnet wurde. Am Dorfende steht ein Paoli-Denkmal.

15 km weiter kommt man nach Ponte Leccia und kann nach 8 km Fahrt auf der N 193 am mächtigen Golo entlang seit 1990 ein zweites Paoli-Denkmal finden: in **Ponte Nuovo.** Dort markiert auch ein Kreuz auf einem Stein die Stelle, wo die Korsen am 8. Mai 1769 die letzte Schlacht um ihre Unabhängigkeit gegen französische Truppen verloren. Die umkämpfte genuesische Brücke ist noch zur Hälfte erhalten. Und das Postamt gegenüber wird immer wieder besprüht mit Graffiti der verbotenen FLNC, die sich als Erbin des *Babbu* sieht.

Eine empfehlenswerte kleinere Autotour – Radfahrer benötigen hierzulande eine gute Kondition – beginnt in Piedicroce. Man verläßt die D 71, um die noch kurvenreichere D 506 zu nehmen, die zum Fium Alto und an ihm entlang nach Folelli an der Küstenstraße führt. An der D 506 liegt, gleich hinter Stazzona, die **Source d'Orezza,** die Quelle von Orezza, die jedoch nicht mehr zum Kuren genutzt wird. Ihr eisenhaltiges Mineralwasser steht, in Flaschen abgefüllt, überall auf der Insel zum Verkauf an. Ein kleiner Pavillon schützt die sprudelnde Quelle, und niemand wird daran gehindert, sich ihrer kostenlos zu bedienen.

Noch höhere Anforderungen an die Fahrkunst stellt die D 515, die zwischen Piedicroce und Morosaglia von der D 71 abzweigt. Quer durch das Wald- und Bergland der Castagniccia führt sie, immer in Richtung Norden, zum Golo und damit zur N 193. Gleich zu Anfang liegt **La Porta,** das als Zentrum der Castagniccia gilt und traditionell vom Wald, d. h. vom Holz und seiner Verarbeitung, lebt. Das ganze Dorf wirkt wie frisch renoviert. Die barocke Kirche St. Jean-Baptiste und ihr frei stehender Campanile von 1720, der vielleicht schönste Korsikas, sind tatsächlich jüngst restauriert worden – allerdings nicht zu ihrem Vorteil. In diesem Anfang des 18. Jh. erbauten Prunkstück korsischer Sakralarchitektur entfaltet der auf Korsika ansonsten gelegentlich etwas schwerfällige Barock eine ungeahnte Leichtigkeit. Die Innengestaltung paßt sich dem Bau harmonisch an, obwohl sie zumindest teilweise aus dem späten 19. Jh. stammt. Wer Glück hat, bekommt, etwa bei einem der hier alljährlich stattfindenden Sommerkonzerte, die italienische Orgel aus dem 18. Jh. zu hören.

Wandervorschlag: Als Wanderrevier ist die Region kaum erschlossen, was angesichts ihrer Reize verwundert. Zumindest den höchsten Berg der Castagniccia, den **Monte San Petrone** (1767 m), sollte man sich indessen nicht entgehen lassen. Der nicht immer eindeutig markierte Weg (im Zweifel links halten) beginnt am 985 m hohen **Col de Prato** bei einer nicht zu verfehlenden Häusergruppe. (Festes Schuhwerk ist vonnöten.) Die Wanderung von insgesamt höchstens sechs Stunden führt anfangs durch die Macchia, später unter schattigen Bäumen hinweg.

Noch vor Erreichen des Gipfels kann man einen der großartigsten Panoramablicke der Insel genießen: über das Baummeer des weiten Tals, über einige der markantesten Blickfänge der korsischen Bergwelt bis hin zum Monte Incudine, dem mit 2134 m höchsten Berg des Südens. Für diese wie für alle Wanderungen auf Korsika gilt dabei: Je früher man aufbricht, desto größer ist die Chance auf eine von Dunst und Wolken unbehinderte Sicht.

Ebenfalls vom Col de Prato aus verläuft ein gut ausgeschilderter Wanderweg in einem strammen Tagesmarsch nördlich bis nach **Barchetta** (Bahnstation) an der N 193. Empfehlenswerter und gemütlicher sind die Spaziergänge, die sich in der Umgebung aller Ortschaften anbieten, besonders im Herbst angesichts des Beeren- und Pilzreichtums. In dieser Jahreszeit, der Jagdsaison, ist freilich gelegentlich Vorsicht geboten. Das beliebteste Revier korsischer Jäger bilden die Wälder des Nordens, wo man sie dann vor allem an den Wochenenden ausschwärmen sieht.

Ob Jäger oder Bauern: Nie fehlt ein Hund

Die Heimat Sambucuccios: das Bozio

Eine ähnliche Landschaft und ähnliche Dörfer wie die Castagniccia bietet das südlich gelegene Bozio, von den Korsen *Boziu* genannt. In dem schwer zugänglichen *Pieve* haben sich viele alte Bräuche lange gehalten. So wurde auch die romanische Bauweise bis ins 16. Jh. beibehalten. Die Region wird auch heute noch von keiner größeren Straße erschlossen und stellt gerade wegen dieser Abgeschiedenheit eine Art Geheimtip dar, denn es gibt viel zu entdecken! Sowohl Wanderfreunde als auch Hobby-Historiker kommen hier auf ihre Kosten. Radfahrer haben allerdings schwer mit den Steigungen zu kämpfen, und Autofahrer sollten ihre Campinganhänger besser daheim lassen.

Die Verwaltung des regionalen Naturparks kurbelt in diesem bergigen Waldland den Inlandtourismus an: Das Bozio ist eine von sechs Wanderregionen, in denen gut markierte ehemalige Maultierpfade das Wandern von Dorf zu Dorf (›Da Paese a Paese‹) ermöglichen (s. S. 282). Von Bustanico aus – hier gibt es ein Hotel mit

Restaurant sowie einen Campingplatz – kann dieses Gebiet leicht erwandert werden. So geht man nicht einmal eine Stunde von hier nach Alando. Darüber hinaus besitzt das Bozio eine Anbindung an das benachbarte Wandergebiet des Venachese und bildet die erste von sechs Etappen eines Wanderweges über Corte nach Cargèse an der Westküste (s. S. 283).

Am einfachsten gelangt man von Corte aus über die D 14 am linken Tavignano-Ufer ins Bozio. Diese Départementalstraße führt in den winzigen Ort **Alando** mit einigen malerischen Ruinen. Seit Jahren herrscht fieberhafte Tätigkeit im Ort: Man sammelt Geld und Ideen, um Sambucuccio, dem berühmtesten Sohn des Ortes, ein Denkmal zu setzen (s. S. 54). Etwas außerhalb passiert die Straße ein Kloster, wohl ein Franziskaner-Bau aus dem 17. Jh., schlicht und festungsartig aus Feldsteinen errichtet.

Ab hier führt die Straße, die nun D 15 heißt, tiefer ins Herz des Bozio, zu seinem Hauptort **Bustanico,** dessen einer Teil im Tal liegt, während der andere am Hang des Supranu (803 m) thront. In der Pfarrkirche von Bustanico wird ein holzgeschnitztes, bemaltes Kruzifix aus dem 18. Jh. aufbewahrt. Die eindringlich realistische Christus-Figur stellt eines der eher seltenen Beispiele korsischer Volkskunst dar.

In Bustanico brach Ferdinand Gregorovius zufolge im Oktober 1729 die Revolte aus, die sich zum Freiheitskrieg gegen Genua entwickelte (s. S. 60). (James Boswell dagegen, immerhin ein Zeitzeuge, legt sich hinsichtlich der Lokalität nicht fest.) Einem alten Mann, so erzählt Gregorovius, habe ein halber Saldo gefehlt, um seine Steuer zu bezahlen. Der Steuereinnehmer habe mit der Pfändung gedroht, wenn er die Summe nicht binnen zweier Tage ausgehändigt bekäme. Mißmutig vor sich hin brabbelnd sei der Alte anschließend durchs Dorf geschlurft. Seine Nachbarn hörten ihn murmeln, fragten nach, und der Mann kam in Fahrt bis zu dem Ausruf: »Jetzt ist es Zeit, mit unseren Unterdrückern ein Ende zu machen.«

Von Bustanico aus führt die D 441 zum nahen **Sermano.** Dieser Ort gilt als Zentrum des Brauchs, während der Messe an kirchlichen Feiertagen die polyphone *Paghiella* anzustimmen (s. S. 36). Auf dem Friedhof unterhalb des idyllischen Dorfs kann die schlichte romanische Kapelle S. Nicolao (7.–9. Jh.) besichtigt werden, wobei insbesondere ihre pastellfarbenen Fresken aus dem 15. Jh. Beachtung verdienen. In Sermano wartet eine gut ausgebaute Herberge auf Wanderer, die hier die Wahl zwischen Selbstverpflegung und vollem Service haben.

Um weiter durch das Bozio zu fahren, sollte man nun nach Bustanico zurückkehren. Zwölf kurvenreiche Kilometer sind es bis zum hübschen Ort **San Lorenzo.** Von hier führt die D 39 durch das menschenleere Tal des Flüßchens Casaluna zur 15 km entfernten N 193 zwischen Francardo und Ponte Leccia. Wir empfehlen allerdings, der engen und windungsreichen D 15 bergauf und bergab nordwärts und durch eine Reihe ungewöhnlich idyllischer Dörfer nach Morosaglia zu folgen. Bereits im Rostino, wie die engere Heimat Paolis heißt, liegt **Saliceto.** Selbst der Reisende, der nicht mehr bei jedem ›typischen‹ Dorf in Begeisterungsstürme ausbricht, wird von Saliceto noch einmal hingerissen sein. Im übrigen steht hier der womöglich größte jener aus Feld- und Kieselsteinen gemauerten Brunnen, die zu den auffälligsten Erzeugnissen der korsischen Volkskunst gehören.

Strand an der Ostküste ▷

Die PLAINE ORIENTALE

Als – inoffiziellen – Nationalsport der Korsen hat schon manch ein Inselkenner das Rasen mit dem eigenen PKW bezeichnet: Auf der flachen ›Rennstrecke‹ der Östlichen Ebene, der N 198, toben sich die verhinderten Formel I-Piloten denn auch über reichlich 100 km hin aus. Schier endlose Sandstrände machen diese Ebene auch für FKK-Anhänger und Familien attraktiv, die hier auf dem Streifen zwischen Meer und Macchia streßfreie Ferien genießen: 20 % aller Korsika-Urlauber beziehen hier ihr Quartier. Die Plaine Orientale wurde schon in der Antike landwirtschaftlich genutzt, doch zu Beginn des Mittelalters verödete sie weitgehend. Zur Genueser-Zeit waren nur noch wenige befestigte Gutshöfe übriggeblieben. Aus dieser Zeit, dem späten 16. Jh., stammt die **Tour Carrée de S. Giuliano,** deren Ruine, inmitten von Kiwiplantagen bei Bravone gelegen, relativ gut erhalten ist.

In den sich ausdehnenden und immer mehr versumpfenden Mündungsgebieten der Flüsse verbreitete sich die Anopheles-Mücke und mit ihr die Malaria. Außerdem boten Strand und Ebene kaum Schutz vor Überfällen von See, so daß das Land sich fast völlig entvölkerte.

Erst seit 1943 wurde die Anopheles-Mücke mit Hilfe der Amerikaner, die ihre dort stationierten Soldaten vor der Malaria schützen wollten, und der Chemie (DDT) erfolgreich bekämpft. Damit wurden gleichzeitig die relativ fruchtbaren Böden wieder landwirtschaftlich nutzbar, die einzigen überdies, die im ansonsten gebirgigen Korsika genügend große Flächen boten, um den Maschineneinsatz auf Monokulturen zu ermöglichen.

Zugleich wurden mehrere hundert Rückkehrerfamilien aus den ehemals französischen Gebieten Nordafrikas in der Gegend von Aléria und Ghisonaccia angesiedelt (s. a. S. 73 f.). Die Neusiedler begannen sogleich mit der Kultivierung der Küstenebene. Zunächst bauten sie vor allem Wein an, später kamen Zitrusfrüchte, Kiwis und Getreide dazu. Die Plaine Orientale ist seitdem eine Agrarsteppe: Plantagen, Lagerhäuser und Silos prägen die Landschaft, in der mittlerweile neben reinem Konsumwein in großen Mengen auch einige Reben von guter Qualität wachsen.

Ghisonaccia ist mit über 3000 Einwohnern eine der größten Gemeinden der Insel und eines der wenigen Zentren von Industrie und Gewerbe. Hier leben, zumeist als unterbezahlte Hilfskräfte, besonders viele Zuwanderer aus Nordafrika – und vor allem hier sind sie auch den sich häufenden Anschlägen rechter Extremisten ausgesetzt. Neben der industriell betriebenen Landwirtschaft bildet der Tourismus das zweite Standbein der hiesigen Wirtschaft.

Etangs mit ihren Schilfgürteln bringen Abwechslung in die Landschaft, wenn auch ihre verträumte Atmosphäre vielfach durch Liegeplätze für Sportschiffe zerstört wird. Diese Sportanlagen sind, worauf Bürgerinitiativen immer wieder hinweisen, auch ökologisch bedenklich. Die flachen **Etangs de Diane** und **d'Urbino** werden zwar für die Muschel- und Fischzucht genutzt, blieben aber dennoch Biotope von großem ökologischen Wert. Vor allem für Wasservögel stellen sie einen Lebensraum dar, dem Urlauber sich nur vorsichtig nähern sollten. Die köstlichen Austern kann man indes ohne ökologische Bedenken vor Ort günstig kaufen oder in den Restaurants schlürfen.

Die Ferienorte an der Küste – **Querciolo, Folelli, Moriani-Plage, Prunete** und **Bravone** – sind durchweg *Piaghia*-Ableger von in den Bergen gelegenen ›Balkondörfern‹, die ebenfalls einen Besuch verdienen. In und zwischen diesen Strandorten, aber auch bei Aléria und Ghisonaccia, finden Urlauber nicht nur feinsten weißen Sandstrand, sondern auch ein vergleichsweise familienfreundliches Preisniveau vor. Eine ausgebaute touristische Infrastruktur bieten Hotels und Pensionen, Ferienhaussiedlungen, Apartmenthäuser und vor allem Campingplätze. Ein wahrer Wald von Werbeschildern säumt die N 198, die Lieblingsrennstrecke der Korsen. Urlauber können am Strand alle möglichen Wassersportarten ausüben und die dafür benötigten Ausrüstungen leihen, können Pferde, Fahrräder, Mopeds und Enduro-Motorräder mieten oder mit Go-Carts ihre Runden drehen.

Aléria: Wo die Römer wohnten

Das moderne Aléria liegt am nördlichen Ufer des Tavignano. Die nüchtern-funktionale Gemeinde wächst stetig, denn sie profitiert von ihrer Lage im Zentrum der Agrarindustrie und des touristischen Küstenstreifens. Der Hausstrand, der **Plage de Padulone,** liegt freilich 3 km entfernt, am Ende einer Eukalyptusallee zwischen der Mündung des Tavignano und dem Etang de Diane.

Bereits den alten Griechen hatte es die Lagune angetan, als sie 565 v. Chr. auf einem Hügel in der Nähe eine Stadt namens Alalia gründeten und hier mit der Muschelzucht begannen. Als die Römer nach einem etruskischen und einem karthagischen Zwischenspiel 259 v. Chr. die Stadt übernahmen, bauten sie die Lagune zum Kriegshafen aus und betrieben gleichzeitig die Austernzucht weiter. Die ›Fischerinsel‹ im Etang ist aus den Schalen entstanden, die antike Muschelfischer fortwarfen. In Salz konserviert

Aléria, Plan der antiken Stadt *1 Eingang (Cardo) 2 Forum 3 Tempel 4 Nördlicher Portikus 5 Südlicher Portikus 6 Domus mit Dolium 7 Torbogen 8 Prätorium 9 Becken 10 Portikus 11 Balneum 12 Becken 13 Caldarium und Hypokausten 14 Räume 15 Niederlassungen für industrielle Fertigung 16 Decumanus maximus 17 Straße 18 Wall 19 ehemaliges Tor 20 Grundmauern römischer Geschäfte*

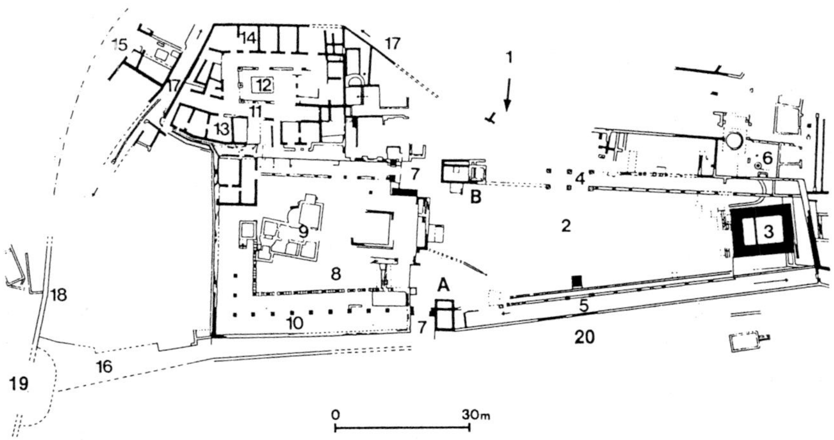

und in Amphoren verpackt, wurden die Muscheln ins Rom der reichen Schlemmer exportiert. Den Anbau von Wein, Weizen und Ölbäumen betrieben die Römer in der Küstenebene nunmehr systematisch und in großen Plantagen. Die Insel lieferte ihnen ferner Holz, Kork, Erze, Honig, Wein, Wachs, Fleisch – und Sklaven (s. S. 48).

Die Grundmauern des antiken Alalia und die Funde seiner Nekropole machen heute die Attraktion der Gegend aus. 50000 Besucher werden alljährlich auf dem Hügel am rechten Tavignano-Ufer gezählt, wo ein großer Parkplatz auf PKW und Busse wartet. Er liegt unterhalb des weithin sichtbaren Wahrzeichens dieses kulturellen Wallfahrtsortes, des **Fort Matra** aus dem Jahre 1572, an dem der Weg zum Ausgrabungsgelände beginnt. Im Erdgeschoß des Forts wurde 1969 das **Museum Jérôme Carcopino** eingerichtet, benannt nach einem Historiker, der sich um Aléria verdient gemacht hat.

Hier wird in kühlen Räumen eine umfangreiche, übersichtlich geordnete Sammlung der griechischen, etruskischen und römischen Geschichte Korsikas präsentiert: Münzen, Gebrauchsgegenstände, Metallarbeiten aus Bronze, Eisen, Blei, Gold und Silber, bemalte und verzierte Keramik, Grabbeigaben und ganze Kammergräber. Zu den wertvollsten Stücken des Museums gehören die attischen Keramiken aus dem 5. Jh. v. Chr., originelle Trinkhörner in Form von Tierköpfen (Rhytone) sowie Schalen und Gefäße mit z. T. erotischen Szenen. Sie stammen zumeist aus einem Gräberfeld, das dichter am Strand lag; es ist, wie die Reste eines Amphitheaters, nicht zu besichtigen, da es sich auf dem Gelände eines Gefängnisses befindet.

Die **Reste des antiken Alalia** (s. Abb. S. 48) betritt man, nach einem Marsch durch die Macchia, an der Nordseite des trapezförmigen Forums, das von West nach Ost 92 m mißt. Man kann sich gut vorstellen, daß die Säulenstümpfe, die das Forum, einst Marktplatz und Zentrum des politischen Lebens, flankieren, arkadenähnlich die Vordächer einer Zeile von Läden und Gewerbebetrieben trugen. Die östliche Schmalseite wird von den Ruinen eines Tempels begrenzt. Im Westen lag das Prätorium, ein großer Bau mit Wasserbecken, einem Tempel und Säulengängen, der Amtssitz des Statthalters (Prätor) war. Seine Wohnräume sollen sich in dem danebenliegenden Bezirk, dem ›Balneum‹ (Badeanlage), befunden haben.

Das
Hinterland
der Plaine

Von Aléria sind es auf der N 200 nur knapp 50 km bis nach Corte. Die gut ausgebaute und vergleichsweise kurvenarme Straße folgt dem Lauf des Tavignano (s. S. 173 f.). Sie erfreut sich bei Radfahrern großer Beliebtheit, ist sie doch selten so steil, daß sie besondere Anforderungen an die Kondition stellt. Das Tavignano-Tal als relativ unproblematischen Zugang zum Binnenland nutzten auch die Genueser. Unterhalb von Altiani haben sie, direkt neben einer pisanischen Kapelle, eine Brücke gebaut, deren Ausmaße und Stabilität ausreichen, um auch dem heutigen Autoverkehr der N 200 gerecht zu werden.

Bereits bei Cursigliese, nach etwa einem Viertel der Strecke, bietet sich ein interessanter Nebenweg an. Er führt durch das Gebirge und die Dörfer **Pancheraccia, Pietraserena, Piedicorte-di-Gaggio** und **Altiani.** Obwohl die Ostküste mit ihren Arbeitsplätzen so nah liegt, leben hier überwiegend alte Menschen. Ein rollender Laden übernimmt regelmäßig ihre Versorgung, und Touristen werden noch als ›Exoten‹ bestaunt.

Nach Ghisoni, zum Monte Renoso und Col de Verde

Bei einer Autofahrt auf der D 344, die Ghisonaccia in der Tiefebene mit **Ghisoni** am Fuße des Monte Renoso verbindet, wird das Ergebnis der Binnenwanderung der Menschen vom gebirgigen Hinterland in die Ebene, zu den Arbeitsplätzen in Landwirtschaft, Industrie und Fremdenverkehr, sichtbar: Ruinen werden vom Kastanienwald überwuchert, Terrassenkulturen verschwinden in Brombeergestrüpp, kaum bewohnte Dörfchen verstecken sich in der Landschaft. Ghisoni ist das Mutterdorf von Ghisonaccia, dem ›falschen Ghisoni‹, wie man den Namen zu übersetzen hat: Die Küstenableger ihrer heimatlichen Gebirgsorte erschienen den Korsen als ›falsch‹ oder ›schlecht‹. Während jedoch der Küstenort heute wächst, veröden die Dörfer des Hinterlandes.

Die D 344, die in den Regionalpark mit seinen Wander- und Skigebieten führt, folgt ab St. Antoine dem **Fium Orbo,** mit 45 km einer der größeren Flüsse der Insel. (Korsen schreiben ihn lieber *Fium'Orbu.*) Bei Pinzalone gerät man unvermittelt in eine der wildesten Landschaften Korsikas, die Schluchten des **Défilé de l'Inzecca.** Die grünlich und rötlich schimmernden Felsen, nur spärlich mit Macchia bewachsen, ragen steil zu beiden Seiten des Flusses auf. Die schmale Straße schlängelt sich, teilweise in großer Höhe, am Fium Orbo entlang, der hier besonders im Frühjahr seine wilde Kraft zeigt.

Unterhalb der Ortschaft **Sampolo** verbreitert sich die Straße unverhofft, führt höher am Hang entlang und durchbricht gar per Tunnel eine Felsnase. Der Grund für diesen großzügigen Ausbau ist ein 1987 in Bau genommener Stausee, der 2 Mio. m^3 Wasser fassen und ein Kraftwerk antreiben soll.

Das Tal dehnt sich nun ohnehin etwas weiter aus, die Hänge bewalden sich zusehends; doch auch hier, im **Défilé des Strette,** gibt es kahle Wände, die, bis zu 300 m hoch aufragend, das Bett des Fium Orbo flankieren. Durch diese spektakuläre Landschaft gelangt man dann in das ruhige Ghisoni, das ganz unkorsisch in einem tiefen Talkessel liegt. Die Sohle dieses Talkessels befindet sich indes noch immer 658 m

Rollende Läden versorgen entlegene Dörfer

ü. d. M., zwischen den beiden Paßhöhen Col de Sorba und Col de Verde. Von kahlen Bergkuppen überragt, prägen Wälder das Landschaftsbild. Kastanien mischen sich mit Buchen, die allmählich mit ihrem grünen Dach die Straße zu überwölben beginnen. Im Südosten ragen die beiden schroffen Felsgipfel **Christe- und Kyrie-Eleïson** auf, im Westen wird das Hochtal vom Punta di l'Oriente (2112 m) begrenzt. Das Hotel im Ort bietet sich vor allem auch für Wanderer an, die frühmorgens, etwa zum Gipfel des Monte Renoso (2352 m), aufbrechen wollen.

Von Ghisoni sind es nur noch 20 km zum Parkplatz bei der Bergerie de Capannelle in 1600 m Höhe – ›**Ghisoni 2000**‹ steht auf den Wegweisern. Hier verbringen immer noch Hirten den Sommer mit ihren Herden. Übernachtung und Essen gibt es in der Auberge U Fugone, Lebensmittel kann man zwar kaufen, doch ist das Feuermachen verboten. Etwas oberhalb bietet noch eine Schutzhütte Unterkunft.

W a n d e r v o r s c h l a g : Im Winter werden hier die Skilifte in Betrieb genommen, allerdings einstweilen weniger für ausländische Touristen als für wintersportbegeisterte Korsen. Am Skilift gegenüber vom Berghotel beginnt auch der Weg zum **Monte Renoso.** Er ist mit kleinen Steinhaufen *(cairns)* markiert und für die ganze Familie geeignet, da er keinerlei Schwierigkeiten aufweist. Nur sollte man sich vor dem Abmarsch über das Wetter informieren: Wie überall im Hochgebirge kann es sich rasch ändern.

Nach zwei Stunden Wanderung erreicht man ein Plateau mit dem verlockend dunkelgrün schimmernden **Lac de Bastiani,** nach einer weiteren Stunde den Gipfel des Monte Renoso. Das gesamte südliche Gebirgsmassiv Korsikas liegt dem Gipfelstürmer hier zu Füßen, bei sehr guter Sicht soll der Blick gar bis nach Sardinien reichen. Im Norden sieht man die Gipfel des Monte d'Oro, den Rotondo, Paglia Orba und auch den Monte Cinto, wenn er sich nicht gerade in Wolken hüllt. Weitere Wandermöglichkeiten bieten sich ab der Bergerie de Capannelle auch auf dem GR 20 an. Sowohl nach Vizzavona wie auch zum Col de Verde kann man hier in jeweils einer Tagestour kommen. Der sonst oftmals so anspruchsvolle GR 20 ist auf diesen beiden Etappen leicht zu nehmen und, wie üblich, hervorragend rot-weiß markiert.

Wanderer, Rad-, Auto- und Motorradfahrer treffen sich am **Col de Verde** (1289 m), an der Grenze zum Süd-Département, wo die D 69 ins Alta-Rocca führt (im Winter bleibt der Paß oft für mehrere Wochen unpassierbar). Sie begegnen sich am Brunnen, der stoßweise Quellwasser hervorsprudelt, am Kiosk, der Selbstversorgern Nachschub liefert, oder nehmen gemeinsam einen Imbiß in der *Refuge* (beide nur im Sommer geöffnet), die hier genausowenig fehlt wie an fast allen korsischen Pässen. Auch Kapellen stehen traditionell an den *Boccas* oder *Cols* der korsischen Bergwelt.

Nördlich unterhalb des Col de Verde führt, kurz hinter der Maison Forestière de Marmano, ein Forstweg rechts ab, immer am Fium Orbo entlang, bis er diesen überquert und in den Weiler **Cavo** führt (6 km). Von dort sind es nur noch 2 km zurück nach Ghisoni. Wer von Ghisoni nicht auf direktem Weg zurück in die Ebene will, sollte zunächst in Richtung Vivario weiterfahren, durch den mächtigen Kastanienwald, der bald von Strand- und später von gewaltigen Schwarzkiefern abgelöst wird.

Vom **Col de Sorba** (1311 m) aus bietet sich ein zweistündiger Waldspaziergang auf den **Punta Muro** (1565 m) und zurück an. Der gut sichtbare Weg führt immer am Grat entlang zu einer lohnenden Aussicht. Kurz vor Vivario zweigt die D 343 ab, und nun befindet man sich auf einer der einsamsten Routen der Insel. Die Straße führt durch den **Forêt de Rospa Sorba** mit vielen Spazier- und Wandermöglichkeiten über Vezzani und Pietroso zurück in die Ebene, zum ›falschen Ghisoni‹.

Das Fiumorbo

Nur wenige Kilometer westlich von Ghisonaccia beginnt das Fiumorbo. Diese faszinierende, kaum bewohnte und abgeschiedene Wald- und Berglandschaft müßte eigentlich ›Abatesco‹ nach dem 20 km langen Fluß heißen, der sie entwässert – der Fium Orbo fließt etliche Kilometer weiter nördlich. Das Fiumorbo, ein Teil des ›Parc Naturel Régional‹, ist eines der sechs regionalen Wanderreviere, die die Parkverwaltung ausgebaut, ausgeschildert und per Faltblatt beschrieben hat. Es wird überdies vom mittleren der drei die Insel querenden Wanderrouten durchzogen: ›Da Mare a Mare‹ heißt in diesem Fall von Ghisonaccia nach Ajaccio (s. S. 283).

Bei einer **Rundfahrt** durch die nicht sehr zahlreichen Dörfer des Fiumorbo fallen besonders die Korkeichen- und Kastanienwälder sowie die dichte, undurchdringliche Macchia auf. Die Ortschaften sind in ihrer abgelegenen Ursprünglichkeit allesamt sehenswert. **Serra-di-Fiumorbo,** 450 m ü. d. M. gelegen, bietet eine phantastische Aussicht auf die Küstenebene. In diesem Teil Korsikas, wo längst rollende Läden die

Backofen im Fiumorbo

Versorgung der geschrumpften Bevölkerung übernommen haben, besitzt nicht einmal jedes Dorf die sonst in Frankreich unverzichtbare Bar. Häufiger finden sich kommunale Einrichtungen wie Backöfen und Waschhäuser (s. S. 89).

Um so mehr überrascht die Existenz eines komfortablen Hotels in **Pietrapola:** Doch hier quillt heißes, schwefelhaltiges Wasser hervor, dessen Heilkraft schon die Römer zu schätzen wußten. Auch heute noch lohnt sich der bescheidene Kurbetrieb. Eine Wanderung von diesem Quartier nach Serra-di-Fiumorbo dauert z. B. zweieinhalb Stunden, und auch die anderen Orte des Fiumorbo lassen sich in Tageswanderungen von Pietrapola aus entdecken. Mit dem Auto führt die Rundfahrt von hier über San-Gavino und Isolaccio nach Prunelli, dem Hauptort des Fiumorbo, mit über 2000 Einwohnern.

Bei **Prunelli** steht die Ruine der vorromanischen Kirche S. Giovanni Battista, erbaut Ende des 6. bis ins 7. Jh. und über einen Fußweg unterhalb des Ortes von der D 345 aus zu erreichen. Die äußerst schlichte Kirche, vielleicht das älteste Gotteshaus der Insel, besaß außer der Türöffnung im Süden nur ein einziges schmales Fenster an der Ostseite.

PORTO-VECCHIO

Korsika im kleinen

»Die Region Porto-Vecchio ist Korsika im kleinen, weil sie zu ihrem ausgedehnten Territorium prosperierende Küstenzonen zählt, die dank des Tourismus, des Handels, des Handwerks und des Hafenverkehrs entwickelt sind, und darüber hinaus Binnenzonen bis in 1300 m Höhe, mit Dörfern oder kleinen dörflichen Siedlungen mit insgesamt 3000 Einwohnern, die das echte innere Korsika sind, das landwirtschaftliche und ländliche Korsika.« So umriß Jean-Paul de Rocca-Serra bei einem Gespräch mit Redakteuren des Magazins ›KYRN‹ die Situation in seiner politischen Basis. Der führende Konservative auf der Insel (s. S. 45) ist seit 1950 Bürgermeister der Kommune Porto-Vecchio.

Für Autofahrer liegt Porto-Vecchio 41 km südlich von Solenzara an der N 198, die, 122 km lang, als eine Art Schnellstraße Bastia mit Bonifacio verbindet. Immer geradeaus führt sie vorwiegend durch die Monokulturen der Plaine Orientale, bis sie Solenzara erreicht. Schlagartig wird die Landschaft jetzt attraktiver: Vom Schwemmland der Tiefebene führt die Straße abrupt in das Bergland, dessen Ausläufer sich hier bis an die Küste schieben. Die Stufe kennzeichnet gleichzeitig den Übergang zum Département Corse du Sud. Korkeichen beginnen die Macchia zu durchsetzen. Sie bilden in der Region um Porto-Vecchio einen 8000 ha großen Wald, den größten seiner Art auf Korsika. Rote Stämme beweisen, daß die Korkeichen noch immer geschält werden. Der regionalen Hauptstadt hatten sie schon einen bescheidenen Wohlstand beschert, bevor die ›weiße Industrie‹ ihn noch vermehrte.

Die N 198 umkurvt nun eine weißsandige und von roten Felsen gesäumte Badebucht nach der anderen. Auf dem Wasser gleiten Surfer dahin, die ihrem Sport hier

vor einer reizvolleren Kulisse als im Norden und gefahrloser als weiter im Süden nachgehen, denn tückische Winde sind an der Ostküste seltener. Die Zahl der – meist exklusiveren – Ferienanlagen nimmt zu, jedoch ohne eine Dichte der Art zu erreichen, wie sie auf der anderen Seite des Tyrrhenischen Meers die italienische Küste stellenweise prägt. Solenzara, Favone und das schon fast mondäne Porto-Vecchio bieten Unterkünfte aller Arten, Restaurants und Läden: Hier beginnt die Côte des Nacres, die ›Perlmutterküste‹.

Die Stadt Porto-Vecchio liegt, geschützt vor stürmischer See, am Ende des fjordartig ins Binnenland ragenden gleichnamigen Golfs. Die genuesische ›Bank des hl. Georg‹ errichtete hier eine Zitadelle: 1539 wurde der Grundstein gelegt, 70 m hoch über dem *Purti Vecchiu*, dem ›alten Hafen‹. Kolonisten aus Genua wurden im Schutze ihrer Mauern angesiedelt, als Bollwerk gegen die unzuverlässigen Korsen und die Angreifer von See.

An diese Phase der Geschichte erinnern noch Reste der Befestigungsanlagen, drei Bastionen und vor allem die **Porte Génoise,** die bei Dunkelheit effektvoll von der Seeseite her angestrahlt wird. Hinter ihr, in den schmalen und von Autos überfüllten Straßen der Alt- oder Oberstadt, mischt sich im Sommer rund um die Uhr urbanes Leben mit touristischem Treiben.

Am Jachthafen, in dem zahlreiche Boote auch überwintern, reihen sich die neueren und teilweise mondäneren Bars, Restaurants und Boutiquen. Dort, unterhalb der Altstadt, findet man neben Service-Einrichtungen, vor allem für Wassersportler, auch das Informationsbüro für Touristen. Langusten, Fische und insbesondere Muscheln aus dem Golf werden in den Restaurants der Stadt schmackhaft zubereitet.

Neben dem Tourismusgeschäft gibt es für die Bewohner der Stadt auch Arbeitsplätze in Gewerbebetrieben, von denen sich in der Nachkriegszeit etliche in Porto-Vecchio angesiedelt haben. In der einzigen Saline Korsikas wird nach einem uralten Verfahren das Salz aus dem Meerwasser gewonnen, das in einem System flacher Becken unter der heißen Sommersonne verdunstet. In den letzten Jahren ist die Stadt weit über die rechteckigen Grenzen der alten Stadtmauern hinausgewachsen. Zwischen Anwohnern und Bürgerinitiativen ist ein zäher Kampf um den freien Zugang zum Meer entbrannt. Wald und Macchia brennen zu häufig, um nicht den Verdacht aufkommen zu lassen, hier werde Bauland vorbereitet (s. S. 22).

Im Norden Porto-Vecchios locken die Bucht von **Stagnolo,** die Bucht von **San Cipriano** und der **Golfe de Pinarellu,** im Süden der Stadt bildet die Halbinsel von **Palombaggia** einen der beliebtesten Höhepunkte des Strandtourismus auf ganz Korsika: Nirgendwo sonst auf der Insel ist der Sandstrand so weich und weiß, und die abwechslungsreiche Gliederung der Küste sowie die Aussichten über den Golf von Porto-Vecchio tun ihr übriges. Das Betreten des von hier zu sehenden Naturschutzgebietes der Iles Cerbicale ist zwischen dem 1. April und 31. August streng verboten, ansonsten stark eingeschränkt.

Einen Höhepunkt für sich stellt der **Golfe de Porto-Vecchio** dar, der sich fjordartig ins Mündungsgebiet des Flusses Stabiacco drängt. Vom Hafen der Stadt aus wirkt er wie ein Binnensee. Das Segel- und Surferparadies bietet auch Tauchern gute Möglichkeiten – wäre es nicht verboten, könnten sie hier Korallen brechen! Angler und professionelle Fischer fahren im Boot auf die offene See hinaus.

Zum Strand von Palombaggia

Auf dem Pferderücken läßt sich die Palombaggia-Halbinsel durchreiten – oder per Rad auf einem empfehlenswerten, etwa 20 km langen Rundkurs durch eine abwechslungsreiche Landschaft ohne übermäßige Steigungen umkreisen. Die Ausfahrt aus Porto-Vecchio nach Süden beginnt zunächst auf der N 198. Kurz hinter der Brücke über den Fluß Stabiacco zweigt die schmale Straße nach links ab. Vor allem im

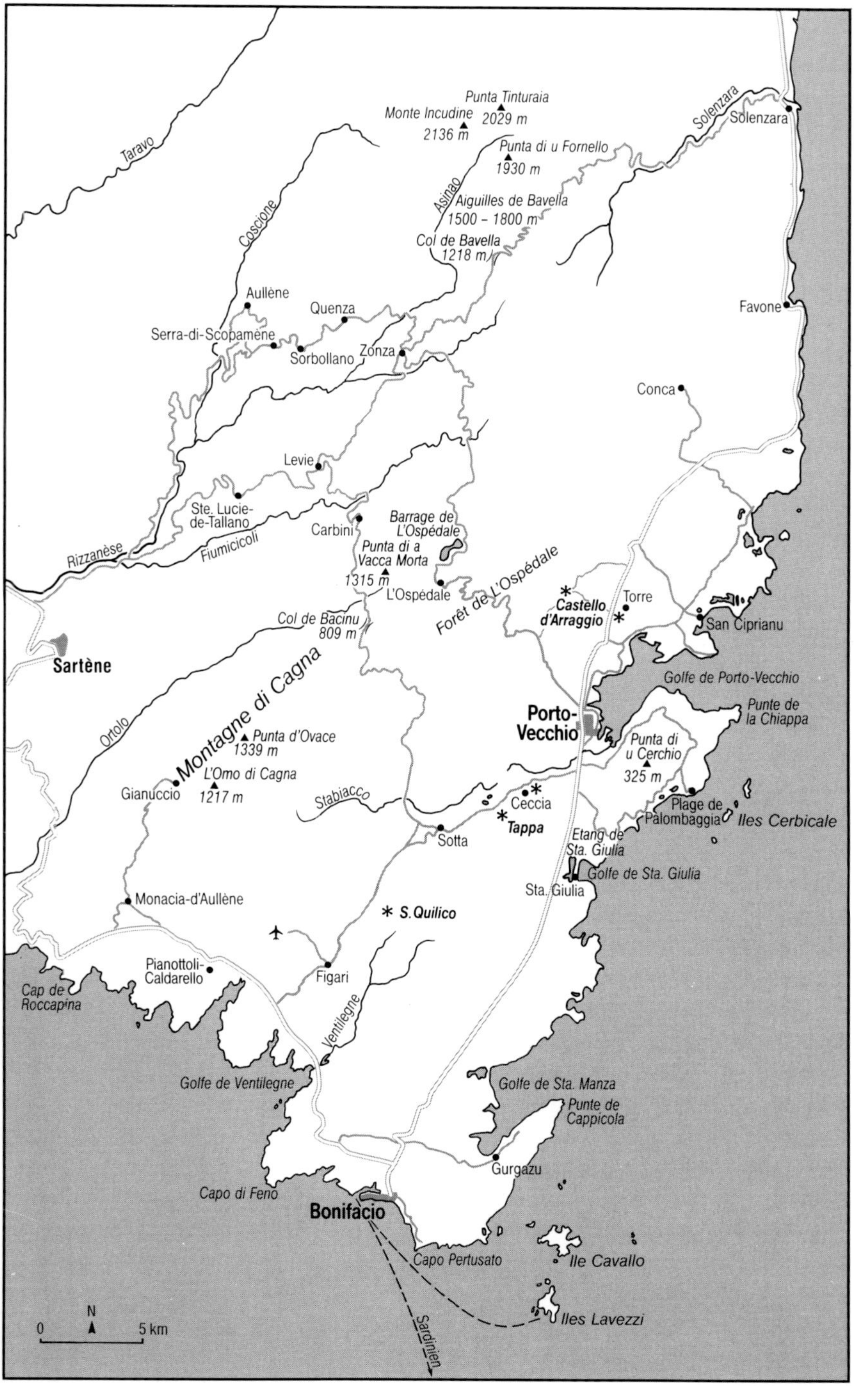

Routen Südosten

Abendlicht herrscht hier im Flußdelta eine sonderbar schwermütige Stimmung, verschwimmen die Grenzen von Land und Wasser in Zwielicht und Schilf.

Die Straße umrundet nunmehr den Punta di u Cherchio, einen 325 m hohen Felsberg. Pinien, einzeln in der Macchia emporragend oder ausgedehnte Haine bildend, beherrschen die Vegetation der Halbinsel, obwohl die verheerenden Brände von 1973 die Bestände dezimiert haben. Zur See hin prägen – ungewöhnlich für Korsika – Dünen die Landschaft, die in beliebte und belebte Strände auslaufen. Am südlichen Ende der Rundfahrt sollte man, auf sanft abschüssigem Hang, einen Abstecher zum **Golfe de Sta. Giulia** einplanen, der ungewöhnlich reizvoll inmitten einer grünen Landschaft liegt. Hier ist der Urlaub zwar nicht billig, aber seinen Preis wert, wie die Stammgäste des exklusiven Feriendorfes (einst Club Méditerrané) mit den makellosen Stränden meinen.

Ausflüge zu den Bauten der ›Torreaner‹

Schon die ›Torreaner‹ hatten den Golf von Porto-Vecchio als Wasserstraße geschätzt und von hier aus Korsika besiedelt (s. S. 47). Gut erhalten und leicht zu erreichen ist eines ihrer Steinhäuser, 7 km nördlich von Porto-Vecchio und einige hundert Meter von der N 198 entfernt (rechts abbiegen). Der halbkreisförmige Bau gab vermutlich dem kleinen Weiler **Torre** (Turm) seinen Namen, den wiederum Roger Grosjean für eine ganze Kultur benutzte (s. S. 82). Dabei fehlt gerade hier die Cella, der Hauptraum also, der für diese Bauten eigentlich typisch ist. Der Fußweg zu diesem prähistorischen Bauwerk führt an einem neueren, aber nicht minder inseltypischen Gemäuer vorbei: Ein *Tafoni* bildet das natürliche Dach eines Geräteschuppens (s. Abb. S. 80).

Castello d'Arraggio

Ein gut erhaltenes Beispiel für eine torreanische Kult- und Festungsanlage bildet das **Castello d'Arraggio** *(Casteddu di Araghju)* in 245 m Höhe. Man erreicht es in einem halbstündigen Fußmarsch vom Dorf Arraggio an der D 759 aus, die kurz hinter St. Trinité von der N 198 abzweigt. Die Mauern besitzen einen Umfang von 120 m und ragen bis zu 5 m hoch auf. Im Mauerwerk erkennt man Räume für die Wachmannschaften. Die technische Leistung der Baumeister, etwa die Zyklopensteine mörtellos zu Mauern zu schichten, ist beachtlich. Wie aber haben es die ›Torreaner‹ nur geschafft, Türstürze von bis zu zwei Tonnen Gewicht aufzurichten?

Sehenswert sind auch die Anlagen von **Ceccia** und **Tappa.** Von der N 198 zweigt, 2 km südlich von Porto-Vecchio, die D 859 in Richtung Sotta ab. Ihr folgt man bis zum Wegweiser nach Ceccia. Hinter diesem Dorf liegt, noch einmal 100 m höher und nur zu Fuß zu erreichen, das gleichnamige unbefestigte Monument. Von hier bot sich schon den torreanischen Wachposten eine umfassende Übersicht über das breite, grüne Stabiacco-Tal bis hin zum Golf. Die Ruine von Tappa auf ihrem ebenfalls strategisch günstigen Hügel kann man auch von hier sehen. Über einen Feldweg, der hinter Ceccia, etwa bei der Überlandleitung, nach links von der D 859 abzweigt, gelangt man zu ihr. Teile dieser befestigten Kult- und Wohnanlage gehen auf das Jahr 2200 v. Chr. zurück, also bis auf vortorreanische Zeit (s. Abb. S. 82).

Rundreise zu den Bavella-Türmen

Zu einem Kultobjekt der Neuzeit, der Kolossalstatue Notre-Dame-des-Neiges, führt eine Tagestour über recht enge und steile Bergstraßen und durch eine abwechslungsreiche Landschaft. Radfahrer sollten viel Kondition mitbringen, Autofahrer ihre Anhänger auf dem Campingplatz lassen. Start bzw. Ziel sind Solenzara und Porto-Vecchio, die die N 198 auch auf direktem Weg verbindet.

Beginnt man die Fahrt in Porto-Vecchio auf der D 368, so durchquert man zunächst eine typische Macchia-Landschaft mit Korkeichen. Sie geht in den vornehmlich von Strandkiefern gebildeten und zu Recht viel gerühmten **Forêt de L'Ospédale** über. Das Bergdorf **L'Ospédale** verdankt seinen Namen einem Hospital, das die Römer hier unterhielten. Faszinierende Ausblicke ergeben sich auf die Kulisse der ›Felsnadeln‹ *(aiguilles)* von Bavella und des weiter nördlich aufragenden Incudine-Massivs (über 2000 m) einerseits und auf den Golf von Porto-Vecchio andererseits.

Wandervorschlag: Ein lohnender Wanderabstecher von zwei Stunden zum Gallo-Wasserfall beginnt nördlich von L'Ospédale an der Staumauer des idyllisch im Wald (und an der D 368) gelegenen **Barrage de L'Ospédale,** der Porto-Vecchio mit Trinkwasser versorgt. Etwa 1 km hinter der Staumauer zweigt ein Waldweg rechts von der Straße ab. Er führt direkt zum **Piscia di Gallo** (›Hahnenpiß‹) – ein unpassender Name für eine 50 m lange Wasserkaskade!

Auf der Weiterfahrt nach **Zonza,** dem Bavella-Massiv entgegen, passiert man

Lariciokiefer am Bavella-Massiv

ausgedehnte Brandflächen, aus denen graue Felsen und verkohlte Kiefernstämme ragen. In Zonza – in 900 m Höhe – ist es selbst im Sommer angenehm kühl. Der von Schwarzkiefernwäldern umgebene Ort hat sich mit Hotels, Restaurants und Campingplätzen zum Zentrum für den Bergtourismus im südlichen Teil des ›Parc Naturel Régional de la Corse‹ entwickelt, dessen Verwaltung hier auch ein Büro unterhält; hier erhält man während des Sommers Informationen über die schönsten Routen im Wandergebiet Alta-Rocca, über Bergführer sowie Rast- und Übernachtungsplätze.

Zonza liegt am Schnittpunkt von drei Straßen: der D 368 von Porto-Vecchio, der D 420, die über Quenza und Aullène tief ins Inselinnere führt und schließlich der D 268, die aus Sartène im Süden kommt und auf der unsere Rundfahrt nach Norden ihre Fortsetzung zum 9 km entfernten Col de Bavella in 1218 m Höhe findet. Als letzte Bäume unterhalb der Baumgrenze recken mächtige Lariciokiefern, angeblich bis zu 1000 Jahre alt, ihre zerzausten Kronen gen Himmel. In gewaltigen Brocken und steilen Wänden tritt das Granitskelett der Insel zutage, die dünner werdende, von Gras bewachsene Erdschicht durchbrechend – bis die grauen Felsen das Feld allein beherrschen.

Wandervorschlag: Noch höher ragt seit 1954 die protzige schneeweiße Kolossalstatue der **Notre-Dame-des-Neiges,** zu deren Füßen sich Scharen frommer Pilgerinnen und Pilger jedes Jahr am 5. August versammeln. Direkt neben der Marienstatue beginnt der rot-weiß markierte GR 20. Nach etwa fünf Minuten zweigt eine gelb markierte Route, eine Variante des GR 20, nach rechts ab und führt direkt an den ›Türmen‹ bzw. Felsspitzen I bis V vorbei. Nach etwa drei Stunden erreicht man wieder die rot-weiß markierte Hauptroute des GR 20, der man nach links folgt, wobei man die Bavellas weitläufig umwandert, zurück zum Ausgangspunkt. Für den gesamten Weg benötigt man ca. sechs Stunden.

Den Höhepunkt dieser Gegend bilden die alles überragenden **Aiguilles de Bavella,** von den Korsen respektlos ›Eselsohren‹ *(Cornes d'Asino)* genannt. Das höchste ›Eselsohr‹ ist die ›Tour VI‹ oder Punta Alta mit 1855 m. Hier kommen Wanderer und Bergsteiger voll auf ihre Kosten, gilt doch das Bavella-Massiv vielen als die schönste Bergformation der ganzen Insel.

Wer den GR 20 von Norden kommt, erlebt am **Bavella-Paß,** zum letzten Mal vor seiner ›Endstation‹ in **Conca,** noch einmal Trubel: Wie an vielen bedeutenderen Pässen Korsikas haben sich auch hier gastronomische Betriebe von der Imbißbude bis zum Restaurant angesiedelt.

Über Serpentinen führt die Straße nunmehr abwärts, vorbei an einem Forsthaus unter Strandkiefern, zu dem nur noch 608 m ü. d. M. gelegenen Paß **Bocca di Larone.** Immer schmaler wird die Straße, immer interessanter auch, folgt sie doch jetzt dem wild sprudelnden Solenzara-Bach durch sein bewaldetes Tal. Bevor man bei Solenzara wieder auf die N 198 stößt, kann man sich erfrischen: Gewaltige ›Badewannen‹ zwischen glattgewaschenen Felsbrocken hat der Fluß hier ausgespült.

Die Kreidefelsen von Bonifacio

BONIFACIO:

umkämpft, umbrandet und unvermeidbar

Bonifacio ist nicht die typischste Stadt Korsikas – aber sicher die originellste, wie Ferdinand Gregorovius schon vor über 100 Jahren feststellte. Trotz des im innerkorsischen Vergleich hohen Preisniveaus und vieler Verlockungen zum Geldausgeben unterläßt kaum ein Reisender den Besuch dieser auf hohem Kreidefelsen thronenden ehemaligen Genueser-Stadt.

Zu den frühesten Besuchern Bonifacios gehörten angeblich Odysseus und seine Gefährten. Homer läßt den Seefahrer erzählen: »Der Hafen, in den wir einfuhren, war vortrefflich, von allen Seiten durch schroffe Felsen geschirmt, so daß das Gewässer in der Bucht stets ruhig und wellenlos war.« Diese Beschreibung paßt derart genau zu dem Fjord, den eine schmale Halbinsel mit der Altstadt Bonifacios gute 60 m hoch überragt, daß man annehmen kann, sie gelte ihm tatsächlich. ›Lästrygonen‹ nannte Homer die menschenfressenden Riesen, die seinen griechischen Landsleuten eine vernichtende Niederlage beibrachten. Nur ein Schiff entkam der Wucht der Steine, die sie in die Tiefe warfen. Waren es Grosjeans kriegerische ›Torreaner‹?

Bereits 6570 Jahre v. Chr. müssen hier Menschen gelebt haben: Dieses Alter ergab jedenfalls ein Radiokarbontest für die ›Dame von Bonifacio‹, deren Skelett man hier 1972 fand und das nun im Museum von Levie zu sehen ist. Ihren Namen soll die Stadt Bonifacio von einem toskanischen Grafen Bonifacio erhalten haben, einem Helden im Kampf gegen die Mauren. Während des 12. Jh. hatten Pisa und Genua mehrfach blutige Kämpfe um die Stadt geführt, bis Genua im Jahre 1196 die Oberhand behielt. Genuesische Familien wurden nun angesiedelt, denen die Stadtrepublik sogar das für derartige Pflanzstädte unübliche Privileg der Selbstverwaltung zugestand. Im Schutze von Stadtmauer und Zitadelle, dem *Castelleto,* bildeten sie bis zur Eroberung Korsikas durch Frankreich im Jahre 1769 eine politische und kulturelle Enklave auf der Insel (s. S. 40).

Im Jahre 1420 mußten die *Bunifazinchi* schwer unter einer Belagerung König Alphons' V. von Aragon leiden. Er zog angeblich erst ab, als man ihn mit Lebensmitteln bewarf – eine Verzweiflungstat der fast verhungerten Verteidiger, die die Spanier für einen Beweis ausreichender Vorräte hielten. Aus dieser Zeit stammt die steile **Treppe des Königs** (*Escalier du Roi d'Aragon;* **1**), die die Spanier in einer einzigen Nacht in den Felsen gehauen haben sollen. Schwindelfreie können ihre Stufen zählen: Es sollen mindestens 142 sein.

Immerhin 18 Tage lang hielten die von einer Pestepidemie dezimierten Bewohner und Bewohnerinnen (auch Frauen und Mönche waren bewaffnet worden) bei ihrer zweiten Bewährungsprobe im Jahre 1553 durch, bis sie dem Druck der Korsaren von See und Sampieros Partisanen von Land erlagen. Wie so oft in Korsikas Geschichte soll Verrat im Spiel gewesen sein. Bonifacio stellte als eine Art ›Gibraltar Korsikas‹ in strategischer Hinsicht eine Verlockung für fremde Mächte dar. Zudem war es eine reiche Stadt, weshalb sich die Korsaren nur gegen ein hohes Lösegeld von der Plünderung abhalten ließen. Reiche Seefahrer und Kaufleute lebten hier, ja die *Bunifazinchi* betätigten sich sogar selber jahrhundertelang als Seeräuber.

Von der See und ihrer touristisch attraktiven Lage profitieren auch die knapp 3000 heute in dieser Gemeinde wohnenden Menschen: Bonifacio gilt als korsisches Musterbeispiel für einen wirtschaftlich bedeutenden Fremdenverkehr, obwohl immer noch Menschen auswandern. Am Nordufer des Jachthafens jedenfalls stehen

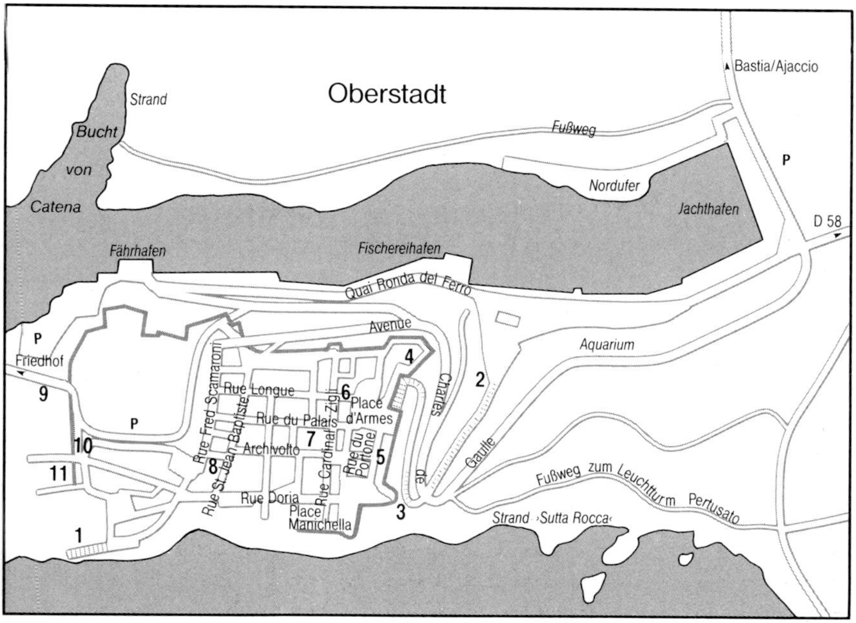

Bonifacio 1 Treppe des Königs 2 Kirche St. Erasme 3 Kapelle St. Roche 4 Porta Vecchia 5 Jardin des Vestiges 6 Rue des deux Empereurs 7 Kathedrale Ste. Marie-Majeure 8 Kirche St. Jean-Baptiste 9 Tourist-Info 10 Denkmal der Fremdenlegion 11 Kirche St. Dominique

Hotels, die zu den teuersten der Insel gehören und trotzdem meist ausgebucht sind. Am Südufer reihen sich etliche der besten Inselrestaurants, spezialisiert auf Fischgerichte, besonders auf Langusten.

Dort starten auch die Ausflugsboote, mit denen Besucher die Halbinsel umrunden können: vorbei am Fischereihafen, der Anlegestelle der Fähren nach Sardinien und den Iles Lavezzi, die weitgehend unter Naturschutz stehen. Zu Beginn der etwa einstündigen Rundfahrt werden Badebuchten und geheimnisvolle Grotten gezeigt. Das Meer hat sie aus den Kreidefelsen genagt, die hier eine bis zu 150 m hohe Steilküste bilden. Die Kreideküste ist Teil der insgesamt 77 km langen Wasserfront des Gemeindegebietes von Bonifacio, von der 50 km unter Landschaftsschutz stehen. Auf der Rückfahrt sieht man dann, wie gefährlich dicht sich die Häuser der Altstadt an die teilweise überhängende Felskante drängen – manch ein Bau stürzte so ins Meer; heute werden sie mit Betonfundamenten gesichert.

Der Aufstieg zur Oberstadt – über eine breite Treppe – beginnt bei der **Kirche St. Erasme (2).** Der gedrungene romanische Bau aus dem 13. Jh. wurde im 19. Jh. grundlegend erneuert und mit einer neobyzantinischen Kuppel ›verschönert‹. Die Treppe endet oberhalb des engen Hausstrandes Sutta Rocca an der **Kapelle St. Roche (3),** die dort errichtet wurde, wo 1528 das letzte Opfer einer Pestepidemie verstarb. Es gibt wenige Punkte auf dem an Rundblicken wahrlich nicht armen Korsika, die sich mit diesem überwältigenden Panorama vergleichen können: Felsentürme im Meer, ganz dicht das ›Sandkorn‹, die **Iles Lavezzi,** weiße Segel und Möwen vor blauem Himmel, am Horizont schließlich Sardinien. Viele Korsen haben, gejagt von Rächern und Häschern, zu Vendetta-Zeiten im nur 12 km entfernten Sardinien Zuflucht gesucht, und auch Schmuggler wußten die geringe Distanz zu schätzen.

Eine schmalere Treppe und eine Zugbrücke führen zum Haupteingang der Oberstadt, der mächtigen **Porta Vecchia (4).** Bis ins 19. Jh. bildete dieses genuesische Tor aus dem Jahre 1598, auch ›Porte de Gênes‹ genannt, den einzigen Zugang zur Stadt. Autofahrer können heute auch den ›Hintereingang‹ der ›Porte de France‹ benutzen. Zu ihr und einem bewachten Parkplatz führt die Avenue Charles de Gaulle, vorbei an einer Säule, die römische Sklaven gemeißelt haben. Heute dient sie dem Gedenken an gefallene Soldaten.

Die Porta Vecchia ist Teil einer Bastion, die sich als mächtiger Block über dem Hafen erhebt. Von ihren Mauern aus kann man den strategischen Wert der Festung erkennen: Sie beherrscht den Hafen und schützt die bewohnte Halbinsel. Das Tor führt auf die kleine **Place d'Armes,** auf der man noch die Spuren von Getreidesilos erkennen kann. Der Platz ist so klein, daß man ihm seine Vergangenheit als Exerzierplatz nicht ansieht. Groß ist auch die **Place Manichella** nicht, von der man wieder einen überwältigenden Rundblick hat. Man erreicht den Platz über die Rue du Portone, die an den Ruinen des mittelalterlichen Bonifacio, dem gegen Eintrittsgeld zu besichtigenden **Jardin des Vestiges (5),** entlangführt.

Blick auf den Leuchtturm ›Madonetta‹

Einem Labyrinth gleicht das Gewirr der engen Oberstadtgassen, in dem sich zur Sommerzeit die Besucher regelrecht auf die Füße treten. Turmartige Häuser, gebaut zum Schutz und zur Wohnung ganzer Sippen (früher ersetzten Strickleitern die Treppen), und repräsentative Bauten reicher Familien, die mit ihren Arkadenfronten Eindruck machten, erheben sich hier. Die Arkaden werden nun z. T. als Ladenräume genutzt. Der Rest des ehemaligen Gouverneurspalastes an der Place d'Armes, geschmückt mit zwei Arkaden, beherbergt das Bürgermeisteramt *(Mairie)* und das Touristen-Büro.

Eine der Straßen, die am ehemaligen Exerzierplatz beginnen, ist die **Rue des deux Empereurs (6),** die Straße der zwei

Kaiser. Der Habsburger-Kaiser Karl V. verbrachte im Oktober 1541 hier einige Tage im Stadtpalais des Grafen Filippo Cataccioli (Haus Nr. 22), als ihn widrige Winde auf dem Rückweg von einem mißglückten Algerien-Feldzug auf Korsika Schutz suchen ließen. Das kaiserliche Wappen in dem marmornen Renaissancekapitell über der Tür des ansonsten schlichten Hauses erinnert an das Ereignis.

Der zweite Kaiser, damals noch der französische Leutnant Napolione Buonaparte, logierte zusammen mit anderen korsischen Freiwilligen vom 22. Januar – 3. März 1793 im (ebenfalls recht einfachen) Haus Nr. 31. Auch sein Einsatz – von Bonifacio aus sollte Sardinien erobert werden – blieb erfolglos. Er schob die Schuld am Fehlschlag des Unternehmens indes auf sein vormaliges Idol, auf Pasquale Paoli, der diesen fragwürdigen Feldzug befohlen hatte.

Den Mittelpunkt der Altstadt bildet die **Kathedrale Ste. Marie-Majeure (7)** mit ihrem auffälligen und als Orientierungspunkt nützlichen eckigen Glokkenturm. An der Kathedrale wurde seit ihrer Fertigstellung im 14. Jh. derart ausdauernd gebaut – die klassizistischen Portale z. B. stammen von 1879 –, daß sie keinen einheitlichen Baustil mehr aufweist. Das gilt auch für das Kircheninnere, dessen prunkvolle Ausgestaltung vom Reichtum der Stadt zeugt. Bemerkenswert ist ein römischer Marmorsarkophag aus dem 3. Jh.

Die unregelmäßig am Außenbau verteilten Bogen, die, hoch über den Köpfen der Passanten, wie kleine Brücken zu den Nachbarhäusern wirken, waren Teil eines Leitungssystems, über das früher Regenwasser von den Dächern in eine Zisterne geleitet wurde. Unter der hölzernen Loggia vor dem Portal befindet sich noch das heute nicht mehr genutzte, 650 m^3 fassende Wasserreservoir. Hier tagte zu genuesischer Zeit der Rat der Stadt, hier hielt ihr Oberhaupt, der *Podesta*, Gericht. Heute wird der Platz für Kulturveranstaltungen genutzt: Beim Sommerfestival ›Les voix de la Méditerranée‹ treten Anfang September hier Musik- und Theatergruppen aus dem ganzen Mittelmeerraum auf.

Wer noch tiefer in die Altstadt eindringt, kommt zur 1528 errichteten **Kirche St. Jean-Baptiste (8)** in der gleichnamigen Straße. Von hier startet alljährlich am 29. August, dem Tag, an dem Johannes der Täufer enthauptet worden sein soll, eine Prozession. Noch beeindrukkender ist der Karfreitagsumzug der fünf Bruderschaften Bonifacios: Bis zu 800 kg schwere Reliquienschreine *(casci)* werden im Lichte von Papierlaternen *(catatorci)* durch die Stadt getragen. In der Rue St. Jean Baptiste bietet ein Bäcker jene Kuchen feil, die traditionell zu den Festtagen gegessen werden, vor allem die süßen *Fagasi.*

Die parallel verlaufende Rue Fred Scamaroni mündet durch die ›Porte de France‹ in die Avenue Charles de Gaulle, die zu einem Parkplatz und dem Syndicat d'Initiative (9) führt. Hier endet die Altstadt – der Rest der Halbinsel wurde für militärische Zwecke weitgehend planiert und mit einer Kaserne sowie Festungsanlagen bebaut. Die Fremdenlegion unterhielt hier bis 1983 einen Stützpunkt. Ein pathetisches **Denkmal (10)** – die Legion hat es 1963 aus Algerien mitgebracht – erinnert an ihre Rolle in den französischen Kolonialkriegen. Die Kasernen belegen heute reguläre französische Truppen.

In direkter Nachbarschaft der Kasernen findet man die Kirche **St. Dominique (11)** mit ihrem weißen, von Zinnen bekränzten und weithin sichtbaren Turm; die einzige gotische Kirche auf der Insel. Ursprünglich waren hier Tempelritter zu Hause. Dominikaner-Mönche ließen die dreischiffige Kirche zwischen 1270 und 1343 errichten: als genuesischen Bau mit Arkaden, hohen Fenstern und Spitzbogen. Das dazugehörige Kloster wurde im 17. Jh. und 19. Jh. erneuert. Im Innern beeindruckt außer dem hohen und hellen gotischen Kirchenschiff vor allem die barocke Orgel.

Über ein Leitungssystem wurde früher die Zisterne gefüllt

Soldaten – keine Legionäre – sind nicht selten in Bonifacio

Die Ruinen einiger Windmühlen und die **Kirche St. François,** im Kern aus dem 14. Jh., können weiterhin besichtigt werden. Auch der **Friedhof,** eine wahre Totenstadt, ist sehenswert. Vor allem aber lohnt sich ein Rundgang in den Festungsanlagen, die die Halbinsel säumen. Sie ermöglichen zahlreiche Rund- und Überblicke auf den Fjord mit der Catena-Bucht und ihrem Badestrand, den **Leuchtturm ›Madonetta‹,** die weiße Kreideküste und Sardinien.

Ein noch reizvollerer Spaziergang führt von Bonifacio nach Osten über den Klippenweg *(circuit pédestre des falaises)* zum 5 km entfernten **Leuchtturm von Pertusato.** Der Blick zurück auf die Stadt gehört zu den beeindruckendsten Aussichten der ganzen Insel (s. Farbabb. 10). Aber Vorsicht ist geboten: Überraschend heftige Böen können sehr gefährlich werden. Kein Baum bricht ihre Kraft, denn außer den kleinen Sträuchern der Garrigue wächst hier wenig. Dafür sorgen schon die Schafe, die man überall weiden sieht. Grundsätzlich sollte man vermeiden, zu dicht an den Rand der Kreideklippen zu treten. 1990 stürzte eine deutsche Touristin bei Bonifacio 50 m tief mit bröckelndem Gestein die Klippen hinunter – und hat den Sturz fast unverletzt überlebt!

Der extreme Süden

Auch Autofahrer können den Leuchtturm von Pertusato erreichen: über eine Abzweigung der D 260 und eine verfallende Bastion. Diese Straße ist Teil eines Wegenetzes, das das **Capo Pertusato,** die südlichste Spitze Korsikas, überzieht. Macchia und weiße Steine prägen die Landschaft – die Bauern haben die Brocken mühsam aus ihren Feldern gesammelt und zu Mauern geschichtet. Zwischen diesen weißen, überwucherten Mauern sind die Straßen oft so eng, daß gerade Platz für einen Wagen bleibt. Aus Kalkstein bestehen auch die Häuser, auf die man hin und wieder stößt. Die originellen *Barraconi,* winzige Hütten, die so schon in der Antike gebaut wurden, dienen den Bauern als Unterschlupf und Schuppen für Ackergeräte.

In Sichtnähe liegt die **Ile Cavallo,** ein Beispiel für die umstrittene Art des Luxustourismus, der sich auch am Cap Sperone breitmacht und hier wie dort bereits Ziel von Attentaten war. Die Insel, auf der einst römische Sklaven Steine brachen, befindet sich fest in den Händen italienischer Kapitalgesellschaften und des weltweiten Jet-Sets. Die Millionäre wollen beim Genießen ihres Reichtums und beim exklusiven Badevergnügen lieber unter sich bleiben. Mit einem ›Warnschuß‹ tötete 1978 Prinz Viktor Emanuel einen deutschen Studenten.

Einem breiteren Publikum steht der **Golf von Sta. Manza** offen, der die Pertusato-Halbinsel im Norden begrenzt. Man erreicht ihn auf der nach Osten führenden D 58 von Bonifacio aus. Unterwegs lockt ein kleiner Fußmarsch zu dem ehemaligen **Kloster St. Julien,** das allerdings nicht besichtigt werden kann. An dieser Stelle soll Franz von Assisi 1214, unerkannt von den Mönchen des damaligen Klosters, einige unbequeme Nächte im Freien verbracht haben.

Der tief ins Land reichende Golf von Sta. Manza mit seinen Stränden und Klippen wurde lange unter Surfern und Schnorchlern als Geheimtip gehandelt. Heute gibt es in dem Fischerort **Gurgazu** mit seinem schönen Blick über den Golf auch Hotels und Restaurants.

Parallel entlang der ganzen Küste westlich von Bonifacio bis hin zum **Cap de Roccapina** verläuft die N 196; die zahlreichen Strände sind jedoch vielfach nur von der Seeseite erreichbar, denn die wenigen Wege führen oft zu privaten Ferienanlagen. Am **Capo di Feno** bietet sich von der Wallfahrtskirche St. Trinité ein Blick auf das 7 km entfernte Bonifacio.

Im weiteren Verlauf der N 196 kommt man zum **Golfe de Ventilegne;** an seinem Südufer erinnert eine gut erhaltene Geschützstellung an den Zweiten Weltkrieg. Von hier überblickt man einen typischen Teil der korsischen Südküste: dichte, kurze Macchia, von grauen Steinbrocken durchstoßen, das grüne Mündungsdelta des Ventilegne und im Hintergrund die Montagne di Cagna, das südlichste Gebirge Korsikas. Die menschenleere Landschaft wirkt hier auf weite Strecken eher eintönig, vor allem im Herbst, wenn die Macchia unter der sengenden Sonne verdorrt.

Das Bild könnte sich schon bald ändern, denn die Strände des Golfs von Ventilegne haben bereits das Augenmerk von Spekulanten geweckt. Wilde Camper und Schwimmer, die ihre Autos auf dem breiten Strand parken, scheinen die touristische Nutzbarkeit des Gebiets zu beweisen. Potentielle Nachahmer warnt die Polizei, daß gerade an solchen menschenleeren Stränden die meisten Wagen ausgeraubt werden.

In weniger trostlose Regionen führt, 15 km hinter Bonifacio, die D 859: in Richtung Norden über **Figari,** wo ein kleiner Flughafen liegt, und Sotta nach Porto-Vecchio. Der landschaftliche Unterschied ist augenfällig: Ein breites Tal mit Korkeichen und grünen Wiesen öffnet sich, auf denen Kühe weiden. Rechter Hand sind sanfte Hänge teils mit dichter Macchia, teils mit den Weinreben des Anbaugebiets von Figari bewachsen, aus dem recht ansprechende rote AOC-Weine stammen.

Beim Dörfchen Montilati kann man die **Kapelle S. Quilico,** eine gut erhaltene pisanische Kirche aus dem 12. Jh., besichtigen, deren Besonderheit ihr Tonnengewölbe ist. Sie mißt nur 7 m und besitzt ein einziges kleines Fenster. Am Ende dieser Straße stößt man bei Ceccia auf die Spuren der ›Torreaner‹ (s. S. 47 und 202 f.). Im reizvollen **Sotta,** wo es auch ein Hotel gibt, sollte man sich vor allem den alten Kern des Dorfes, etwas abseits der Hauptstraße gelegen, ansehen. Die für korsische Verhältnisse verstreut liegenden Häuser dieses typischen *Piaghia*-Dorfes scharen sich um bizarre Felsblöcke. Bis ins 19. Jh. hinein haben in ihrem Schutz Hirten aus der historischen Landschaft Alta-Rocca ihr Winterquartier am Ende des Herdenwegs unterhalten.

Den Spuren der Transhumanz (s. S. 25) folgt die D 59 nach Levie. Diese kurvenreiche Straße über das Granitgebirge **Montagne di Cagna** eröffnet grandiose Ausblicke über das Flußtal des Stabiacco bis hin zum Golf von Porto-Vecchio. Ihren höchsten Punkt erreicht sie mit 809 m beim **Col de Bacinu.** Auf dieser nördlichen Seite ist das Cagna-Gebirge mit seinen bizarren Felsformationen wasserreich und bewaldet, in seinem Zentrum, beim 1339 m hohen **Punta d'Ovace,** und an der allmählich zur See auslaufenden Südflanke dagegen unwirtlicher, kaum besiedelt und erschlossen. Temperaturschwankungen und chemische Prozesse haben hier aus dem geäderten Urgestein Granit abenteuerliche Formen entstehen lassen.

Wie von Riesenhand aufgetürmt wirken diese Felsenburgen, wie von Riesenhand zerstreut die Block- und Felsenmeere, besonders am Südhang des Bergmassivs. In ihrer Nähe finden sich auch häufig ›Wackelsteine‹: Auf kleinster Fläche ruhen mehr oder weniger mächtige Granitbrocken, die vermutlich unterhalb einer Erdschicht, durch den Einfluß von Sickerwasser, entstanden. Der auffälligste und größte ist der **Omo di Cagna,** auch ›Drachenkopf‹ genannt. Seine 400 Tonnen Gewicht ruhen auf einer Auflagefläche von nicht einmal einem Quadratmeter!

Der Omo di Cagna liegt in über 1000 m Höhe oberhalb des Bergdorfes Gianuccio, dem man seinen Ursprung als Bergerie ansieht. Um dieses Dorf auf der Südseite des Gebirges, am Ende der D 50, zu erreichen, müssen wir zunächst wieder zurück auf die N 196, die wir zum Abstecher nach Figari und Sotta verlassen haben. Die Nationalstraße durchquert eine der wenigen Siedlungen dieser Region, den Doppelort **Pianottoli-Caldarello.** Zwei Badestrände verschaffen den ortsansässigen Betreibern von Restaurants, drei Hotels und zwei Campingplätzen die Lebensgrundlage. Bizarre Felsen und ausgedehnte Trümmerfelder kennzeichnen die Umgebung und scheinen sich förmlich in den Ortsteil Caldarello zu drängen, der aus einer Höhensiedlung entstand.

Die Römer haben hier, in Ficaria, einen Hafen unterhalten, die Genueser einen Wachturm gebaut, der noch immer steht. Die beiden kleinen Flüsse Rau de Canella und Rau de Suale Vecchio ließen die Gegend jedoch versumpfen und machten sie wegen der Malariagefahr unbewohnbar. Noch zu Beginn des 19. Jh. standen im nördlichen Pianottoli nur vier Häuser, in Caldarello ein paar Hütten für Hirten, die heute verfallen sind.

Unberührter vom Tourismus ist **Monacia-d'Aullène,** eine Streusiedlung, wie sie hier im Süden der Insel häufig zu finden ist. Der Name kennzeichnet es als ehemaligen Winterstützpunkt der Hirten von Aullène im Alta-Rocca. Heute wird hier Wein angebaut. Im nördlichen Teil des Dorfes (oberhalb der in Stein gefaßten Quelle) findet man kaum noch wahrnehmbare Mauerreste. Hat hier das Kloster der hl. Monika gestanden, von dem Papst Gregor der Große 591 in einem Brief an einen seiner Sendboten auf der Insel berichtete, es sei die Gründung einer frommen Frau namens Labiana? *Munacia d'Auddè,* wie die Korsen es nennen, liegt am Anfang der Straße, die sich anschließend über 5 km durch ein bewaldetes und immer enger werdendes Tal bis nach **Gianuccio** windet.

Eine Raststätte weist im weiteren Verlauf der N 196 auf die letzte Attraktion vor der Grenze zum Sartenais hin, die der Ortolo bildet: den **Rocher du Lion** beim Cap de Roccapina. Der Felsen sieht einem Löwen wirklich ähnlich – einem Löwen, der einen Genueser-Turm anbrüllt. Ein in den Sarazenen-Kriegen bewährter Edelmann, so weiß die Legende zu berichten, erstarrte einst aus Verzweiflung über eine unerwiderte Liebe zum steinernen Löwen. Sein letzter Blick soll der kühlen Jungfrau gegolten haben. Der letzte Blick der heutigen Besucher gilt der Aussicht über das Meer und der Küste, an deren Ende sich die weiße Festung Bonifacio erhebt.

SARTÈNE

Finstere Reize

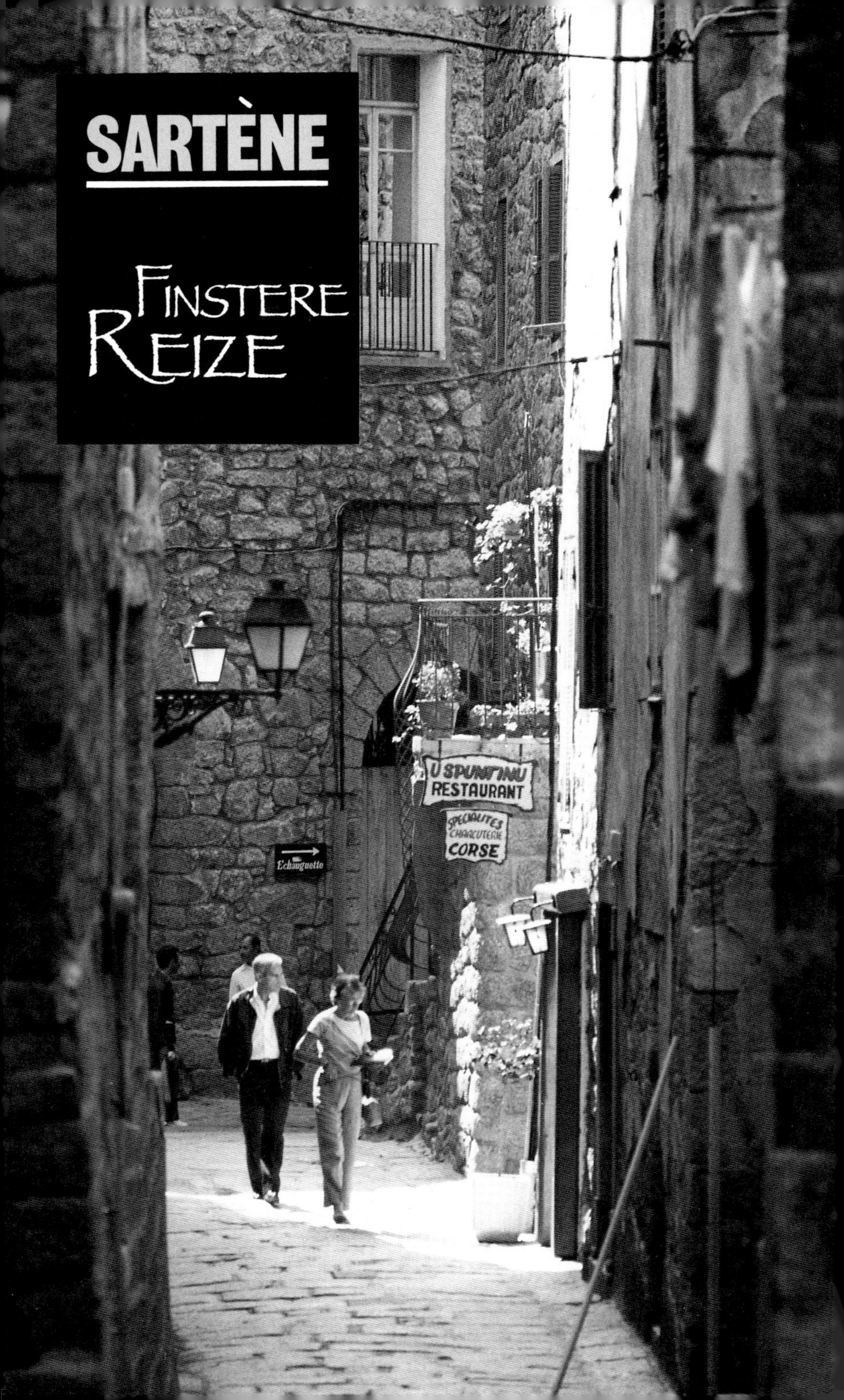

Hinter einer reich gegliederten Küste, zwischen den Unterläufen der Flüsse Ortolo und Taravo, liegt das Hügelland des Sartenais, durchflossen vom Rizzanèse. Taravo und Rizzanèse, beide 53 km lang und damit die größten Flüsse des Süd-Départements, bilden hier vergleichsweise breite Talebenen, in denen Rebflächen sich mit Olivenhainen abwechseln, Gemüse und Obst angebaut werden und Kühe weiden. Die Region, über Jahrhunderte eher die *Piaghia* von Dörfern im Landesinnern als selber Siedlungsgebiet, ist noch immer weitgehend leer von Menschen und Dörfern.

Invasoren von See und die unaufhörlichen Kämpfe des Feudaladels haben die Gegend entvölkert, ganz ähnlich wie im westlich angrenzenden Ornano. In dieser *Terre des seigneurs* lebte mit der weitverzweigten Familie Rocca eine besonders erfolgreiche Adelssippe. Der Golf de Valinco wird auf alten Karten Golf della Rocca genannt, die Landschaften Rocca (um Fozzana) und das Alta-Rocca (Hohes Rocca) oberhalb von Sartène erinnern noch heute an sie.

Die Hauptstadt des Sartenais ist Sartène, korsisch *Sartè,* mit 20000 ha Fläche die größte Gemeinde auf Korsika. Über 3000 Einwohner leben in dieser »korsischsten aller korsischen Städte«: Kein Reiseführer verzichtet auf dieses Mérimée-Zitat. Es bezieht sich neben der Lage der Stadt, die festungsartig das breite Rizzanèse-Tal beherrscht, auf die ›typische‹ Altstadt und nicht zuletzt auf die blutige Geschichte von *Sartè*. Heute leben vor allem ›Gastarbeiter‹ in den turmartigen Granithäusern an finsteren Gassen: Den Korsen selbst ist die abweisende Mittelalterlichkeit, die auf Touristen so anziehend wirkt, zu unwohnlich geworden.

Sartène und das Sartenais galten bis in die jüngste Vergangenheit als Hochburg der Vendetta. Eine Mischform sozialer und feudaler Fehden zwischen den Bewohnern der Oberstadt, dem *Borgo,* und der Altstadt hat noch im 19. Jh. zu einem regelrechten Bürgerkrieg geführt. Heute wird ausgerechnet Sartène, wo die Mitglieder der *Sgio,* des Stadtadels, bis in die jüngste Vergangenheit das Sagen hatten, kommunistisch regiert – ein roter Stachel im Fleisch des konservativ dominierten Départements Corse du Sud.

Die Grundlage der sozialen Spannungen legten die Genueser im 16. Jh., als sie auf einem Felsen hoch über dem Fluß Rizzanèse eine Festung errichteten, den Kern des heutigen Sartène. Hinter ihren Mauern durften nur Ligurier leben. Diese ›Wehrbürger‹ sollten die unzuverlässigen kolonisierten Korsen kontrollieren und das im weiten Umkreis verödete Land wieder besiedeln. Sarazenen- und Barbaresken-Einfälle (an die das Capo di Muro erinnert) und die Feudalkriege hatten das Küstenland entvölkert: Barbaresken aus Algier plünderten noch 1583 die Stadt und führten mindestens 300 Menschen in die Sklaverei.

Erst nach diesem Zwischenfall durften sich Korsen aus den Bergdörfern des Alta-Rocca in Sartène bzw. in dessen Vor- oder Neustadt, dem **Borgo,** ansiedeln. Sie und ihre Nachkommen hatten es schwer, Anerkennung als gleichberechtigte Bürger zu finden. Eine feine Adresse ist das *Borgo* nie geworden, in das man von der **Place de la Libération** oder über die Treppen vom Straßenzug

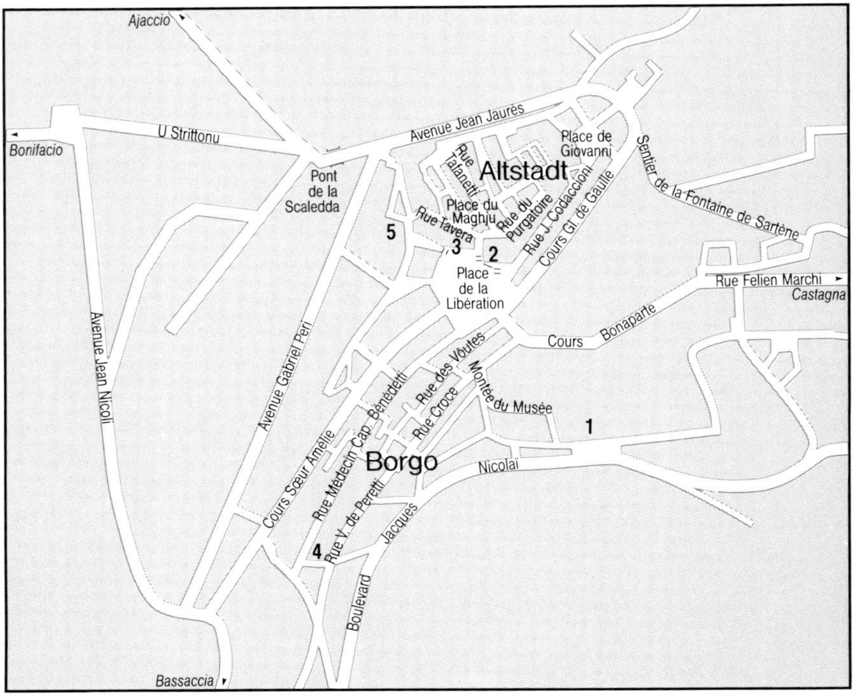

Sartène 1 Prähistorisches Museum 2 Kirche Ste. Marie 3 Hôtel de Ville 4 Kirche St. Sébastien 5 Post

Rue Médecin Capitaine Bénédetti gelangt. Nicht von ungefähr wurde noch 1840 das Stadtgefängnis in diesem ›Armeleuteviertel‹ errichtet. Es beherbergt heute das bedeutende **Prähistorische Museum (1)**, unverzichtbar zur Vor- oder Nachbereitung von Besichtigungen der zahlreichen frühgeschichtlichen Fundorte im Süden Korsikas.

Nur ein winziges Ecktürmchen, die *Echauguette* aus dem 12. Jh. (Wegweisern folgen), blieb von den Anfängen Sartènes als korsische Stadt übrig. Die ältesten der hohen, düsteren Altstadthäuser wurden trotz ihres ›mittelalterlichen‹ Aussehens erst im 16. Jh. gebaut. Das vornehmste Viertel der Altstadt, Ste. Anna an der Rue J. Codaccioni, prägen Gebäude aus dem 19. Jh. Auch die **Kirche Ste. Marie (2)**, auf einer eingestürzten Vorgängerin des 16. Jh. erbaut, stammt aus dem 19. Jh. Zwischen ihr und dem Rathaus, dem **Hôtel de Ville (3)**, befindet sich der eine Zugang in die Altstadt; den anderen bildet eine Passage unter dem Rathaus, dem ehemaligen genuesischen Gouverneurspalast.

Ste. Marie überragt die schattige Place de la Libération, die den Einheimischen als Promenade dient und von Terrassenrestaurants gesäumt wird. Von hier aus schweift der Blick über das fruchtbare Rizzanèse-Tal. Ein gewaltiges Ehrenmal erinnert an die im Zweiten Weltkrieg gefallenen Soldaten, ein bescheideneres auf der gegenüberliegenden Platzseite an den verlustreichen Kampf der Résistance. Im Alta-Rocca hatten *Maquisards* den deutschen Durchmarsch im September 1943 in mehrtägigen erbitterten Kämpfen aufgehalten und so den Einsatz alliierter Truppen beim Endkampf im Norden ermöglicht (s. S. 70f.).

»*Perdono Mio Dio/Mio Dio perdono*«: Mehr verzweifelt als hoffnungsvoll klingt der Singsang der Gläubigen bei der nächtlichen Karfreitagsprozession, der **Catenacciu.** Das Gebet wird untermalt vom schaurigen Klirren und Scharren einer schweren Kette, die der *Catenacciu* (der Gekettete), an bloßen Füßen über das Pflaster der Straßen schleift: von der Marienkirche bis zur **Kapelle St. Sébastien (4)** und zurück. Auf dem Rücken schleppt er ein gewaltiges Kreuz, das man das ganze Jahr über in der Marienkirche bestaunen kann. Mit seinem Leiden und seiner Erniedrigung sühnt er eine besonders abscheuliche persönliche Freveltat sowie die Sünden der ganzen Stadt. Dieser ›große Büßer‹ bleibt in seinem roten Kapuzenmantel anonym. Er wird von den Priestern aus einer langen Warteliste auserwählt. Auch der weiß gewandete ›kleine Büßer‹, der ihm an manchen Stationen seines Bußwegs helfen darf, wahrt sein Inkognito. Zu Tausenden strömen die Touristen in der Osterzeit nach Sartène, um das düstere Schauspiel mitzuerleben, das jedoch von den Korsen nicht als folkloristische Show verstanden wird. Die *Catenacciu*-Prozession zeugt vielmehr von einer tiefempfundenen Religiosität – gehört doch die Selbstaufopferung zu den Wesensmerkmalen, die man gemeinhin den Korsen zuschreibt.

Nur der Priester kennt die Identität des ›Catenacciu‹

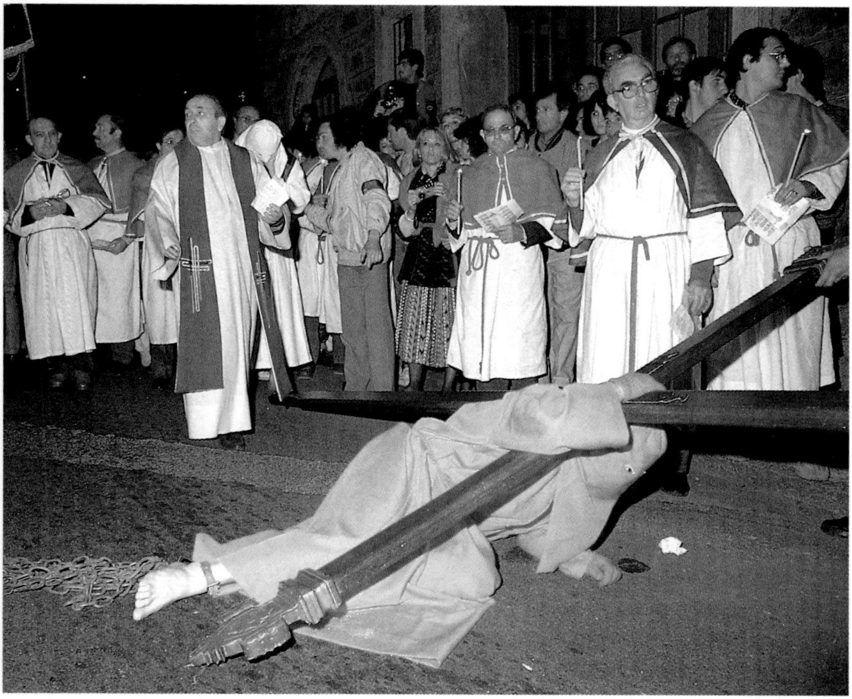

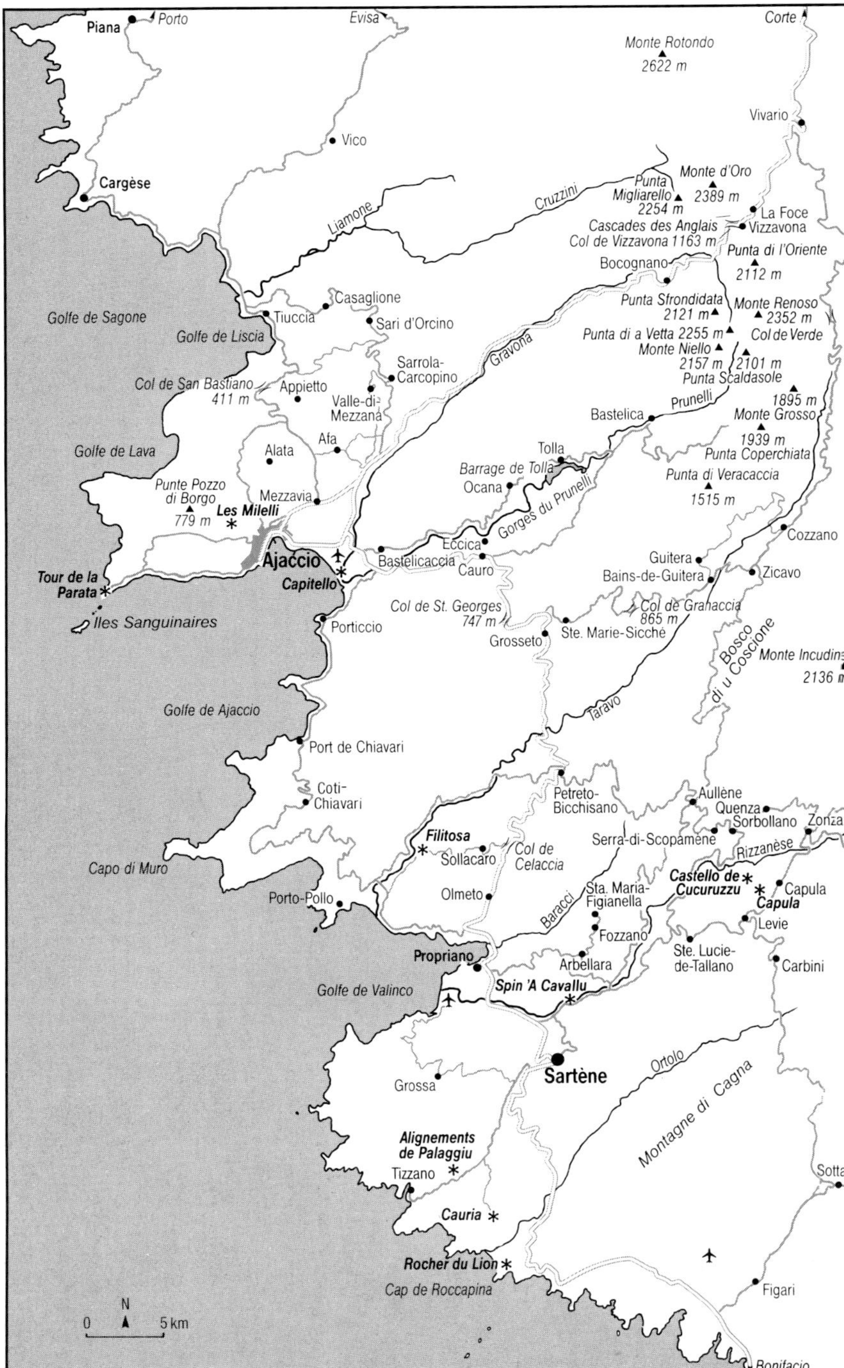

Routen Südwesten

Die ›Route des Mégalithes‹

Die strategisch günstige Lage der Festung Sartène auf der südlichsten Felsnase des Granitgebirges wird noch einmal sichtbar, wenn man die Stadt verläßt und auf der D 48 nach **Tizzano**, dem früheren Hafen Sartènes, an die Küste fährt. Dieser Fischerort mit seiner kleinen verfallenen Festung aus der Genueser-Zeit ist ein liebenswerter Ferienort geworden und wegen seiner – nicht ungefährlichen – Felsenküste ein Paradies für Taucher und Schnorchler.

Zu den wenigen winzigen Dörfern, die sich im extrem dünn besiedelten südlichen Sartenais trotz permanenter Kriegsgefahr gehalten haben, gehört **Grossa.** Der Abstecher über die D 21 lohnt sich schon wegen der Blockmeere, die man dabei passiert. Diese Straße führt im weiteren Verlauf an die Südseite des Golfe de Valinco, an dem Propriano liegt. Grossa wurde vor allem als Geburtsort des korsischen Chronisten Giovanni della Grossa (1388–1464) bekannt. Hier schrieb dieser Jurist und Verwaltungsfachmann die Geschichte seines Volkes nieder, eine der wichtigsten historischen Quellen. Eine überraschend große pisanische Kirche aus dem 12. Jh. liegt malerisch im saftigen Wiesengrund unterhalb des Dorfes. Sie ist, wie viele Kirchen der Epoche, Johannes dem Täufer geweiht und eine der schönsten romanischen Kirchen Südkorsikas.

Das Gebiet südlich von Sartène war indes schon viel früher besiedelt, wie die vielen vorgeschichtlichen Anlagen beweisen. Vor allem eine Fundstätte von Spuren frühester Besiedlung in dieser problemlos zugänglichen Ebene, die gerade deshalb auch Invasoren anzog und später verödete, ist einen Besuch wert: die **Alignements de**

Der Dolmen von Fontenaccia

Palaggiu. Von den 258 teilweise liegenden Monolithen der Steinreihen von Palaggiu, der größten Menhiransammlung auf Korsika, sind drei zu *Stantari* bearbeitete Stelen. Diese *Paladini* (Ritter) tragen sogar zwei Waffen, was selbst auf Korsika selten vorkommt. Die Anlage erreicht man (von Sartène aus gesehen) rechts von der D 48 auf einem Feldweg nach 20 Minuten Fußmarsch. *Campu dei Turchi,* Türkenfriedhof, nennen die Korsen die Anlage, die in ihrer ganzen Pracht erst 1968 ausgegraben wurde. Ihre Entstehung wird auf die Zeit zwischen 1900 und 1000 v. Chr. angesetzt.

Der Wegweiser ›Cauria‹ zeigt von der D 48 ostwärts. Wenn man ihm folgt, muß man nach 6 km Fahrstrecke dann ein Stück zu Fuß durch die Macchia und über Wiesen laufen: Hier liegen gleich drei prähistorische Fundstätten in Sichtweite. Die Menhire der zwei Reihen des kurzen **Alignement de Stantari** stammen aus dem 2. Jt. v. Chr.; zwei von ihnen haben andeutungsweise Hände, und einer weist zwei Löcher im Kopf auf. Sollten sie, wie Grosjean vermutete, zur Befestigung von Hörnern dienen?

46 kleinere Menhire und unbehauene Steine stehen und liegen unterhalb der Felswand und etlichen Ölbäumen einige hundert Meter weiter; sie bilden das **Alignement de Renaggiu.** Am beeindruckendsten ist freilich der ebenfalls nahe **Dolmen von Fontenaccia** mit seiner mehr als drei Tonnen schweren Deckplatte. Die alten Korsen fanden den menschenleeren Ort unheimlich und nannten den Steintisch *Stazzona del Diavolo,* Teufelsschmiede.

Ausflüge ins Taravo-Tal: Filitosa

Nur 13 km von Sartène entfernt liegt **Propriano** an der N 196. Die touristische Hochburg hat längst Tizzano als Hafen von Sartène abgelöst, verfügt sogar über einen Flugplatz, ist Fährhafen und Ausgangspunkt für Küstenfahrten und bietet vor allem Wasserfreunden alle nötigen touristischen Einrichtungen. Die Stadt, schon jetzt größer als Sartène, wächst einer rosigen Zukunft entgegen.

Weit ansprechender ist **Olmeto,** dessen Bewohner von ihrem 360 m ü. d. M. gelegenen Ort auf Propriano ›herabschauen‹: Besonders nachts bietet das Lichtermeer ein beeindruckendes Bild. Der Panoramablick bei Tage schweift über den Golf, eines der beliebtesten Segelreviere der Insel, umstanden von Genueser-Türmen, Ferienorten sowie Bungalow- und Hotelanlagen. Mit Olmeto-Plage besitzt der Ort sogar selber einen Ableger, der vom Strandtourismus profitiert (s. Abb. S. 90f.). Am anderen Ufer der Taravo-Mündung wartet mit **Porto-Pollo** ein ehemaliges Fischerdorf auf seine weitere Entwicklung zum Ferienparadies.

Wenige Kilometer nördlich von Olmeto, am Col de Celaccia, bietet sich die hier abzweigende D 302 zu einer kleinen Rundfahrt über die Halbinsel an. Schon das grüne und sanft gewellte Tal des Taravo, aber auch das reizvolle **Sollacaro** lohnen diesen Abstecher. In diesem romantischen Dorf traf im November 1765 James Boswell erstmals seinen späteren Freund Pasquale Paoli. Über dem Dorf stehen die Reste einer Burg aus dem Jahre 1571, mit der die Familie d'Istria ihre Herrschaft sicherte.

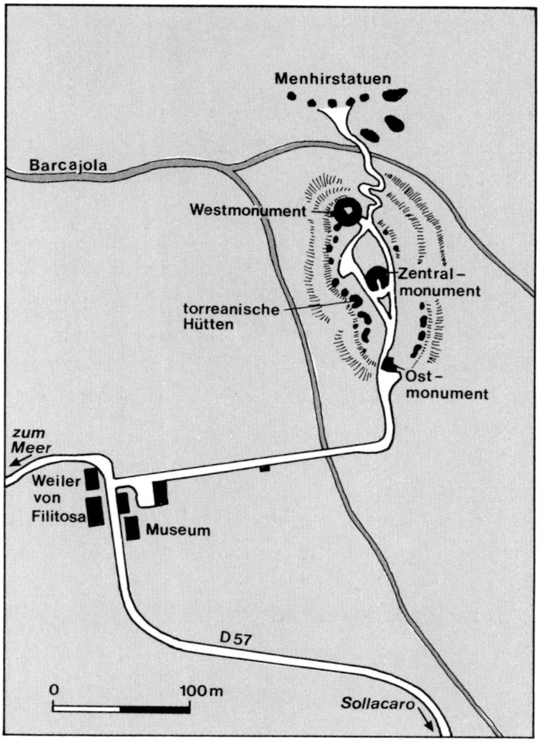

Lageplan von Filitosa

Der eigentliche Magnet dieser Region liegt indes auf dem Boden des Dörfchens **Filitosa,** 8 km weiter westlich. Hier weiden seit Jahrhunderten Kühe unter Steineichen und Oliven, zwischen den Felsen aus grauem Granit. *Tafonis* und Wackelsteine, gehäufte Brocken und merkwürdige Mauern zeichneten einst das Grasland des talbeherrschenden Hügels aus. Seinem Besitzer fielen in den 40er Jahren unseres Jahrhunderts zudem vier Steine auf, die Spuren von Bearbeitung aufwiesen. Die Engländerin Dorothy Carrington, eine Schriftstellerin, bekam als erste Fremde seinen Fund zu sehen: Damit war Filitosa ›entdeckt‹, das unbestrittene Zentrum der korsischen Vorgeschichte (s. a. S. 81). Was dort heute an behauenen Menhiren aufgereiht steht, wurde jedoch z. T. aus der weiteren Umgebung zusammengetragen, ja sogar aus Häusern und Hütten ausgebaut.

Ab 1954 hat der damals 34jährige Archäologe Roger Grosjean (er starb bereits 1975) diesen Schatz gehoben: die Hälfte aller auf Korsika bislang gefundenen *Paladini* sowie die ausgedehnteste Siedlung der ›Torreaner‹. Der beeindruckendste Recke empfängt die Besucher bereits am Beginn des zur Anlage führenden Fußwegs (s. Abb. S. 81). Man betritt sie am Ostmonument, wo zyklopische Mauern natürliche Felsen wie Türpfosten ergänzen.

Dahinter wurden die Grundmauern einer Siedlung freigelegt. Bereits hier fällt das Zentralmonument auf, eine Kultanlage auf dem höchsten Punkt der Gegend. Im Westmonument, einem der typischen Rundbauten der ›Torreaner‹, führt ein über-

Das Zentralmonument in Filitosa

dachter Gang in die Cella; Feuerspuren in ihr lassen auf kultische Handlungen schließen. Von hier sieht man bereits ins Tal des Flüßchens Barcajola, wo fünf schöne *Paladini* aufgerichtet wurden, bewaffnet mit Schwertern bzw. Dolchen.

Die ganze Anlage befindet sich noch immer in Privatbesitz. In einem Souvenirladen wird Schmuck aus den roten Korallen vom nahen Meer vor den Augen des Publikums hergestellt und verkauft. Das Informationszentrum vor Ort dokumentiert die Geschichte der Anlage. Ab ca. 6000 v. Chr. begann die Besiedlung Filitosas, ab 1800 v. Chr. bearbeiteten seine Bewohner – Hirten, Bauern und Fischer – die Menhire, die dann im siebzehnten vorchristlichen Jahrhundert das Aussehen von Kriegern erhielten: Die feindlichen ›Torreaner‹ sollten so gebannt werden (s. S. 81).

Kurz hinter Filitosa wird wieder der **Taravo** sichtbar, dem die Straße nun folgt. Eine lange Brücke überspannt das breite Delta, das man so überqueren kann, um auf Nebenwegen um das Ornano herum bis nach Ajaccio zu fahren. Wer die Brücke rechts liegenläßt, gelangt, vorbei an zwei Genueser-Türmen, am Nordufer des Golfe de Valinco entlang wieder auf die N 196. Folgt man der breiten Nationalstraße durch die üpppige Macchia weiter in Richtung Ajaccio, erreicht man zunächst **Petreto-Bicchisano,** ein großes, freundlich wirkendes Dorf. Hier zweigt die D 420 nach Aullène ab. Läßt man sie rechts liegen, überquert man schon bald erneut den Taravo, dessen Quellen im Waldland des Col de Verde liegen.

Einige Kilometer hinter der Brücke erreicht die Straße den Ort **Grosseto,** dessen Winterweiden bei Porticcio lagen. Hier sollte man unbedingt die Hauptstraße verlassen, um dem Taravo aufwärts zu folgen. Gleich am Dorfplatz zweigt eine Seitenstraße (D 2) nach rechts ab, die nach **Ste. Marie-Sicché** führt, wo man Quartier machen sollte. Die Gemeinde, die Hauptstadt des alten *Pieve* Ornano, war seit dem Mittelalter Sitz einer der mächtigsten Familien der südlichen Feudalherren, des Hauses Ornano.

Hier begegnen wir zum ersten Mal dem Freiheitshelden und ›korsischsten aller Korsen‹, Sampiero d'Ornano, genannt Corso (s. S. 57 f.). Seine Frau Vannina, geborene Ornano, stammte aus dem Ortsteil **Vico.** Ihr Geburtshaus, die Tour Vannina, kann man als solche kaum mehr erkennen, da an den Turm zu Beginn des 20. Jh. ein Wohnblock angebaut wurde. Viel bekannter – und ausgeschildert – ist die Maison de Vannina, korrekter Palazzo Sampiero, dessen Ruine, zusammen mit einer Büste Sampieros, ebenfalls neben einem neueren Wohnhaus steht. Hinter diesem Gebäude zeugt eine schloßartige Villa unter Palmen davon, daß die Familie Ornano, in die der Bauernsohn Sampiero einheiratete, noch immer großen Einfluß besitzt. Ornanos nahmen und nehmen in Frankreich hohe Stellungen im öffentlichen Dienst ein.

Ste. Marie-Sicché liegt bereits 452 m ü. d. M., doch nun windet sich die Straße durch Felsen und Macchia auf den nächsten 10 km noch gute 400 m höher bis zum **Col de Granaccia.** Danach geht es wieder abwärts durch einige kleine Dörfer bis nach **Guitera,** im Mittelalter Sitz der Familie Bozzi, eines illegitimen Zweiges der Ornanos (Burgruine aus dem 13. Jh.). Im unteren Teil des Doppelortes, Bains-de-Guitera, verfallen am Ufer des Taravo, den die D 83 hier erreicht, die Gebäude eines Kurbades für Rheumakranke, das im Jahre 1875 erbaut und noch zwischen den Kriegen betrieben wurde. Heute fließt das bis zu 50 °C heiße Schwefelwasser in eine Art große, steinerne Badewanne im Freien.

Die heutigen Besucher nehmen häufiger einige Kilometer weiter Quartier, in **Zicavo.** Der Ort liegt inmitten eines Dorados für Wanderer, im **Taravu,** einem der ›Sentiers de Pays‹ des Regionalparks und liegt an der Inselüberquerung von Ghisonaccia nach Ajaccio (s. S. 283). Gut ausgeschilderte Wege führen durch die abwechslungsreiche Landschaft am Oberlauf des Taravo sowie in die alpinen Gebirgsregionen des Monte Incudine (2136 m).

Wandervorschlag: Dieser südlichste Zweitausender der Insel ist von der Westseite her leicht zu erwandern. Von der D 69 zweigt südlich von Zicavo die kleine D 428 links ab und führt durch den Buchenwald von Coscione zu den Bergeries de Bassetta. Das Auto muß man erst 1 km weiter stehen lassen, wo rechts der Weg zur Kapelle S. Petru abzweigt. Man folgt dem Weg etwa eine Stunde, bis man auf die rotweißen Markierungen des GR 20 stößt, die den Wanderer zunächst über eine Hängebrücke und dann problemlos auf den Gipfel des **Monte Incudine** geleiten. Für Hin- und Rückweg und 750 m Höhenunterschied muß man allerdings acht bis neun Stunden reine Gehzeit einkalkulieren.

Die genuesische Brücke Spin' A Cavallu im Alta-Rocca ▷

Wandern
im
Alta-Rocca

Im Alta-Rocca, der Region oberhalb von Sartène, hat die Verwaltung des Regionalparks ein Wandergebiet angelegt und ausgeschildert. Es wird durchkreuzt vom südlichsten der Wanderwege, auf denen man ›Da Mare a Mare‹ die Insel überqueren kann. Die vielfältige Landschaft reicht von dichtem Wald über spärliche Macchia bis zu den kahlen Hochebenen oberhalb der Baumgrenze. An den Hängen des **Bavella-Massivs** (1596 m) und des Monte Incudine (2136 m) liegen malerische Dörfer, einst Zentren der Transhumanz, umgeben von Kastanien- und Olivenhainen. Ihre Häuser drängen sich nicht ganz so dicht und festungsartig zusammen wie in den Ortschaften des Nordens, auch wenn sie ebenfalls als Zufluchtstätten vor Angriffen von See entstanden.

Bereits kurz hinter Sartène führt die D 69 durch ein breites Tal an der schönsten Brücke aus der pisanischen Zeit Korsikas vorbei. Der **Spin' A Cavallu,** Pferderükken, dient heute nur noch Fußgängern und Eseln zur Überquerung des Rizzanèse. Für eine **Rundfahrt durchs Alta-Rocca** empfiehlt es sich, an der Straßenabzweigung geradeaus 1 km auf der D 268 weiterzufahren, nach **Ste. Lucie-de-Tallano.**

Die Gemeinde mit knapp 400 Einwohnern entstand 1964 aus dem Zusammenschluß mehrerer verstreuter Ortschaften. Im Sockel des hiesigen Kriegerdenkmals wurde ein sog. Kugeldiodorit eingearbeitet. Diese geologische Rarität stammt aus einem stillgelegten Steinbruch der Umgebung und zeichnet sich durch kugelförmige Einlassungen aus, vulkanische Bestandteile des Urgesteins; sie kommt sonst nur in Finnland vor. Hier befindet sich auch das vielleicht vollkommenste Beispiel eines Turmhauses. Die Bewohner nennen den freistehenden *Torre* ›Sarazenen-Turm‹; es handelt sich um einen Wehrbau, errichtet zum Schutz vor den Seeräubern, die ihre Sklavenjagden bis in diese Gegend vortrugen.

Einer der mächtigsten *Seigneurs* der Insel zu Beginn der Neuzeit, Rinuccio della Rocca, stiftete 1492 den Franziskanern ein Kloster, an dessen gewaltigen Bauten man bei der Ausfahrt des Dorfes vorbeikommt. Die Straße windet sich anschließend in Serpentinen am Berghang hoch und erlaubt einen Blick auf die ›Dachlandschaft‹ des im 16. Jh. erweiterten Klosters: rote Ziegel, von Feldsteinen beschwert.

Levie, eine Kantonshauptstadt, liegt bereits 650 m ü. d. M. Dieses Städtchen lohnt schon wegen seines Ambientes einen längeren Aufenthalt. Im archäologischen Museum der Stadt werden prähistorische Fundstücke aus der Umgebung, vor allem aus Cucuruzzu und Capula, gezeigt, aber auch der älteste Fund eines menschlichen Skelettes auf Korsika, die ›Dame von Bonifacio‹. Mit der Radiokarbonmethode wurde ermittelt, daß sie im Jahre 6750 v. Chr. gelebt hat. Levie liegt etwa auf halber Strecke des südlichsten Fernwanderweges ›Da Mare a Mare‹.

Wandervorschlag: Ein empfehlenswerter Wanderausflug führt von hier in zweieinhalb Stunden nach **Carbini,** wo neben einem Campanile und den Grundmauern eines älteren Gotteshauses die pisanische Kirche S. Giovanni Battista steht. Sie war im Jahre 1352 der Ausgangspunkt der nach ihr benannten Giovannali.

Die Mitglieder dieser religiösen Bewegung zur Zeit von Sambucuccio d'Alando predigten und lebten eine spirituelle Erneuerung auf der Basis absoluter Armut. Der Papst, der sich durch solche ›urchristlichen‹ Forderungen in seinem Prunk- und

S. Giovanni Battista, Vorderansicht und Grundriß (unten)

Machtmonopol angegriffen fühlen mußte, erklärte sie zu Häretikern und sorgte in einem Kreuzzug für ihre Vernichtung. Auch die Geschichtsschreibung ist übel mit ihnen umgesprungen und dichtete ihnen allerlei Greueltaten an.

Ein ausgeschilderter Fußweg führt von Levie nach **Cucuruzzu,** neben Filitosa die bedeutendste vorgeschichtliche Anlage auf Korsika. Auf einer Nebenstraße, die von der D 268 abzweigt (knapp 4 km von Levie entfernt, Richtung Ste. Lucie-de-Tallano), gelangt man näher an das Monument heran: Nach 3,5 km ist jedoch auch hier ein Fußmarsch angesagt. Eine Stunde sollte man sich für den ebenso entspannenden wie idyllischen Rundweg gönnen, der durch eine lichte Waldlandschaft an Granitformationen vorbeiführt.

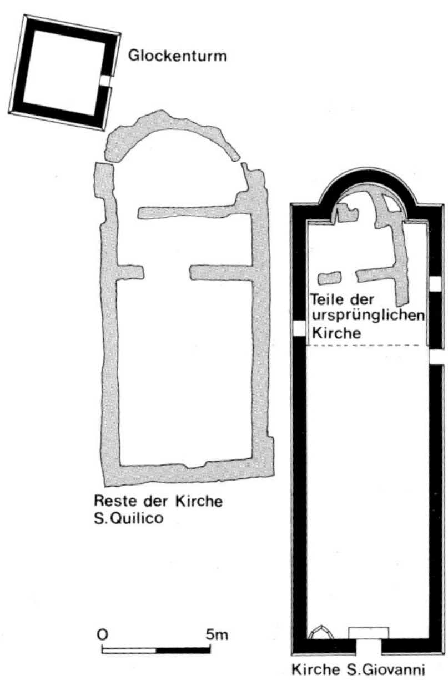

Die bronzezeitliche zyklopische Anlage von Cucuruzzu (880–150 v. Chr.), bei der die ›Torreaner‹ natürliche Gegebenheiten geschickt mit künstlichen Mauern zu verbinden wußten, besteht leicht erkennbar aus zwei Teilen: einer erhöhten Kultstätte mit dem typischen Innenraum, der Cella, und einer Festungsanlage, in die regelrechte Kasematten eingebaut wurden. Das eigent-

In Cucuruzzu gibt es regelrechte Kasematten für die Wächter

liche Dorf liegt im Tal, unterhalb der strategisch günstig auf einem Hügel erbauten Festung. Seine Bewohner waren bereits Bauern, die offenbar nicht nur Viehzucht betrieben, sondern sogar Getreide anbauten, wie Mahlsteinfunde belegen.

Die zweite Attraktion dieses Fußwegs ist die Festung von **Capula,** bei der die Ausgrabungsarbeiten noch andauern. Es handelt sich im Kern um eine torreanische Festung, die jedoch bis ins 14. Jh. hinein bewohnt wurde. So blieb ausgerechnet eine der ältesten Burgen des Feudalzeitalters erhalten, von denen die meisten später den diversen Kriegen und Aufständen zum Opfer fielen. Die Kapelle St. Laurent auf dem gleichen Gelände entstand im 20. Jh. aus den Steinen einer mittelalterlichen Kirche, deren Grundmauern noch neben dem neuen Gebäude zu sehen sind.

Über Zonza führt die Straße nun ins weitläufige **Quenza,** fast 1000 m ü. d. M. zwischen Wiesen, Kastanien und Eichen gelegen. Quenza, touristisch noch nicht so ausgebaut wie Zonza, bietet indes Bergwanderern und Skilangläufern fast noch bessere Bedingungen zum Einstieg in den Südhang des Monte Incudine.

Wandervorschlag: Mit dem Auto kommt man von Quenza aus auf der D 520 bis zum Weiler **Scapa di Noce,** von wo aus gelbe Markierungen den ›Zubringer‹ zum Fernwanderweg GR 20 kennzeichnen. ›Unser Tibet‹ nennen die Korsen dieses Gebiet oberhalb der Baumgrenze. Die Ruinen der zahlreichen Bergerien deuten darauf hin, daß noch in der Zeit zwischen den beiden Weltkriegen bis zu 90 Familien die Sommer mit den ihnen anvertrauten Herden aus Sartène, Olmeto und Sollacaro hier verbrachten. Nach etwa zweieinhalb Stunden Wanderung hat man den GR 20 mit seiner rot-weißen Markierung erreicht. Zur **Bergerie von Asinao** (Übernachtungsmöglichkeit) geht man eine weitere halbe Stunde, von dort zum Gipfel des **Monte Incudine** dann noch einmal zwei Stunden.

Wer noch ein überaus typisches Dorf des Alta-Rocca besuchen will, der mache im ehemaligen Hauptort der Region, in **Serra-di-Scopamène,** Station. Ein Bach treibt hier eine liebevoll restaurierte Mühle, in der Öl aus Oliven gepreßt wird. Serra-di-Scopamène ist ebenfalls ein Etappenort auf dem südlichen Wanderweg quer über die Insel.

In **Aullène,** einem heute weitgehend verlassenen Bergdorf, bewahrten sich die Bewohner nach dem Muster der *Terre des communes* des Nordens bis Ende des 18. Jh. ihre Unabhängigkeit von Grundherren. Noch um die Jahrhundertwende lebten hier annähernd 2000 Menschen vom Reichtum ihrer Herden, deren Winterweiden in Monacia-d'Aullène lagen.

Von Aullène aus bieten sich zwei Möglichkeiten an, die Rundfahrt mit Ziel Sartène zu beenden. Die erste führt, der D 420 folgend, nach **Petreto-Bicchisano.** Diese 20 km lange Strecke wird wenig benutzt, obwohl sie zu den abwechslungsreichsten der Insel gehört. Leider wurde der Kiefernwald an ihrem Anfang, etwa bis zum Col de Tana, ein Opfer des Waldbrands. Im weiteren Verlauf schlängelt sich die Straße an einem Hang oberhalb eines Macchia-Meers entlang, aus dem mächtige Granitfelsen starren. Oberhalb der Straße ragen Kiefern und Kastanien in den Himmel, dazwischen sieht man immer wieder bizarre Porphyrformationen.

Nimmt man ab Aullène hingegen die D 69 nach Süden, so bewegt man sich auf einem berüchtigten Teilstück der alljährlichen Korsika-Rallye. Diese enge, gewundene Straße folgt einem Nebenfluß des Rizzanèse und stößt kurz vor der Brücke Spin' A Cavallu wieder auf die D 268. An diesem Punkt besteht die Möglichkeit, über die D 19 einen Abstecher in den ehemaligen *Pieve* Rocca zu einem kleinen Höhepunkt einer jeden Korsika-Reise zu machen: zum Dorf **Fozzana.** Auf dem Weg dahin ergeben sich märchenhafte Aussichten über das Baracci-Tal und auf den Golf von Valinco, der zu Recht als einer der schönsten der Insel gilt.

Zunächst erreicht man Arbellara, das äußerst fotogen auf einer Bergkuppe thront. Bereits das nächste Dorf ist Fozzana, der Originalschauplatz der Fozzana-Fehde, die Prosper Mérimée zu seiner Novelle ›Colomba‹ inspirierte. Noch immer liegt eine düstere Stimmung über dem Ort, den zwei wehrhafte Wohntürme überragen, beredte Zeugnisse der Macht lokaler *Seigneurs.* Der *Torra nova* im Oberdorf stammt aus dem 16. Jh., der untere Teil des Tour Carabelli oder *Torra vecchia* aus dem 14. Jh.

Colomba Bartoli soll 1775 in dem letzteren das Licht der Welt erblickt haben, ein Jahr, nachdem die Fehde zwischen den Familien Paoli und Bartoli ausgebrochen war. Als 64jährige verbitterte Greisin hat sie Mérimée von den Ereignissen erzählt, bei denen sie ihren Sohn verlor. Nicht sie, sondern ihre Tochter hat indes dem Dichter ›Modell‹ für die Figur der Colomba gestanden.

Nur 1 km außerhalb von Fozzana, schon am Rande des Weilers **Sta. Maria-Figaniella,** liegt eine der wenigen romanischen Kirchen des korsischen Südens, die Sta. Maria Assunta. Die schlichte einschiffige Kirche des 12. Jh. zieren maskenhafte Gesichter, Tiermotive und geometrische Muster.

AJACCIO:

Riviera mit Napoleon

Wenn eine korsische Stadt sich weltweiter Bekanntheit erfreut, dann Ajaccio: wegen Napoleon. Die meisten der rund 58000 *Aiaccini* halten ihre Stadt ohnehin für die schönste überhaupt. Diese Ansicht teilten schon im 19. Jh. die Briten, die als erste Ajaccio und damit Korsika überhaupt als Reiseziel entdeckten. Eine Mischung von Gelassenheit und Temperament, die das Flair der Stadt ausmacht, Boulevards mit Straßencafés, Schaufensterfronten und klassizistische Prachtbauten sorgen für einen Hauch von Paris. Weiße Strände unter grünen Palmen und den Golf von Ajaccio hat die korsische der französischen Hauptstadt indes voraus.

Ajaccio, die größte Stadt auf Korsika, war seit 1811, als Napoleon ihr den ersten Rang vor Bastia einräumte, die Metropole Korsikas und ist heute Sitz der Regionalversammlung, der ›Assemblée Régionale de Corse‹. Zudem gibt es hier den korsischen Gerichtshof, einen Bischof und, wie in Bastia, eine Industrie- und Handelskammer. Nur in bezug auf den Hafen muß Ajaccio Bastia den Vorrang lassen.

Diesen Nachteil macht Ajaccio als ›kaiserliche Stadt‹ jedoch locker wett. Napoleon ist überall präsent: als Namengeber von Straßen, Plätzen und gastronomischen Betrieben, in Stein und Marmor gehauen, als Puppe, auf Tüchern und Tellern der Souvenirindustrie. Selbst die Lokalpolitik wird bis heute von der clanähnlichen Partei der Bonapartisten beherrscht – obwohl Napoleon seiner Vaterstadt einst nur wenig Beachtung schenkte.

Ähnlich anderen Küstenorten kann auch Ajaccio auf eine prähistorische, griechische, römische und frühmittelalterliche Vergangenheit verweisen, von der jedoch kaum Spuren erhalten blieben. Eine Malaria-Epidemie vertrieb die letzten Bewohner, die noch 1420 König Alphons V. von Aragon zugejubelt hatten. Die Gegend lag menschenleer, als die genuesische ›Bank des hl. Georg‹ ihre Wiederbesiedlung beschloß. Im Jahre 1492 begann sie, auf dem Felsen Capo di Bollo ein Kastell und eine Stadt zu errichten. Das Kastell erhob sich an der Stelle, wo heute die Zitadelle den Golf beherrscht. Die Stadt erstreckte sich von dort aus nach Norden, bis zum heutigen Place du Maréchal Foch (s. Farbabb. 8 und Umschlagvorderseite).

Als Kolonisten wurden zunächst nur Italiener, vorwiegend aus dem ligurischen Kleinadel, zugelassen: *Ajazzo* sollte einer der genuesischen Stützpunkte im unruhigen Korsika sein. Neben etlichen anderen Familien kamen so auch die Buonaparti aus

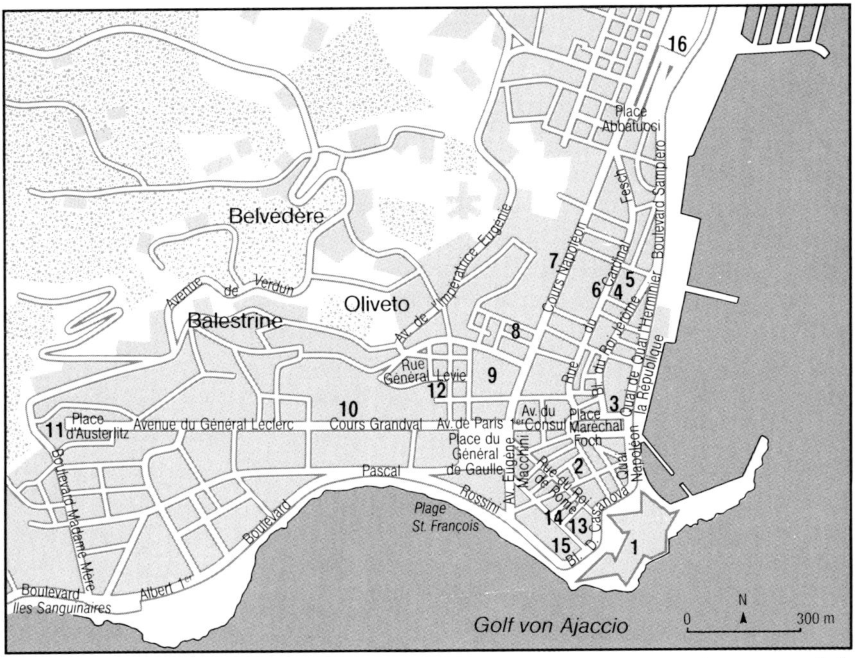

Ajaccio *1 Zitadelle 2 Maison Bonaparte 3 Hôtel de Ville/Tourist-Info 4 Kaiserliche Kapelle 5 Palais Fesch/Fesch-Museum 6 Kapelle St. Roche 7 Kirche St. Roche 8 Post 9 Palais Lantivy 10 Assemblée Régionale 11 Napoleon-Monument 12 Musée A Bandera 13 Musée du Capitellu 14 Kathedrale Notre-Dame-de-la-Miséricorde 15 Kirche St. Erasme 16 Bahnhof*

Sarzana, in der Nähe von Pisa, auf die Insel. Erst 1539 durften Korsen sich hier ansiedeln – wie in Sartène im *Borgo,* der Vorstadt. Heute verläuft hier die Rue du Cardinal Fesch, eine Einkaufsstraße mit Bars und Restaurants. Eine Reihe von Familien aus dem Feudaladel kam so nach Ajaccio und wurde an Genua gebunden. Die Chronik nennt die Namen Ornano, Bozzi, Colonna und Istria. Doch Einfluß auf die städtischen Belange durften sie bis ins 18. Jh. nicht nehmen: Die Macht lag in der Hand eines Präsidenten, der in Genua ernannt wurde.

Zwischen 1553 und 1559 sorgte Sampiero d'Ornano dafür, daß Ajaccio erstmals französisch wurde. Die Franzosen erweiterten die Festung – die gleichwohl eine der kleinsten auf Korsika ist –, nicht ohne etliche Wohnhäuser einzureißen. Ihre heutige Form erhielt sie unter den Genuesern, nachdem diese wieder Herren der Insel geworden waren. Im Herbst, am nationalen ›Tag der offenen Tür‹, haben Zivilisten Zugang zur **Zitadelle (1)** mit ihren historischen Bauten und der grandiosen Aussicht. Ansonsten bewacht das noch immer hier stationierte Militär die Anlage.

Unverkennbar italienische Züge trägt die Altstadt. Hier mischt sich Alltagsleben mit touristischen Angeboten: vom archaischen Kellergewölbe über Musikkneipen wie das ›Son des Guitares‹ und vielen Pizzerias bis zu Feinschmeckerlokalen, von der Galerie über Kunstgewerbeläden bis zum Souvenirshop. In der Rue Emanuel Arène befindet sich die bekannte Buchhandlung ›La Marge‹, deren Schwerpunkt auf Literatur aus und über Korsika liegt.

Das Haus, in dem am 15. August 1769 Napolione Buonaparte als zweites von acht Kindern geboren wurde, das **Maison Bonaparte (2)**, liegt in der Rue Saint Charles. Wie viele Gebäude der Altstadt stammt auch dieser vielbesuchte ›Wallfahrtsort‹ aus dem 18. Jh. Es bewahrt ein eher kurioses Sammelsurium von Erinnerungsstücken an Napoleon und seine Familie auf, etwa deren Stammbaum, von einer Verehrerin aus ihren eigenen Haaren gebastelt. Napoleon I. hat das Haus in seiner heutigen Form im Oktober 1799 als General auf der Rückfahrt vom mißglückten Ägypten-Feldzug kurz besichtigt. Es war gerade renoviert worden, nachdem seine innerkorsischen Gegner es am 25. Mai 1793 aus Zorn über die Flucht der Familie demoliert hatten (s. S. 65).

Ein großer Teil der Exponate erinnert an Napoleon III., der mit seiner Familie häufiger und länger in diesem Haus weilte als sein Onkel (s. S. 237). Napoleons I. Sohn, dem frühverstorbenen König von Rom, wurde ein Denkmal vor dem Haus gesetzt.

Der erste Kaiser wurde in Ajaccio erst posthum beliebt, als man hier einigermaßen französisch geworden war und wie die kontinentalen Franzosen die napoleonische Epoche zu glorifizieren begann. Dabei fiel ein verklärendes Licht auch auf die übrige kaiserliche Familie. Im **Hôtel de Ville (3)** aus der ersten Hälfte des 19. Jh. wurden beispielsweise zwei Räume des Obergeschosses als **Musée Napoléon** mit den Portraits der Mitglieder des Buonaparte-Clans und diversen Devotionalien ausgestattet. In einer von der Rückseite zu erreichenden Halle des Hôtel de Ville befindet sich die einzige Fischhalle Korsikas. Auf dem Square Campinchi an der Rückseite des Rathauses wird täglich von 5–12 Uhr (außer montags) ein Markt abgehalten. Er gilt als der bunteste, fröhlichste und lauteste auf der ganzen Insel.

Die **Place du Maréchal Foch** vor dem Hôtel de Ville erinnert mit ihrem Namen an einen Marschall des Ersten Weltkrieges und mit ihrem Aussehen an die Ramblas von Barcelona. An seinem Kopfende säumen vier Löwen einen Brunnen, aus ihren Mäulern richten sie Wasserstrahlen auf eine 1827 errichtete Statue, die Napoleon als Ersten Konsul darstellt. Er blickt über den Platz auf die Fährschiffe nach Marseille und Toulon und auf die Anlegestellen der Boote, die Ausflüge durch den Golf von Ajaccio, zu den Iles Sanguinaires und an die Westküste unternehmen.

Eine Mole schützt den Hafen mit seinen Sport- und Fischerbooten; er wurde nach Tino Rossi benannt, dem überaus beliebten Schlagersänger aus Ajaccio, der 1983 in seiner Heimatstadt verstarb. Vom Ende der Mole aus hat man einen schönen Überblick über den Ostteil der Stadt und auf die Restaurants an der Hafenpromenade.

Beim Löwenbrunnen beginnt die Rue du Cardinal Fesch. Sie führt ins *Borgo*, das teilweise verwahrloste alte Hafenviertel der Stadt, in dem die Mieten noch erschwinglich sind. Das könnte sich ändern, wenn das inzwischen beschlossene Sanierungsprogramm greift. Schon jetzt haben geschäftstüchtige Gastronomen an den Seitenstraßen, vor allem auf der

O-K
AJ514 410

Seeseite des Viertels, stimmungsvolle Restaurants eingerichtet.

Kurz vor dem Ende der Rue du Cardinal Fesch liegen die **Kaiserliche Kapelle (4)** und das **Palais Fesch (5)**, beide von Napoleon III. errichtet. Die 1858 fertiggestellte *Chapelle Impériale* konnte ihr Bauherr 1869 persönlich einweihen. Sie birgt in der Krypta die Sarkophage vieler Mitglieder der kaiserlichen Familie. Das Palais Fesch öffnete 1990 nach jahrelanger Restaurierung dem Publikum wieder seine Pforten und zeigt im gleichnamigen Museum eine der bedeutendsten europäischen Sammlungen italienischer Malerei, vor allem der Renaissance und des Barock, die der Kardinal im Gefolge seines Neffen Napoleon Bonaparte während dessen Italien-Feldzugs zu beschaffen gewußt hatte.

Schräg gegenüber dem eher abweisend wirkenden Palast steht die **Kapelle St. Roche (6)**, auch *Petit St. Roche* genannt, die alte Hafenkirche. Eine größere **Kirche St. Roche (7)** steht seit 1896 nicht weit entfernt am Cours Napoléon; die schönen Fenster stammen von 1963. Die nahe **Place Abbatucci** überragt die Statue des gleichnamigen Revolutionsgenerals, der 1770 in Zicavo auf Korsika geboren wurde. Rentner schauen hier Pétanque-Spielern zu, Mütter dem Treiben ihrer Kinder. Niemand scheint sich an dem Lärm zu stören, der vom Hafengelände und vom Durchgangsverkehr zum nahen Hafen ausgeht.

Dichter Verkehr rollt – oder steht – auch auf dem Cours Napoléon, benannt nach dem zweiten Kaiser der Franzosen, der diesen Boulevard anlegen ließ. Er führt an Restaurants, Bars, Cafés, Kinos, dem Hauptpostamt (8) und dem Amtssitz des aus Paris entsandten Präfekten der Region Korsika vorbei, dem klassizistischen **Palais Lantivy (9).** Diese Schlagader Ajaccios mündet auf die **Place du Général de Gaulle.**

Niemand in Ajaccio nennt den Platz indes so. Er bleibt vielmehr die ›Place du Diamant‹, so benannt nach einer ehemaligen Bastion: Man hängt hier am Althergebrachten. Der Platz wirkt nach seiner Neugestaltung in den 80er Jahren – mit rotem Granit aus der Gegend von Porto – recht öde. Ein weiteres Napoleon-Denkmal zeigt den Kaiser hoch zu Roß, umrahmt von seinen vier Brüdern, die als römische Liktoren verkleidet sind.

Gegenüber säumen Edelcafés die Avenue de Paris, die mit ihrer Verlängerung, dem Cours Grandval und der Avenue du Général Leclerc, die zweite Hauptachse von Ajaccio bildet. Bei einem Spaziergang stößt man an ihr bald rechter Hand auf eine typisch englische Kirche. Miß Thomasina Campbell ließ sie 1878 errichten, damit die zahlreichen Damen und Herren der Londoner Gesellschaft nicht auf anglikanische Seelsorge zu verzichten brauchten, wenn sie die Winter in Ajaccio verbrachten. Sie wohnten an eben dieser Straße, etwa im Luxushotel Continental mit seinem parkähnlichen Vorgarten, heute der Sitz der **Assemblée Régionale (10)**. Viele der Prachtbauten aus dem 19. Jh., die den Cours Grandval begleiten, haben eine Vergangenheit als Hotels.

Den Höhepunkt dieses Straßenzuges – auch in geographischer Hinsicht – bildet die **Place d'Austerlitz** mit einer Replik der **Napoleon-Statue (11)** vom Invalidendom in Paris, die ihn als General und Eroberer darstellt, so wie man ihn aus den Schulbüchern kennt: den Zweispitz auf dem Kopf und die linke Hand in der Weste. Man muß eine Freitreppe zu ihm

Der Hafen von Ajaccio

Die unheilige Familie

Die im Ursprung toskanische Familie Buonaparte war, wie andere künftige Mitglieder des Stadtadels von Ajaccio, im 16. Jh. von den Genuesern in dieser Region angesiedelt worden. In der Folge stellten sie mehrfach genuatreue Mitglieder des Ältestenrats von Ajaccio. Napoleon selber verwies ausdrücklich auf seine italienische Herkunft, als er im Lande seiner Vorväter als siegreicher General Hof hielt.

Die Mutter Letitia Ramolino war indes wirklich eine ›echte‹ Korsin. »Wenn das nur gut geht«, soll *Madame Mère* noch zu Zeiten des höchsten Triumphes ihres Sohnes korsisch-ahnungsvoll gezweifelt haben: Ihre Sorgen waren bekanntlich nicht unberechtigt, was Napoleon betraf. Sie selber starb 1836 als Millionärin in Rom.

Letitia Ramolino, die Mutter der Geschwister Bonaparte

Den italienischen Adel der Buonapartes erkannten die neuen Herren, die Franzosen, 1771 an – Voraussetzung dafür, daß Napoleon 1779 die Adligen vorbehaltene Militärschule in Brienne besuchen durfte. Vater Carlo/Charles, ein Jurist, war 1778 sogar als Deputierter des korsischen Adels zur Ständeversammlung nach Versailles gegangen: ein ehemaliger Republikaner am Königshof. Noch bei der Schlacht von Ponte Nuovo hatte er als Sekretär an der Seite Pasquale Paolis gestanden.

1764 heiratete er achtzehnjährig die vier Jahre jüngere Letitia, 1768 kam in Corte ihr ältester Sohn Joseph zur Welt. Er brachte es dank seinem Bruder Napoleon 1806 zum König von Neapel, 1808 zum König von Spanien und starb 1844 als reicher Privatier in Florenz. Insgesamt gebar Letitia elf Kinder, von denen acht überlebten. Sie haben ihren kaiserlichen Bruder, als dessen Stern sank, fast alle verraten. Eine Ausnahme bildet die lebenslustige, 1780 geborene und bereits 1825 gestorbene Pauline, die sogar sein Exil auf Elba teilte.

Der jüngste Bruder, der 1784 geborene Jérôme, blieb ihm als König von Westfalen und Mitstreiter bei der Schlacht von Waterloo besonders lange treu verbunden, doch trug nicht zuletzt das parvenuhafte Gebaren des festefeiernden ›König Lustig‹ zur Diskreditierung des napoleonischen Regimes bei. Der Vorfahr aller heute noch lebenden Bonapartes starb erst 1860, hochgeehrt von Napoleon III.

Der 1775 geborene Lucien, das dritte Kind nach Joseph und Napoleon, machte als erstes der Geschwister politische Karriere in Frankreich: Dem Präsident des ›Rates der 500‹ verdankt Napoleon sogar größtenteils das Gelingen des Staatsstreiches, mit dem er 1799 das Direktorium durch eine Konsularregierung ersetzte. Zum Innenminister und dann zum Botschafter in Madrid ließ er sich noch machen, setzte sich aber 1810 nach schweren Zerwürfnissen mit seinem Bruder nach England ab. Während der ›Hundert Tage‹ unterstützte er Napoleon noch einmal. Nach dem Zusammenbruch der napoleonischen Herrschaft lebte er als Literat in London, wo er 1840 starb.

Die jüngste Schwester des Kaisers, Caroline (1782–1839), wurde an der Seite eines napoleonischen Generals, des berühmten Joachim Murat, schließlich Königin von Neapel. Als solche schlug sie sich bereits 1813 aktiv auf die Seite der Allianz gegen den Kaiser. Die älteste Schwester, Elisa (1777–1820), wurde im napoleonischen Clansystem zur Großherzogin der Toskana gemacht, was sie nicht daran hinderte, gegen den ›Clanchef‹ Napoleon zu intrigieren.

Louis (1778–1846), von Kindheit an kränkelnd, hatte 1810 als König von Holland abgedankt, weil er die für seine Untertanen existenzbedrohende Kontinentalsperre gegen England nicht mehr mittragen wollte. Als Graf de Saint-Leu lebte er fortan ganz seinen Krankheiten. Louis Bonaparte hat sich vor allem als (mutmaßlicher) Vater von Charles Louis Napoléon Bonaparte (1808–1873) in die Geschichtsbücher eingeschrieben, jenes Mannes, der den Bonapartismus zur führenden Kraft in Frankreich machte und als Napoleon III. der zweite Kaiser der Franzosen wurde (1852 bis zur Gründung der Dritten Republik 1870). Napoleons III. Mutter war Hortense de Beauharnais, die Tochter, die Napoleons erste Frau Joséphine mit in die Ehe gebracht hatte.

Marie-Louise, Tochter des österreichischen Kaisers und Nichte Marie Antoinettes, die zweite Frau des Kaisers, gebar ihm 1811 einen ebenfalls Napoleon genannten Sohn. Den ihm sogleich verliehenen Titel eines ›Königs von Rom‹ nahm sein Großvater Franz II. ihm zwar 1818 wieder ab, doch blieb er bis zu seinem frühen Tod 1832 immerhin Herzog von Reichstadt.

Ajaccio verdankt seinem ›großen Sohn‹ selbst zwar wenig, seiner Familie hingegen viel, was die Anhänglichkeit der *Aiaccini* für die bonapartistische Sache erklären mag. Kardinal Joseph Fesch (1763–1839) war der erste aus dem Clan, der sich um Ajaccio verdient machte, vor allem als Minister für korsische Angelegenheiten während des Ersten Konsulats. Das städtebauliche Grundmuster mit den Boulevards sowie die erste Wasserleitung stammen von ihm. Er war der Stiefbruder von Letitia, deren Mutter in zweiter Ehe einen Schweizer namens Fesch geheiratet hatte. Bis zum ›Primas von Gallien und Germanien‹ hat Joseph Fesch es im Zeichen des Adlers gebracht, nachdem er seinen Neffen schon bei dessen Italien-Feldzug (1794–1797) begleitet und dabei unermeßliche Kunstschätze auf nicht immer legale Weise ›gesammelt‹ hatte.

hinaufsteigen, vorbei an Ortsnamen seiner ruhmvollen Schlachten in ganz Europa.

Am Fuß der Pyramide, auf der die Statue steht, befindet sich eine steinzeitliche Wohnhöhle, wo Napoleon als Kind gespielt haben soll. In westlicher Richtung gelangt man – angeblich auf den Spuren des späteren Kaisers – auf dem nach seiner Mutter benannten Boulevard Madame Mère zur Küstenstraße D 111. An ihrem Beginn steht eine schlichte Kirche, die 1619 von griechischen Flüchtlingen errichtet wurde (s. S. 56). Kurz darauf kommt man zum Friedhof von Ajaccio, einer wahren Totenstadt.

Nirgendwo auf Korsika wird die Landesgeschichte so anschaulich dargestellt wie im **Musée A Bandera (12)** in der Rue Général Levie. Daß diese vor allem als Militärgeschichte erscheint, hat nicht nur mit dem Träger dieses Privatmuseums zu tun, der ›Société militaire corse et méditerranée‹: Kriege haben die korsische Geschichte tatsächlich dominiert.

Liebenswert, wenn auch weniger informativ, ist das ebenfalls private **Musée du Capitellu (13)** am Boulevard Danielle Casanova, gegenüber dem Eingang zur Zitadelle. Hier verblüfft vor allem der Umstand, daß in der nachgestellten Bürgerwohnung des 19. Jh. fast ausschließlich importierte Gegenstände zu sehen sind. Aus Korsika stammt nur ein einziges Sofa – Hinweis auf die Abhängigkeit der Insel von Frankreich.

Ganz in der Nähe steht unübersehbar Ajaccios größte Kirche, die **Kathedrale Notre-Dame-de-la-Miséricorde (14).** Eine Marmortafel im Innern erinnert an Napoleons Wunsch, in dieser Kirche beigesetzt zu werden, »sollte meine Leiche verbannt werden, wie man meine Person verbannt hat.« Es sollte anders kommen – Napoleons sterbliche Überreste wurden 1840 im Invalidendom zu Paris beigesetzt.

Die Kathedrale wurde 1587–1593 im Stil der venezianischen Renaissance errichtet. Der Barmherzigen Maria, der Schutzheiligen Ajaccios, schreibt man die Beendigung einer Pestepidemie im Jahre 1657 zu. Am 18. März ist fast ganz Ajaccio auf den Beinen, um sich durch eine Prozession auch für die Zukunft ihres Schutzes zu versichern. Das Datum geht auf eine Erscheinung zurück, die ein Bauer 1536 im Letimbro-Tal bei Savona hatte. In einer Seitenkapelle der barock ausgestatteten Kathedrale hängt ›Die Jungfrau vom heiligen Herzen‹, ein Gemälde von Eugène Delacroix.

An der Rue du Roi de Rome, der Mittelachse des Altstadtviertels, lohnt sich ein Blick auf die Renaissancefassade der Kirche, die Johannes dem Täufer geweiht ist (1565). Nicht weit entfernt steht die barocke **Kirche St. Erasme (15),** 1602 als Ignatius-Kirche von den Jesuiten erbaut. Nach dem hl. Erasmus wurde sie 1815 benannt, als sie Sitz der Bruderschaft der Fischer wurde.

Am 2. Juni fahren Fischer in einer Bootsprozession mit einer Statue des Heiligen auf den Golf hinaus (s. Abb. S. 32), ähnlich wie alle ihre Berufskollegen in Küstenorten mit Erasmus-Kirchen. Dabei beruht die Inanspruchnahme des Bischofs von Antiochien als Schutzpatron der Fischer und Seefahrer auf einem Irrtum: Der Märtyrer wurde häufig mit einer Winde dargestellt, die man als Seilwinde interpretierte. In Wahrheit handelt es sich indes um das Marterinstrument, mit dem man dem Märtyrer die Gedärme aus dem Leib zog.

Der Jesuiten-Orden besaß lange Zeit großen Einfluß und reichen Landbesitz in und um Ajaccio. Als er 1773 in Frankreich verboten wurde, erwarben die

Buonapartes aus seinem Besitz ein Landgut in der nördlichen Peripherie der Stadt. **Les Milelli** bietet ein schönes Beispiel eines korsischen Wehr- und Wohnhauses, umgeben von einem gepflegten Olivenhain (5,5 km nordwestlich). Es beherbergt ein kleines, aber sehenswertes Heimatmuseum. Hier hat Napoleon Teile seiner Kindheit verbracht, und dieses Haus bildete 1793 die erste Station der Flucht der Familie vor ihren innerkorsischen Gegnern. Nur Napoleon verschanzte sich zunächst mit einigen Getreuen im **Tour de Capitello.** Man findet ihn am Flugplatz Campo dell'Oro.

Der Golf von Ajaccio

Verläßt man Ajaccio in nördlicher Richtung auf der D 61, so kommt man in eine hügelige Macchia-Landschaft. Die meisten Badeurlauber zieht es indes zum Strand am Golfe de Lava, einer Bucht, die bereits zum nördlich gelegenen Golfe de Sagone gehört, denn die Dörfer nördlich von Ajaccio haben viel von ihrem Reiz verloren, seit sie zu reinen Wohnvororten der wohlhabenden *Aiaccini* wurden. Zumindest **Alata,** die Heimat der Familie Pozzo di Borgo, ist dennoch einen Besuch wert. Graf Charles-André Pozzo di Borgo (1764–1842) war der starke Mann hinter dem alternden Paoli. Er spielte, vor allem als Diplomat in russischen Diensten, eine bedeutende Rolle bei der Bildung der letztlich erfolgreichen Allianz gegen den *Empéreur* – gewissermaßen eine Familienfehde auf Weltniveau.

Der Mittelpunkt der Halbinsel, den der Golfe de Sagone zusammen mit dem Golfe de Ajaccio umschließt, ist der 779 m hohe **Punte Pozzo di Borgo.** Die Serpentinenstraße auf seinen Gipfel darf man sich schon wegen der Aussicht nicht entgehen lassen. Das **Château de la Punta** unterhalb des Gipfels wurde 1886–1894 vom Grafen Jérôme Pozzo di Borgo und seinem Sohn als Zeichen ihrer ungebrochenen royalistischen Gesinnung errichtet: Seine Steine und sein Bauplan stammen von dem Pariser Tuilerien-Palast der französischen Könige, der 1871 der Wut der Kommunarden zum Opfer gefallen war. 1979 brannte das Schloß aus; das ebenfalls nicht gerade geschmackvolle Mausoleum der Familie auf halber Höhe des Weges blieb indes unbeschädigt.

Schon von hier oben fällt das touristische Zentrum **Porticcio** an der Südseite des Golfs von Ajaccio auf. Diese Ecke Korsikas gehört zu den wenigen vom Massentourismus geprägten Regionen. Erstaunlicherweise konnte sich das nahe Bergdorf **Coti-Chiavari** seine Ursprünglichkeit trotz des Rummels in der Nachbarschaft bewahren. Hier findet man noch den typischen ›Laden für alles‹, mit Lebensmitteln und Getränkeausschank: Zwei wackelige Tische machen ihn zur Bar, dem Treffpunkt des Dorfes. Nach Norden zu fällt der Blick über die genuesische Tour de la Castagna auf den Golf von Ajaccio, an dessen Ende die **Iles Sanguinaires** liegen. Abends versinkt die Sonne hinter ihnen blutrot im Meer, was ihnen ihren Namen eintrug.

Diese verlassenen Felseninseln liegen, 12 km vom Stadtzentrum Ajaccios entfernt, am Ende der D 111, an deren Anfang die bereits erwähnte Griechen-Kapelle steht (s. S. 238). Verlockende Strände, Hotels und Ferienclubs säumen diese ›Route des

Sanguinaires‹. An ihrem Ende warten die genuesische **Tour de la Parata** und die ›blutigen‹ Inseln, kahlgefressen von Schafherden. An diesem Kap kann man bei stürmischem Wetter das scheinbar so harmlose Mittelmeer von seiner gefährlichen Seite erleben, wenn es einen Brecher nach dem anderen gegen die Felsen schleudert.

Ajaccios Sommerfrische: Vizzavona und Bastelica

Ajaccio liegt am Endpunkt der Eisenbahnlinie, die nach Norden über Corte bis nach Bastia führt. (In Ponte Leccia kann man auf die Linie nach Calvi umsteigen.) Autofahrer nehmen die N 193 und kommen, ebenfalls über Corte und Ponte Leccia, in etwa vier Stunden im 155 km entfernten Bastia an. Das erste Drittel dieser Strecke bis zum Col de Vizzavona ist allemal einen Tagesausflug wert. Die gut ausgebaute Straße folgt dem Lauf des Gravona, der zu den größeren Flüssen der Insel gehört. Zahlreiche Ausblicke auf die **Monte d'Oro**-Kette, deren Gipfel sich bis auf 2389 m erhebt, eröffnen sich an dieser Stelle.

Umgeben von Kastanienhainen liegt 34 km hinter Ajaccio der Ort **Bocognano,** berühmt-berüchtigt durch das mörderische Brüderpaar Antoine und Jacques Bellacoscia, die hier im ausgehenden 19. Jh. als ›ehrenvolle Banditen‹ lebten. Heute profitiert der Ort von der Nähe zum Wandergebiet **Venachese** im Herzen Korsikas und des Regionalparks und zum **Forêt de Vizzavona.** Auf den 1500 ha dieses Buchen- und Nadelwalds erreichen die Lariciokiefern Höhen bis zu 40 m.

Der **Col de Vizzavona** (1163 m) zwischen dem Monte d'Oro (2389 m) und dem Monte Renoso (2352 m) markiert die Grenze zwischen den Départements Corse du Sud und Haute-Corse. Den strategisch wichtigen Paß überwachten schon die Genueser mit einer Festung. An ihrer Stelle errichteten die Franzosen 1776 ein Fort, dessen Ruine auf einem Felsen den Wald überragt. Ein Parkplatz am Paß ist Ausgangspunkt etlicher Spaziergänge. Ehrgeizigere Wanderer übernachten im nahen Vizzavona, wo GR 20-Marschierer ihre Vorräte ergänzen, oder kurz davor im Weiler La Foce.

Einen Fußweg von knapp zwei Stunden, der nur zuletzt zur Kletterpartie über Felstrümmer wird, sollte man sich jedoch auch als ›normaler‹ Wanderer nicht entgehen lassen. Er führt zu den **Cascades des Anglais,** einem weithin hörbaren Wasserfall, der offenbar schon den frühen britischen Touristen einen Abstecher aus Ajaccio wert war. In Ajaccio wird es selbst den Einheimischen im Sommer oft zu heiß. *Aiaccini,* die es sich leisten können, fahren dann traditionell zur Sommerfrische in die kühlen, bewaldeten und wasserreichen Bergregionen oberhalb ihrer Stadt, nach Vizzavona oder **Bastelica.**

Natur und Geschichte, die Berge um den Monte Renoso und Sampiero Corso, machen einen Abstecher in dieses Bergdorf, den Reiseunternehmen auch als Bustour von Ajaccio anbieten, lohnend. Die Gemeinde ist direkt über die D 3 zu erreichen, über Bastelicaccia, einen Wohnvorort von Ajaccio. Es empfiehlt sich jedoch, die N 196 nicht hier, sondern weiter östlich bei Cauro auf der D 27 zu verlassen. So spart man sich einige landschaftliche Höhepunkte für die Rückfahrt auf – und hält sich auf der Bergseite der teilweise beängstigend schmalen Straßen über steilen Abhängen.

800 m ü. d. M. liegt dann Bastelica, wo Sampiero 1498 geboren wurde. Kaum ein Gebäude der aus mehreren Ortschaften zusammengewachsenen Gemeinde ist für sich sonderlich sehenswert, doch zusammen bilden sie ein reizvolles Ensemble. Bastelica war schon zur Zeit der Genueser ein zentraler Ort, bewohnt von Bauern und Handwerkern. Das Franziskaner-Kloster stammt aus dem 16. Jh. In den Restaurants des sich allmählich dem Fremdenverkehr erschließenden Ortes wird man zwar nicht billig, meist aber gut und typisch korsisch bewirtet. In diesem Zentrum des jungen korsischen Wintersports sollen bald weitere Übernachtungsmöglichkeiten und Sessellifte entstehen. Die **Station Val d'Ese** oberhalb des Ortes bietet sportlich nicht zu Anspruchsvollen Gelegenheit zur Abfahrt. Langläufer finden ihre Loipen, wo im Sommer die Wanderer unterwegs sind, etwa im Buchen- und Tannenwald von Niella. Das vornehmste Ziel der Wanderer bleibt freilich der **Monte Renoso** im Norden, vom Ortsteil Dominicaccia aus in sechs bis sieben Stunden ohne große Mühen zu erreichen. Von dort aus führt auch ein Wanderweg in die Nachbarregion Taravo (s. S. 223).

Die Cascades des Anglais

Im Zentrum des Ortes reckt sich die Kolossalstatue Sampieros gen Himmel (s. Abb. S. 57), dramatisch, drohend und heroisch: So sollte er 1890 wirken, als der korsische Irredentismus (s. S. 69f.) zur Gefahr für Frankreich zu werden drohte. Da kam der alte Kämpfer gegen Genua, der immerhin zeitweise in französischen Diensten gestanden hatte, der Pariser Propaganda gerade recht.

Um so erstaunlicher erscheint die Tatsache, daß sein Geburtshaus im Ortsteil **Dominicaccia** kaum Beachtung findet. Manchen Einwohner fragt man vergeblich nach dem Weg. Zu erkennen ist das (bewohnte) Reihenhaus an seinem frischen Verputz und an einer Gedenktafel. Ein englischer Dichter namens William Bonaparte Wyse hat sie 1855 anläßlich seines Korsika-Aufenthaltes anbringen lassen. Der Name weist die Spur: Es handelte sich um einen Enkel von Lucien Bonaparte, dem Bruder des Kaisers.

Wirkt die Landschaft nördlich von Bastelica alpin, so vermittelt der Rückweg einen Hauch von Pyrenäen. Etwa 6 km nach Verlassen des Ortes zweigt rechts die bereits erwähnte D 3 ab, die direkt in die zerklüftete Felslandschaft der **Gorges du Prunelli** führt. Tief unten in einer Schlucht schießt der Fluß dahin. Das dicht bewaldete

Prunelli-Tal, schmaler und weniger lieblich als die übrigen Täler des Südens, öffnet sich unverhofft auf den 40 ha großen **Barrage de Tolla.** Er hat den gleichnamigen Ort zu einem kleinen Wander- und Wassersportzentrum gemacht. Sein Wasser wird seit 1959 in Rohren zu den Turbinen geleitet, die Ajaccio mit Strom versorgen.

Über **Ocana** führt die Straße nun durch Felsen und Macchia sowie an freundlichen Gärten vorbei bergab. Kurz hinter diesem Ort kann man eine empfehlenswerte Abkürzung über **Eccica** zurück nach Cauro nehmen. So führt kurz hinter der Prunelli-Brücke, an der man Quell- zu Tafelwasser der Marke Vanina macht, ein Maultierpfad zu der Stelle, an der Sampiero am 17. Januar 1567 ermordet wurde. Im wild wuchernden Gestrüpp steht seit 1892 ein Gedenkstein (s. Abb. S. 58).

Wenn man hinter Ocana in Richtung Ajaccio weiterfährt, gelangt man bald nach **Bastelicaccia.** Die großzügige Siedlung wirkt mit ihrer lockeren Bebauung zwischen Nutz- und Ziergärten und Olivenbäumen regelrecht unkorsisch, was indes weniger mit ihrer gegenwärtigen Funktion als Ferienort und Vorstadt des nahen Ajaccio als mit ihrer Vergangenheit als ›Wintercamp‹ der Hirten aus Bastelica in Zusammenhang steht. Das Weideland ihrer Herden im Delta von Gravona und Prunelli nimmt jetzt der Flughafen ein.

Straße durch die Calanche ▷

Zu den am meisten befahrenen Strecken Korsikas zählt die Route, die Ajaccio mit dem Golf von Porto verbindet. Linien- und Reisebusse, PKW und nicht zuletzt Radfahrer zieht es über die gut ausgebaute Straße (D 81) zur wild zerklüfteten Küstenlinie und einem wald- und schluchtenreichen Hinterland. Diese Gegend gehört zum Kanton Deux-Sevi, der wegen seiner überragenden landschaftlichen Bedeutung seit 1983 sogar unter dem Schutz der UNESCO steht.

Der Weg führt von Ajaccio aus über den Golf von Sagone, der auch selber einen Aufenthalt lohnt. Die D 81 zweigt in Mezzavia, dem Industrieviertel Ajaccios, von der N 193 ab und erreicht dann den **Col de S. Bastiano** (464 m) mit der obligaten Kapelle auf der Paßhöhe und einem Stein, der an die ersten Mittelmeerüberflieger erinnert. Sie machten 1886 mit ihrem Ballon an dieser Stelle eine unfreiwillige Zwischenlandung. Etwa 400 m tiefer breitet sich der **Golfe de Liscia,** ein Abschnitt des Golfe de Sagone, vor den staunenden Blicken aus. Man erkennt die Mündung des Liscia, umrahmt von weißen Stränden und Genueser-Türmen, überragt von sanften, grünen Berghängen. Bis zum Monte Cinto-Massiv mit dem höchsten Gipfel Korsikas reicht das Panorama.

Gartenland Cinarca

Ein Rastplatz lädt zum Verweilen ein, eine Hinweistafel zeigt auf, was die Besucher in der Umgebung erwartet: das reiche Angebot an Ferienunterkünften sowie ein Hinterland von historischer Bedeutung, die Cinarca (s. Karte S. 218). Die Grafschaft war der Lohn des sagenumwobenen Ugo Colonna, der im frühen Mittelalter den Grundstein zum christlich-feudalen Korsika gelegt haben soll. Sein Sohn Cinarco, für den Ugo eine Burg errichten ließ, gab der Grafschaft und den Cinarchesi seinen Namen.

Die Ruine der Colonna-Burg, das Castello Capraia, liegt, von der Straße aus nicht sichtbar, auf einem den Ferienort **Tiuccia** überragenden Felsen. Tiuccia mit seinem genuesischen Wachturm am Punta Capigliolo ist, wie das südlich gelegene **Anconce,** wo ein weiterer Wachturm steht, ein aufstrebendes Zentrum des Strandtourismus mit Ferienanlagen aller Art. Unter dem Hauptort der Gegend, **Calacatoggio,** findet man alle Hotels an der Küste registriert.

Im Vergleich zur wilden Westküste weiter nördlich läuft das Gebirge hier sanfter in ausgedehnte Strände und weite Buchten aus. ›Gartenland‹ wird die Gegend treffenderweise genannt: Terrassenartig über dem Meer liegen die freundlichen Dörfer wie **Sari d'Orcino** oder **Casaglione** mit ihren Obst- und Gemüsegärten zwischen Rebhängen, Oliven- und Feigenbäumen. Sie sind mit einem dichten Netz von Straßen und Pfaden untereinander verbunden.

Geheimtip Vico

Der Strandort **Sagone,** nur wenige Kilometer nördlich der Cinarca am Golfe de Sagone gelegen, war schon im Mittelalter ein Bischofssitz. Die Ruine der Kathedrale aus dem 12. Jh. – eine Kapelle wurde 1728 ›eingebaut‹ – am nördlichen Ufer des Sagone wurde zerstört, als die Barbaresken zwischen dem 14. und 16. Jh. die

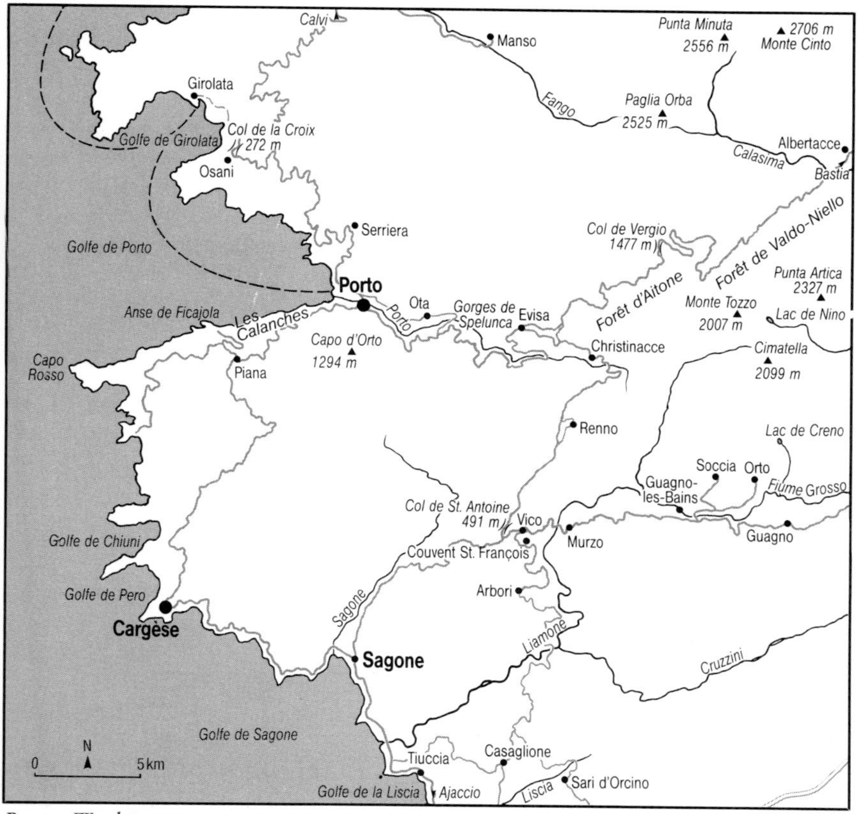

Routen Westküste

Region heimsuchten. 1569 zog der Bischof nach Vico um, ins sichere Landesinnere. Als die Diözese 1625 nach Calvi verlegt wurde, verschwand der Ort an der versumpften Flußmündung völlig. Heute blüht er dank des Strandtourismus wieder auf, wie die rege und heftig umstrittene Bautätigkeit beweist.

Vico bildet das erste Ziel einer **Rundreise von Sagone** aus. Die D 70, eine anfangs von Eukalyptusbäumen gesäumte Allee, führt an Olivenhainen vorbei in die Macchia. Dann dominieren Steineichen, bis man sich 13 km später am **Col de St. Antoine** Vico nähert. Dieser Ort liegt, wie alle Dörfer dieser Gegend, eingebettet in auffallend große Kastanienwälder. Der Hauptort des Kantons Deux-Sorru beherrscht, 400 m hoch am Berghang thronend, das Quelltal des Liamone. Gleich nachdem man die D 70 am Paß von St. Antoine verlassen hat, um in das Zentrum des Ortes zu fahren, lädt ein schattiger Platz zum Verweilen ein. Weniger die einzelnen Bauwerke als vielmehr das gut erhaltene und behutsam renovierte Ensemble machen den reizvollen Ort zu einem ›Geheimtip‹. Der gewaltige Denkmalbrunnen im Zentrum ehrt den großen Sohn der Stadt, Casanelli d'Istria (1794–1869), der es bis zum Bischof von Ajaccio brachte.

Die Reste eines Donjons und Türme, die von der Stadtbefestigung erhalten blieben, erinnern an die Macht der Adelsfamilie De Leca. Im ausgehenden 15. Jh. erhob sich Gian Paolo de Leca als ›Agent‹ des Königs von Aragon gegen Genua, gestützt auf eine große Verwandtschaft, die die *Caporali* der nahen *Terre des communes* stellte. Drei Kriege mußten die Italiener führen, bis sie den Unruhestifter endgültig ins Exil nach Sardinien vertreiben konnten.

Einen Besuch ist auch das **Kloster St. François,** heute geführt vom Missionsorden ›Oblates de Marie‹, am Vico gegenüberliegenden Hang wert. Gian Paolo de Leca ließ es 1482 für die Franziskaner errichten. Nach vielen Umbauten und Zerstörungen während der Revolution im 18. Jh. erhielt es seine heutige Gestalt von Bischof Casanelli d'Istria im 19. Jh. Im Kircheninnern verdienen das marmorne Tabernakel von 1698 und eine Christus-Figur aus dem 15. Jh., die älteste auf Korsika, Beachtung. Am ergreifendsten wirkt eine bemalte Holzfigur des korsischen Künstlers Tony Casalonga, die die Märtyrerin Ste. Lucie darstellt. Der Maler, Bildhauer, Musiker und Regisseur Casalonga gründete 1964 in Pigna die ›Corsicada‹, eine Selbsthilfeorganisation von korsischen Kunsthandwerkern (s. S. 30).

Von Vico aus führt die D 23 – noch viel zu wenige – Korsika-Reisende durch die Macchia an die Westflanke des Monte Rotondo (2622 m). Die Straße kreuzt bei Murzo den Liamone, dessen kristallklares Gebirgswasser zum Forellen-Angeln oder zum erfrischenden Bad einlädt. Wärmer, nämlich 40° C, ist allerdings das Heilwasser von **Guagno-les-Bains.** Als Thermalbad wurde die schwefelhaltige Quelle im 19. Jh. vom Militär genutzt, vor allem zur Rehabilitation von Verwundeten aus dem Algerien-Krieg. Der Gebäudekomplex des heutigen Bades stammt aus der Zeit nach dem Ersten Weltkrieg, als die Schwefelquelle unter zivile Verwaltung kam. In den 90er Jahren soll hier eine halbstaatliche Gesellschaft ein therapeutisches und touristisches Zentrum betreiben, von dem sich die Planer eine wirtschaftliche Belebung dieser schon immer besonders dünn besiedelten Region erhoffen. 30 Mio. Francs werden für das Projekt veranschlagt.

Wer die Gegend genauer erkunden will, sollte keinesfalls die Dörfer **Guagno** und **Orto** verpassen und unbedingt das belebte, wohlhabend wirkende **Soccia** besuchen. Dieses 650 m ü. d. M. gelegene Dorf mit seinen gepflegten Kastanien-, Oliven- und Obstbaumbeständen empfiehlt sich als Quartier für Wanderlustige (Hotel am Ort). Es ist Etappenort einer Variante der nördlichen Inselwanderung ›Da Mare a Mare‹ (s. S. 283) und ein guter Ausgangspunkt für zahlreiche Tagestouren. Vom Parkplatz hinter dem Ort geht man nur eine Stunde zum **Lac de Creno,** der zu den schönsten Seen Korsikas gehört.

Waldland um Evisa

Um die Rundfahrt mit Ausgangspunkt Sagone fortzusetzen, bleibt nur der Weg zurück nach Vico. Von dort verläuft die D 70 weiter und höher ins Gebirge, durch eine dicht bewaldete und dünn besiedelte Gegend, auf der höchstens einmal Schweine die Straße kreuzen. Rechts liegen in 900 m Höhe die Ortschaften der Gemeinde **Renno** unter ihren Kastanien und Eichen. Auch Obst, vor allem Äpfel, gedeihen hier, in der Heimat der Renetten. Die Straße durchquert den Platz, auf dem seit 1921 alljährlich vom 16.–18. August der Sankt Rochus-Markt mit Prozessionen und Viehauktionen stattfindet.

Kurz hinter **Cristinacce,** wo die D 70 auf die D 84 trifft, liegt in kühler Höhe von 850 m **Evisa,** das Zentrum für Wanderungen im Bergland zwischen Monte Cinto und Monte Rotondo, eine Etappe auf dem Weg ›Tra Mare e Monti‹ von Calenzana nach Cargèse (s. Farbabb. 25).

Eine ungewöhnlich vielfältige Landschaft bietet der ›Parc Naturel Régional‹ hier: tiefe Schluchten, Wasserfälle, Wald und kahle Hochebenen. In Höhen zwischen 600 und 2000 m erstreckt sich der 2400 ha große **Forêt d'Aitone.** Im Reich des Banditen Theodor Poli, des ›Königs der Berge‹ (s. S. 66), liegt heute ein Feriendorf. Im Osten schließt sich der **Valdo-Niello** an, mit 4638 ha der größte Wald auf Korsika. Beide Forste werden von bis zu 50 m hohen Lariciokiefern beherrscht. Sie liefern den staatlichen Förstern bestes Nutzholz, den Fremdenlegionären aus Calvi ein Übungsgelände (Trainingscamp Ciattarino) und Naturfreunden traumhafte Landschaftserlebnisse.

Wintersportler zieht es vor allem zur alpinen Skistation 12 km östlich von Evisa beim **Col de Vergio** (Hotel und Restaurant ganzjährig geöffnet). Der 1477 m ü. d. M. gelegene Paß wird von einer Marienstatue aus rötlichem Granit überragt, um die sich in der Saison Verkaufsbuden gruppieren. Der Paß markiert nicht nur die Département-Grenze, sondern auch die Wasserscheide. Hier entspringt der längste Fluß Korsikas, der Golo.

Wandervorschlag: Von den zahlreichen ausgeschilderten Wanderrouten in der Gegend von Evisa sollte man den 7 km langen Weg von Evisa nach Westen gehen, der durch die **Spelunca-Schlucht** zum Bergdorf **Ota** führt. Er beginnt in der Macchia, am Friedhof bei der Kapelle S. Cyprian (Parkplatz an der D 84, kurz hinter Evisa in Richtung Porto) und führt zunächst zwischen Felsen zum genuesischen **Pont de Zaglia.** Hier wird aus zwei Bächen der Fluß Porto, dem der Weg durch die Spelunca-Schlucht folgt. Über den restaurierten genuesischen **Ponte Vecchiu** kommt man wenig später nach Ota. Da es – in dieser Richtung abwärts – einen Höhenunterschied von 620 m zu überwinden gilt, ist eine gewisse Kondition mitzubringen. Die Mühen machen die Natur- und Landschaftserlebnisse indes allemal wett. Außerdem kann man in den Felsenpools baden, die der Porto hier gebildet hat.

In der Spelunca-Schlucht

Porto und die Calanche, Piana und Cargèse

In Richtung Westen und abwärts verläuft die Rundreise mit Ausgangspunkt Sagone nun am Porto entlang weiter, ihrem Höhepunkt entgegen. Aus dem Wald ragen hoch und steil die Felswände aus rötlichem Granit. Schon bevor der Fluß den Golfe de Porto erreicht, wird die Nähe zu einem Ferienzentrum spürbar: Porto besteht vorwiegend aus Restaurant- und Hotelneubauten zu Füßen eines Felsens, auf dem ein eckiger genuesischer Wachturm steht, 1549 erbaut und vermutlich der meistfotografierte seiner Art auf Korsika (s. Farbabb. 6 und 9).

Der 500 m lange Strand von Porto ist leicht zugänglich, was ihn von zahlreichen anderen Stränden der Gegend unterscheidet. Eine Bucht nach der anderen säumt den Golf von Porto und die Küste südlich wie nördlich davon – schon von der hoch über dem Meeresspiegel durch die Macchia gebahnten Küstenstraße D 81 aus ein überwältigender Anblick. Besonders in Richtung Norden ist die Straße sehr kurvenreich und so eng, daß sie Wohnmobilen Schwierigkeiten bereiten könnte. Am eindringlichsten kann man die grandiose, reich gegliederte Westküste bei einer Bootsfahrt erleben: Im Hafen von Porto starten Ausflugsboote nach Cargèse im Süden und Girolata im Norden.

Die Rundreise geht auf der D 81 in südlicher Richtung weiter, führt durch Macchia, unter Kiefern und Steineichen vorbei in die Felsenlandschaft der Calanche am Golf von Porto, einen Höhepunkt jeder Korsikareise (s. Farbabb. 11). Mit ›pittoresk‹ oder ›bizarr‹ sind die phantastischen Figuren, Säulen, Gestalten und Gesichter, die die Erosion in den Granit gefräst hat, nur unzureichend umschrieben. *Tafoni*-Bildungen sind bekanntlich auf Korsika häufig, doch selten haben klimatische und chemische Einflüsse für derart groteske Ergebnisse gesorgt. Besonders das Licht der untergehenden Sonne läßt hier Bilder entstehen, die man nicht so leicht vergißt. Das Porphyrgestein leuchtet dann flammend rot auf, das Blau des Meeres erreicht eine ungeahnte Intensität, und überragt wird das alles von grünen Hängen und – je nach Jahreszeit – auch schneebedeckten Gipfeln.

Kieselsteinbrunnen bei Porto

Eines der schönsten Panoramen in ganz Korsika hat man vom **Capo d'Orto** (1294 m) aus. Von hier überblickt man die großartige Landschaft der Calanche und den Golf von Porto und genießt dazu noch eine weite Sicht ins Landesinnere. Der Weg dorthin (vom Parkplatz der an die Straße gebauten Bar Roches Bleues) ist zwar in drei Stunden zu bewältigen, aber recht mühsam und stellenweise mit einiger Kletterei verbunden. Der

Die bizarre Felsenlandschaft der Calanche

leichtere und um zwei Stunden kürzere, ausgeschilderte Rundweg ›Chemin de Muletiers‹ beginnt, schon dichter bei Piana, neben einer Marienstatue *(Oratoire de la Vierge)*, die man in eine Felsnische gestellt hat, und endet weiter südlich wieder auf der D 81.

Einen bequemer zu erreichenden, gleichwohl jedoch beachtlichen Überblick über die Calanche bietet sich vom Restaurant des Hotels Capo Rosso aus, am Eingang von **Piana.** Der 500-Seelen-Ort wird, kein Wunder bei seiner Lage, stark vom Tourismus geprägt, hat sich aber dennoch viel vom Charakter des Bauerndorfes bewahrt, das es einmal gewesen ist. Piana liegt 430 m hoch über dem Golf von Porto. Der kürzeste Weg zum Golf über die Route Danielle Casanova ist immerhin 4 km lang. Er führt zur Bucht von Ficajola mit ihrem bezaubernden kleinen Strand.

Hinter Piana verläßt die D 81 die Küste und durchquert auf einer Strecke von 20 km ein recht kahles Hochland, bis sie bei Cargèse den Golf von Sagone erreicht. Etwa auf halber Strecke, kurz vor der Chiuni-Brücke, erinnert ein Denkmal an die Résistance. Unterhalb dieses Punktes, in der Bucht von Topiti, war in der Nacht vom 13. auf den 14. Dezember 1942 das Unterseeboot Casabianca gelandet (s. S. 70f.). Wo jetzt das Denkmal steht, trafen der Kommandant und ein Begleiter auf eine alte Bäuerin, die tatsächlich Verbindung zum *Maquis* hatte. Die Wahrscheinlichkeit hätte eigentlich dafür gesprochen, daß die beiden Franzosen auf italienische Soldaten gestoßen wären, denn eine Garnison von Mussolinis Truppen im nahen Cargèse überwachte die unübersichtliche Küste.

Cargèse vervielfacht die Zahl seiner knapp 1000 Einwohner in jedem Sommer: In den für korsische Verhältnisse breiten und geradlinigen Straßen und in zahlreichen gastronomischen Betrieben drängen sich dann die Besucher. Dabei liegen die Strände und Feriendörfer mehr oder weniger weit außerhalb der Stadt, am Golfe de Chiuni und am Golfe de Pero. Um zum Hafen und zum Friedhof zu kommen, muß man 100 m abwärts steigen. Cargèse selber, eine durchaus sehenswerte Stadt, wird noch heute von ihren griechischen Gründern geprägt. Deren orthodoxe Kirche mit ihrer düsteren Pracht sieht man am besten vom Vorplatz des katholischen Gotteshauses aus. Beide Bauten entstanden im 19. Jh. und flankieren ein Tal, das sich zum Golf von Sagone öffnet. Hier breiten sich die bunten Kleingärten aus, die zu den ganz unkorsischen, weißgetünchten Häusern der Stadt gehören.

Um die Mitte des 17. Jh. beschlossen orthodoxe Christen aus Vitylo (heute Oitylos) auf der Peleponnes, unter dem Druck des Osmanischen Reiches ins Exil zu gehen. Dank der Kontakte ihres Bischofs Calcandis zur Republik Genua landeten 1676 die 680 Überlebenden einer verlustreichen Überfahrt auf Korsika. Genua, froh über Kolonisten für das entvölkerte Korsika, siedelte sie in einem Ort namens Paomina an, der schnell wegen seiner florierenden Garten- und Landwirtschaft Berühmtheit erlangte. Korsische Nachbarn verwüsteten ihn 1729, gleich zu Beginn des Aufstands gegen Genua: aus Neid auf den Erfolg der fleißigen Fremden oder als Präventivschlag gegen die Freunde ihrer Feinde.

Nach 43 Jahren Exil im Exil – sie lebten in Ajaccio, wo ihre Kirche noch heute steht – siedelte Graf Marbeuf, der Gouverneur des inzwischen französischen Korsika, die Griechen in Cargèse an, unterhalb ihres alten Dorfes. Die 120 Häuser, die der Graf seinen Schützlingen in der planmäßig angelegten neuen Stadt bauen ließ, bilden den Kern der Siedlung. Vorbildlich hat sich inzwischen das im 19. Jh. noch belastete Zusammenleben der Griechen mit ihren korsischen Nachbarn entwickelt. An einem griechischen Namen lassen sich ohnehin nur noch wenige Nachkommen der Einwanderer als solche erkennen. Nicht nur eheliche Verbindungen mit Korsen sind dafür verantwortlich, sondern auch Zwang: Schon bei ihrer Landung wurden die Exilanten gewissermaßen italienisiert – aus Papadakis wurde Papadacci.

Einen sehenswerten Niederschlag findet diese Sonderentwicklung Cargèses in den Ostertagen bei den von beiden Gemeinden gemeinsam getragenen Prozessionen: Die Flagge Genuas, Gewehre und Salutschüsse gehören zu den lokalen Besonderheiten. Auch die traditionell profranzösische Einstellung vieler Menschen hier verdankt sich wohl der historischen Sonderentwicklung.

Bis Sagone, dem Ausgangspunkt dieser Rundfahrt, sind es jetzt nur noch 13 km entlang einer weniger spektakulären Küste, was nach all den landschaftlichen Höhepunkten einen geruhsamen Ausklang der Reise ermöglicht. Bereits in Porto hätte man auch die Alternative gehabt, den Weg nach Norden einzuschlagen: Nur 73 km trennen Porto von Calvi, wo vielleicht schon das Flugzeug für die Heimreise wartet.

Verzeichnis kunsthistorischer und fremdsprachiger Ausdrücke (Glossar)

Abri Schutz bietender Felsüberhang
Alignement Steinallee, Reihe von Menhiren
Apsis das äußere Ende des Chors bildende Altarnische der christlichen Kirche, oft halbkreisförmig
Arkade auf Pfeilern oder Säulen ruhender Bogen
Barrage franz.: Staudamm
Baptisterium Taufkirche
Basilika ursprünglich römische Markthalle, im Mittelalter verbreiteter Bautyp christlicher Kirchen im römisch-katholischen Bereich: längsgerichteter Bau mit meist erhöhtem Mittelschiff und zwei Seitenschiffen
Bergerie almähnliche Unterkunft für Schäfer (franz.: Schäferei)
Blendarkade dekorative Wandgliederung, Arkade ohne Maueröffnung
Blockmeere durch Verwitterung entstandene Anhäufung von Blöcken grobklüftigen Gesteins
Bocca Gebirgspaß (ital.: Maul, Mündung)
Bosco ital.: Wald
Campanile freistehender Glockenturm (ital.: *campana* = Glocke)
Caporali einflußreiche Honoratioren, ursprünglich Führer in mittelalterlichen Aufständen
Col franz.: Gebirgspaß
Couvent franz.: Kloster
Défilé Schlucht (franz.: Engpaß)
Dolmen steinzeitliche Grabstätte (bretonisch: Steintisch)
En delà des monts das Land ›jenseits der Berge‹ (von Italien aus gesehen)
En deçà des monts das Land ›diesseits der Berge‹
Etang Lagune, Haff (franz.: Teich)
Garrigue lockerer Buschbestand, Kümmerform der → Macchia
Gîte franz.: Unterkunft, Ferienhaus
Gorge franz.: Klamm, Gebirgsschlucht
Hôtel de Ville franz.: Rathaus
Kar nischenartige Hohlform an ehemals vergletscherten Hängen
Macchia dichter Buschwald, von kors. *muccio* = Zistrose (franz.: *maquis*)
Megalithische Denkmäler Denkmäler der Jungsteinzeit und Bronzezeit aus großen, unbehauenen oder grob bearbeiteten Steinen (griech: *megas* = groß, *lithos* = Stein)
Menhir einzeln stehender Kultstein, → megalithisches Denkmal (bretonisch: langer Stein)
Mairie franz.: Bürgermeisteramt
Marine franz.: Hafen (ital.: *marina*)
Nekropole Totenstadt
Neolithikum Jungsteinzeit
Paladini kors.: Ritter, Bezeichnung für → Stantari mit Abbildungen von Waffen
Piaghia kors.: Küstenzone
Pieve mittelalterlicher Pfarrbezirk
Pleistozän relativ junges Erdzeitalter, in Europa das der Eiszeiten und Zwischeneiszeiten (Beginn vor ca. 1,8 Mio. Jahren)

Podesta im mittelalterlichen Italien gewählter, später auch ernannter Amtsträger

Polychrom mehrfarbig

Portikus säulengetragener, meist an den Seiten offener Vorbau eines Gebäudes

Reconquista Bewegung zur Rechristianisierung der seit dem 8. Jh. islamisierten Gebiete (span.: Rückeroberung)

Sarkophag aus Holz, Ton, Stein oder Metall gearbeiteter Sarg

Sgio Adel auf Korsika (von ital. *Signoria* = Herrschaft)

Stantare korsische Bezeichnung für → Menhir

Stazzone korsische Bezeichnung für → Dolmen (eigentlich: Schmiede)

Tafoni bizarr verwitterte Fels- oder Steinformation (kors.: *tafonare* = durchlöchern)

Teghie Dachbelag aus Steinplatten

Terra di commune von Gemeinden selbstverwaltetes Gebiet, → *En deçà des monts*

Terre des Seigneurs vom Feudaladel beherrschtes Gebiet, → *En delà des monts*

Torre prähistorisches Turmhaus, auch Ortsname

›**Torreaner**‹ von Grosjean so genannter Träger der Torre-Kultur (ca. 1600–500 v. Chr.)

Transhumanz Wander-Weidewirtschaft

Vestige franz.: Ruine

Literaturhinweise

(s. a. Lesetips S. 277 f.)

Arrighi, Paul (Hg.): Histoire de la Corse, Toulouse 1971

Chiellino, Carmine u. a.: Italien, München 1989

Codaccioni–Meisterheim, Anne: La Corse et ses ›doubles‹, du maure au travailleur immigré maghrebien. In: IDIM-Université Corse, Corte 1986

Ettori, Fernand: Anthologie des expressions corses, Marseille 1984

Euvrard-Fumaroli, Lina: La Femme Corse à traverse l'Histoire, Ajaccio 1988
(eine Publikation von ›A Bandera‹)

Gerdes, Dirk: Regionalismus als soziale Bewegung, Frankfurt am Main/New York 1985

Goetz, Werner: Grundlagen der Geschichte Italiens in Mittelalter und Renaissance, Darmstadt 1975

Grazziani, Antoine: Les Chinarchesi. In: KYRN 315/1990

Haensch, Günther u. a.: Frankreich, Geschichte, Staat und Verwaltung, München 1985

Kienitz, Friedrich Karl: Das Mittelmeer, München 1976

Lücke, Hartmut: Korsika – eine unterentwickelte Mittelmeerinsel. In: Geograpische Rundschau 10/80

Marti, Jean Pierre: La population de la Corse entre le passé et l'avenir, Ajaccio 1986

Mayer, Hannes: Die Wälder Korsikas, Stuttgart/New York 1988

Mérimée, Prosper: Notes d' un voyage en Corse, Ausgabe Paris 1989

Pomponi, Francis (Hg.): La Corse du Sud (Guides des Départements), Poitiers 1989

Ramsay, Robert: The Corsican timebomb, Manchester 1988

Rings, Werner: Leben mit dem Feind. Anpassung und Widerstand in Hitlers Europa 1939–1945, München 1979

Schönfelder, Peter und Ingrid: Was blüht am Mittelmeer? Stuttgart 1987

Silvani, Paul: Corse des Revolutions, Ajaccio 1989

Silvani, Paul: Chronique d'une liaison. In: KYRN 310/1990, Sonderausgabe ›De Gaulle et la Corse‹
Stendhal (Henri Marie Beyle): Aus Napoleons Leben, Paris 1837, deutsche Ausgabe München 1953

Taine, Hippolyte: Die Entstehung des modernen Frankreich, deutsche Ausgabe Berlin/Frankfurt am Main 1954
Tharun, Elke: Idee und Realität der Planifikation in Frankreich. In: Geographische Rundschau 39/87
Trevor-Roper, Hughes: Der Aufstieg des christlichen Europas 325–1492, Wien/München/Zürich 1965
Tulard, Jean: Napoleon oder der Mythos des Retters, Tübingen 1977
Wilson, Stephen: Feuding, conflict and banditry in nineteenth-century Corsica, Cambridge 1988

Abbildungsnachweis

Farbabbildungen

Guido Mangold, Ottobrunn: 17–21
H. P. Merten, Saarburg: Umschlaginnenklappe, 13, 14
Dietmar Necke, Böblingen: 24
Norbert Nepaschink, Bremen: 8, 11
Werner Richner, Saarlouis: 2–4, 7, 9, 12, 15, 16, 22, 28
Toni Schneiders, Lindau: Umschlagvorderseite, 1, 6, 23, 25–27
Otto Stadler, Silvestris, München: 10
Klaus Thiele, Warburg: 5
Klas Winter, Meschede: Umschlagrückseite

Schwarzweißabbildungen

Karl Wolfgang Biehusen, Hamburg: S. 25, 26, 27, 31, 32, 39, 57, 58, 71, 73, 74, 78, 80, 92, 93, 95, 98/99, 101, 155, 165, 195, 203, 210 rechts, 219, 241
Bilderdienst Süddeutscher Verlag, München: S. 42, 188, 222
Guido Mangold, Ottobrunn: S. 44, 45, 63, 139, 217
Norbert Nepaschink, Bremen: S. 22, 35, 68/69, 87, 96, 147, 162/163, 171, 197, 227 oben, 230
Almut und Frank Rother, Monheim: S. 66
Werner Stuhler, Hergensweiler: S. 19, 23, 38/39, 46, 48, 51, 52/53, 55, 75, 81, 83, 90/91, 100/101, 102/103, 106, 108, 137, 140, 150, 152/153, 157, 159, 161,

172, 175, 178, 180, 184, 186/187, 189, 198/199, 205, 208/209, 210 links, 214, 242/243, 248, 249, 250/251, 265, 273, 275

Ullstein Bilderdienst, Berlin: S. 61, 62, 65, 236

Klaus Thiele, Warburg: S. 234

Klas Winter, Meschede: Frontispiz, S. 11, 16, 84, 143, 166/167, 193, 202, 224/225, 228, 247

Plan S. 191 mit freundlicher Genehmigung des Bruckmann Verlags, München

Grundriß S. 227 mit freundlicher Genehmigung Editions Klincksieck, Lille

Karten und Pläne: DuMont Buchverlag

Alle nicht genannten Abbildungen entstammen dem Archiv des Verlags

Praktische Reiseinformationen

Auf einen Blick

Die französische Region Nr. 20, Corse (Hauptstadt Ajaccio), ist 8680 km^2 groß und in zwei Départements unterteilt. Corse du Sud (Hauptstadt Ajaccio) ist 4014 km^2 groß und gliedert sich in zwei Arrondissements, 22 Cantons (Kreise) und 124 Communes (Gemeinden). Das Département Haute-Corse (Hauptstadt Bastia) ist 4666 km^2 groß und gliedert sich in drei Arrondissements, 30 Cantons und 236 Communes.

größte Nord-Süd-Ausdehnung	183 km
größte Ost-West-Ausdehnung	83 km
Küstenlänge	ca. 1000 km
höchster Berg	Monte Cinto (2706 m)
längster Fluß	Golo (84 km)
Einwohner insgesamt	ca. 250 000 (Stand 1990)
Einwohner Ajaccio	ca. 58 000
Einwohner Bastia	ca. 38 000
Bevölkerungsdichte	28,2 pro km^2
Altersverteilung	
unter 20 Jahre	25,5 %
20–59 Jahre	53,0 %
60 Jahre und älter	21,5 %
Beschäftigung	
Primärbereich (Landwirtschaft)	11,4 %
Sekundärbereich (Produktion)	19,6 %
Tertiärbereich (Dienstleistungen)	69,0 %

Vor Reiseantritt

Informationsstellen

... in der Bundesrepublik Deutschland, Österreich und der Schweiz

Französisches Fremdenverkehrsamt
Kaiserstraße 12, 6000 Frankfurt am Main 1, ∅ 069/7560830

Berliner Allee 26, 4000 Düsseldorf 1, ∅ 0211/80375

Hilton Center 259, Landstraßer Hauptstraße 2, 1030 Wien 1, ∅ 0222/757062

2, Rue Thalberg, 1201 Genf, ∅ 022/328610

Bahnhofstraße 16, 8022 Zürich, ∅ 01/2113085

... in Korsika

Comité Régional du Tourisme Corse (CRTC), 22, Cours Grandval, Boîte Postale 19, 20176 Ajaccio Cedex, ∅ 95/510022

Die genannten Informationsbüros versenden auf Anforderung u. a. folgendes Material

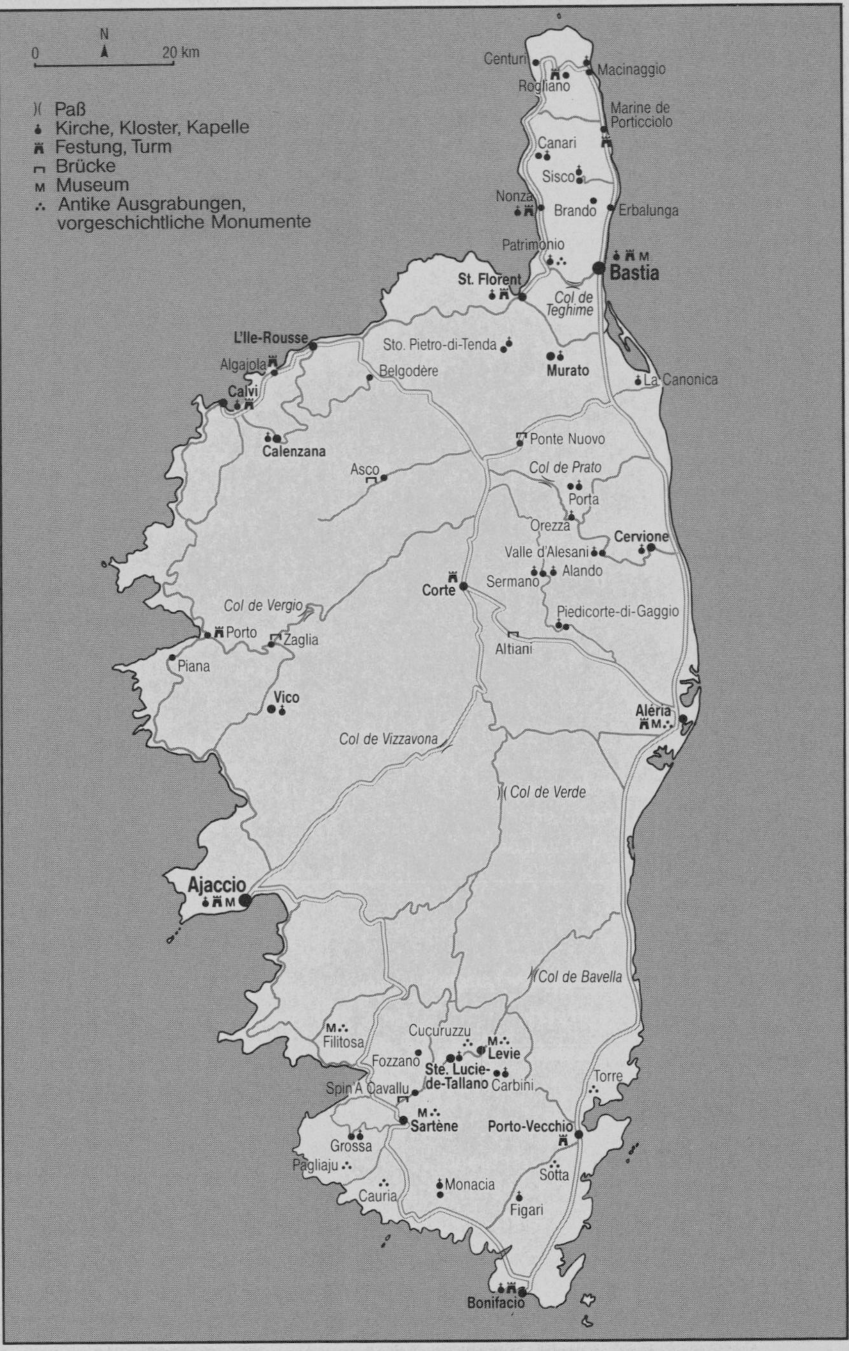

N
0
20 km
)(Paß
Kirche, Kloster, Kapelle
Festung, Turm
Brücke
M Museum
Antike Ausgrabungen, vorgeschichtliche Monumente
Centuri
Macinaggio
Rogliano
Marine de Porticciolo
Canari
Sisco
Nonza
Brando
Erbalunga
Patrimonio
M
Bastia
St. Florent
Col de Teghime
L'Ile-Rousse
Sto. Pietro-di-Tenda
Algajola
Murato
Belgodère
La Canonica
Calvi
Calenzana
Ponte Nuovo
Asco
Col de Prato
Porta
Orezza
Cervione
Valle d'Alesani
Alando
Corte
Sermano
Col de Vergio
Piedicorte-di-Gaggio
Porto
Zaglia
Altiani
Piana
Vico
Aléria
M
Col de Vizzavona
Col de Verde
Ajaccio
M
Col de Bavella
M
Filitosa
Cucuruzzu
M
Levie
Fozzano
Ste. Lucie-de-Tallano
Carbini
Torre
Spin'A Cavallu
M
Sartène
Porto-Vecchio
Grossa
Pagliaju
Sotta
Monacia
Cauria
Figari
Bonifacio

(in deutscher Sprache): die äußerst nützliche Broschüre ›Die nächste der fernen Inseln – Korsika, ein Ferienparadies‹; die Broschüre ›Corse Nautique‹ mit sämtlichen Informationen für den Wassersport; den Hotelführer ›Guide des Hôtels‹; das Verzeichnis der Campingplätze und Feriendörfer ›Camping-Caravaning – Village de Vacances – Naturisme‹; die Broschüre ›Gîtes de France – Corse‹ mit Informationen über Ferienhäuser und -wohnungen.

Regionale Informationen sind auch vor Ort vom jeweiligen Fremdenverkehrsbüro *(Office du Tourisme)* bzw. vom Fremdenverkehrsverein *(Syndicat d'Initiative)* und darüber hinaus häufig vom Bürgermeisteramt *(Mairie)* zu erhalten.

Offices du Tourisme

20000 Ajaccio, Hôtel de Ville, ✆ 95/21 40 87

20200 Bastia, Boulevard Paoli, ✆ 95/31 02 44

20200 Bastia, Place Saint-Nicolas, ✆ 95/31 00 89

20169 Bonifacio, Rue des deux Moulins, ✆ 95/73 11 88

20260 Calvi, Port de Plaisance, ✆ 95/65 16 67

20217 St. Florent, Immeuble Ste. Anne, ✆ 95/37 06 04

Syndicats d'Initiative

20270 Aléria, Mairie, ✆ 95/57 00 73 und 57 03 32

20160 Bonifacio, Rue Longue, ✆ 95/73 03 48

20250 Corte, Mairie de la Citadelle, ✆ 95/46 06 72

20260 Calvi, Chemin de la Plage, ✆ 95/65 05 87

20130 Cargèse, Rue du Dr. Dragacci, ✆ 95/26 41 31

20145 Favone, ✆ 95/57 22 21

29240 Ghisonaccia, Mairie, ✆ 95/56 15 10

20220 L'Ile-Rousse, Place Paoli, ✆ 95/60 04 35

20261 Moriani-Plage, Mairie, ✆ 95/38 58 74

20166 Porticcio, Mairie, ✆ 95/25 05 74

20230 Porto, La Marine, ✆ 95/26 10 55

20137 Porto-Vecchio, Place de l'Hôtel de Ville, ✆ 95/70 09 58

20110 Propriano, 17, Rue de Gaulle, ✆ 95/76 01 49

20190 Sartène, Rue Borgo, ✆ 95/77 15 40

20145 Solenzara, Mairie Annexe, ✆ 95/57 41 51

20118 Sagone, Immeuble les Mimosas, ✆ 95/28 05 36

20144 Ste. Lucie de Porto-Vecchio, ✆ 95/71 48 99

20216 Moriani-Plage, Mairie, ✆ 95/28 21 39

20111 Tuccia Cinarca, ✆ 95/28 21 39

Karten

›Carte Michelin Nr. 90‹ im Maßstab 1:200 000.

Karten vom Institut Géographique National (IGN):

›Série Verte‹, Karte 73 (Corse Nord) und 74 (Corse Sud) im Maßstab 1:100 000;

›Itinéraires Pédestres‹, Karte 20 (Corse Nord) und 23 (Corse Sud) im Maßstab 1:50 000: diese Wanderkarten decken fast die ganze Insel ab, es fehlen nur einige Küstengebiete;

›Carte Topographique‹ im Maßstab 1:25 000, Wanderkarten;

›Série Top 25‹ im Maßstab 1:25 000, neue Wanderkartenserie (noch nicht komplett) mit besonders plastischem Relief; Wanderwege, Hütten, Skiwanderwege, Lifte usw. sind deutlich hervorgehoben.

Reisepapiere

Urlaubsreisende aus der Bundesrepublik benötigen für die Einreise nach Frankreich einen gültigen Reisepaß oder Personalausweis. Das gilt auch für die Anreise durch die Schweiz, Österreich und Italien. Autofahrer brauchen ihren nationalen Führerschein, die Zulassungspapiere und ein Nationalitätskennzeichen am Wagen. Sehr zu empfehlen ist das Mitführen der grünen Versicherungskarte.

Zollvorschriften

Reisegepäck für den persönlichen Gebrauch kann zollfrei nach Frankreich eingeführt werden. Bei der Einfuhr aus EG-Ländern bleiben außerdem zollfrei: 300 Zigaretten oder 150 Zigarillos oder 75 Zigarren oder 400 g Tabak, 1½ l Spirituosen über 22 % Alkoholgehalt oder 5 l Spirituosen unter 22 % Alkoholgehalt oder 3 l Schaumwein und 5 l sonstiger Wein, 1000 g Kaffee oder 400 g Kaffeeauszüge, 200 g Tee oder 60 g Teeauszüge; Tabak und Alkohol nur für Personen über 17 Jahren, Kaffee nur für Personen über 15 Jahren; Waren und Geschenke bis zum Wert von 2800 FF, von Kindern unter 15 Jahren bis 700 FF.

Bei Einfuhren aus Nicht-EG-Ländern oder ›Duty-free-shops‹ gelten geringere Mengen. So dürfen Österreicher Waren und Geschenke bis zu 1000 ÖS, 200 Zigaretten oder 50 Zigarren oder 250 g Tabak, 2 l Wein und 2 l Spirituosen mitbringen, Schweizer Waren und Geschenke bis 200 sfr., 2 l Wein und 1 l Spirituosen, 200 Zigaretten oder 50 Zigarren oder 250 g Pfeifentabak.

Diplomatische Vertretungen Frankreichs

Französische Botschaften *(Ambassade de France)*

... in der Bundesrepublik Deutschland
Kapellenweg 1a, 5300 Bonn 2,
∅ 0228/362031–36

... in Österreich
Technikerstraße 2, 1040 Wien,
∅ 0222/50547470

... in der Schweiz
Schosshaldenstraße 46, BP 3000, 3006 Bern, ∅ 031/432424

Reisezeit

Im Juli und August, wenn auch die Franzosen und Italiener Ferien haben, ist auf Korsika Hochsaison; rechtzeitige Reservierung empfiehlt sich dann. Außerhalb dieser Zeit sind manche Hotels geschlossen. Über die Öffnungszeiten der Hotels informiert die Broschüre ›Guide des Hôtels‹ (s. S. 261).

Anreise

... mit dem Flugzeug

Die Verkehrsflughäfen Ajaccio, Bastia, Calvi und Figari werden international im wesentlichen von Charterflugunternehmen angeflogen. Es gibt nur eine direkte Linienflugverbindung zwischen Deutschland und Korsika: Die Lufthansa fliegt von März–Oktober ab München (via Frankfurt) nach Bastia. Für diese Verbindung wird auch ein ›flieg & spar-Tarif‹ angeboten.

Alle anderen Linienflugverbindungen werden über Frankreich abgewickelt. Von dort aus fliegt Air Inter (mittlerweile eine Tochtergesellschaft der Air France) im ganzjährigen Liniendienst nach Korsika, im Sommer kommen noch die Flüge der T.A.T. dazu. Die Flüge führen über Nizza oder Paris. In Paris ist der zeitraubende Wechsel der Flughäfen zu berücksichtigen: Der internationale Luftverkehr wird auf dem Charles-de-Gaulle-Airport abgefertigt, für innerfranzösische Anschlüsse müssen die Reisenden per Bus zum Flughafen Paris-Orly fahren. Zubringerbusse zum Flughafen gibt es in Ajaccio und Bastia, in Calvi und Figari sind die Reisenden auf Taxis angewiesen.

Wesentlich billiger als Linienflüge sind Flüge mit den Charterunternehmen. In deren Angeboten sind in der Regel Übernachtungsmöglichkeiten eingeschlossen; die Ausnahmen davon werden ›Campingflüge‹ genannt.

... mit dem Auto oder der Bahn zur Fähre

Die Autobahnen in Frankreich, der Schweiz und Italien sind gebührenpflichtig, in Österreich muß für die Brennerautobahn zwischen Innsbruck und der italienischen Grenze Mautgebühr bezahlt werden. Bleifrei zu tanken ist problemlos. Aktuelle Auskünfte über Autobahngebühren, Verkehrsvorschriften und -verhältnisse in den Durchreiseländern erteilen die Automobilclubs. Sowohl die französischen als auch die italienischen Fährhäfen mit Anschluß nach Korsika sind durchgängig auf Autobahnen zu erreichen.

Alle italienischen und französischen Fährhäfen besitzen einen Bahnanschluß. Aktuelle Fahrplan- und Preisauskünfte gibt es an jedem Bahnhof und in Reisebüros.

Transport sperriger Gegenstände: Sportgeräte wie Surfbretter und Fahrräder werden von Fluggesellschaften unter Anrechnung des Freigepäcks mit einer Übergepäckrate berechnet. Auch wer mit der Eisenbahn nach Korsika fährt, kann sie als Gepäck aufgeben (ohne Begleitperson mit Fahrtausweis sind sie Frachtgut) und muß sie am Zielhafen auf dem Festland wieder an sich nehmen. Wie jedes Gepäck werden sie von der Fährgesellschaft im Prinzip kostenlos nach Korsika transportiert (Fahrräder werden im Autodeck sicher untergebracht). Surfbretter werden jedoch zumeist mit dem Auto transportiert. Dann können sich Kosten aus der Überlänge ergeben, die etwa ein Mast verursacht: Der Preis der Verschiffung richtet sich nach der Gesamtlänge des Fahrzeugs inklusive des Gerätes.

Fährverbindungen

Während der Hochsaison, von Anfang Juli bis Ende August, bestehen von Frankreich und Italien täglich über 20 Fährverbindungen nach Korsika. Zur Vermeidung von Wartezeiten ist die frühzeitige Buchung einer Überfahrt in dieser Zeit dennoch notwendig. Empfehlenswert ist überdies ein Fahrplanvergleich, um angesichts gesalzener Preise zumindest für eine Überfahrt die günstigste Tarifklasse zu bekommen: Alle Fährgesellschaften staffeln nämlich die Tarife entsprechend den Ferienterminen in ihren Ländern.

Von Piombino (auf der Höhe von Elba) oder Livorno bis Bastia dauert eine Überfahrt nur drei Stunden, von Marseille aus bis zu zehn Stunden. Die Überfahrten von den italienischen Häfen sind daher in der Regel ein wenig günstiger.

Bei Nachtüberfahrten (die auch auf den kurzen Strecken häufig über die ganze Nacht ausgedehnt werden, die Schiffe fahren dann langsamer) sei allen, die nicht auf unbequemen Sitzen, auf Liegestühlen oder auf dem Fußboden die Nacht verbringen wollen, die Buchung eines Kabinenplatzes empfohlen. Wer auf Komfort Wert legt, bucht seine Überfahrt auf der ›Danielle Casanova‹, die 1989 in Dienst gestellt und von der ›Stiftung Warentest‹ als sicherste Mittelmeerfähre ausgezeichnet wurde.

Die staatliche französische Gesellschaft **SNCM** bedient von **Marseille, Nizza** und **Toulon** aus die korsischen Häfen Ajaccio, Bastia, Calvi, L'Ile-Rousse und Propriano. Die Überfahrten dauern zwischen fünf und zehn Stunden (Seepassagen- und Touristik

Agentur GmbH & Co., Postfach 111821, 6000 Frankfurt am Main 1, ✆ 069/730471). Seit Frühjahr 1990 fährt die **Corsica Marittima,** eine Tochtergesellschaft der SNCM, an den Wochenenden von **Livorno** aus nach Bastia. Die großen Schiffe, die ansonsten auf den Verbindungen von Frankreich nach Korsika eingesetzt werden, haben vor allem den Vorteil, daß sie nur noch drei Stunden unterwegs sind.

Die private italienische Gesellschaft **Corsica Ferries** läuft von **Genua, La Spezia** und **Livorno** aus Ajaccio, Bastia und Calvi an. Die Überfahrtzeit liegt zwischen vier und neun Stunden (Corsica Ferries, Georgenstraße 38, 8000 München 40, ✆ 089/337383). Die ebenfalls private italienische Gesellschaft **Navarma Lines** läuft von **La Spezia, Livorno, Piombino** und **Porto S. Stefano** aus nur den Hafen von Bastia an. Die Fahrtdauer beträgt drei bis acht Stunden (Seetours International GmbH & Co. KG, Seilerstraße 23, 6000 Frankfurt am Main 1, ✆ 069/1333260).

Reisen im Lande

... mit dem Hubschrauber

In Porto-Vecchio kann man für 160 FF (1990) pro Platz Rundflüge mit dem Hubschrauber buchen. Ansonsten spielt der innerkorsische Flugverkehr für den Tourismus keine Rolle.

... mit der Bahn

Die ›Chemin de Fer de la Corse‹ (C.F.T.A.), seit einigen Jahren ein Tochterunternehmen der französischen Eisenbahn SNCF, betreibt seit Ende des 19. Jh. die korsische Inselbahn ›Micheline‹ (s. a. S. 97ff.). Die eingleisige Hauptstrecke verbindet Bastia (über Ponte Leccia und Corte) mit Ajaccio (185 km, Fahrzeit vier Stunden). Eine Anschlußstrecke besteht zwischen Ponte Leccia und Calvi (73 km, Fahrzeit eineinhalb Stunden). Die Züge zwischen Bastia und Ajaccio verkehren viermal täglich, der Anschlußzug aus Calvi zweimal täglich. Auf der Teilstrecke zwischen Bastia und Biguglia (10 km) fahren täglich regelmäßig Schienenbusse im Nahverkehr.

Auf der Teilstrecke zwischen Calvi und L'Ile-Rousse (22 km) pendelt die ›Tramway de la Balagne‹ und verbindet bis zu 21 Orte und Haltepunkte, im Sommer fünfzehn- und im Winter zehnmal täglich.

... mit dem Bus

Busverbindungen bestehen zwar zwischen den wichtigsten Orten, aber mehr als zwei Busse täglich trifft man auch auf der Hauptroute selten an. Fast alle anderen Dörfer sind einmal täglich per Bus mit der jeweils zuständigen Kreisstadt verbunden. Neben diesen Linienbussen gibt es etliche Busunternehmen, die halbtägige bis einwöchige Ausflugsfahrten anbieten. Informationen darüber halten die Fremdenverkehrsbüros bereit. Hauptverbindungen von Ajaccio reichen z. B. nach Bastia, Bonifacio, Calvi, Corte, Evisa, Porto, Porto-Vecchio, Propriano, Sagone, Sartène, Tiuccia und Vico, von Bastia nach Ajaccio, Calvi, Corte, L'Ile-Rousse und Porto-Vecchio.

... mit dem Auto

Mit PKW oder Motorrad kommt man auf Korsika am einfachsten voran, selbst unter Berücksichtigung des Kurvenreichtums der Gebirgsstraßen sowie der Tatsache, daß das Tankstellennetz nur an den Küsten als gut ausgebaut bezeichnet werden darf. Bleifreies Benzin *(sans plomb)* erhält man zumindest in Touristenzentren ohne Probleme. In Frankreich, und damit auch auf Korsika, herrschen im wesentlichen die gleichen Verkehrsregeln wie in Deutschland, z. B. Gurtpflicht und 0,8 Promille-Grenze. Auf französischen Autobahnen gilt die Höchstgeschwindigkeit von 130 km/h, auf Schnellstraßen 110 km/h (Autobahnen sind jedoch auf Korsika nicht vorhanden), auf Landstraßen 90 km/h und in Ortschaften 60 km/h. Fahrerinnen und Fahrer, die ihren Führerschein noch kein Jahr besitzen, dürfen in Frankreich grundsätzlich nicht schneller als 90 km/h fahren.

Wenn nicht anders angegeben, gilt die Vorfahrtregel rechts vor links *(Priorité a droite)*. Zu den häufiger anzutreffenden Hinweisschildern gehören: *Limitation de vitesse* = Geschwindigkeitsbeschränkung, *Ralantir* = langsam fahren, *Virage dangereux* = gefährliche Kurven, *Passage interdit* = Durchfahrt verboten, *Passage protégé* = Vorfahrt beachten. Abblendlicht ist bei Regen- und Schneefällen Vorschrift. Vorfahrtsstraßen enden an Ortsschildern. Gelbe Streifen am Fahrbahnrand bedeuten Parkverbot. Kreisverkehr hat Vorfahrt, sofern nicht anderweitig beschildert.

Viele Reiseveranstalter haben ›Fly-and-Drive-Angebote‹ in ihrem Programm, auch bieten zahlreiche Firmen Leihwagen zu ähnlichen Preisen an wie die Reiseveranstalter. Besonders bei Langzeitmieten lohnt sich ein intensiveres Marktstudium. Man kann bei drei Wochen Mietdauer leicht einige hundert Francs einsparen. Die verschiedenen Vermieter sind an allen Flughäfen vertreten, machen aber auch auf ihre weiteren Geschäftsstellen, vor allem in den touristischen Hochburgen, gebührend aufmerksam. Das Angebot reicht von Kleinwagen bis zu Kleinbussen und geländegängigen Allradwagen. **Wohnmobile** verleiht Routes Insolites, 20220 L'Ile-Rousse, Route de Bastia, ✆ 95/60 16 01.

Fahrräder, Mofas und **Motorräder** werden in allen Touristenzentren vermietet.

Eine Auswahl von Adressen (von Auto- sowie auch von Zweiradvermietern) enthält die Broschüre ›Die nächste der fernen Inseln‹ (s. S. 261).

Unterkunft und Verpflegung

Hotels

Die Broschüre ›Guide des Hôtels‹ des Comité Régional du Tourisme (s. S. 261) ist unverzichtbare Grundlage bei der Hotelsuche auf Korsika. Sie listet fast alle Hotels der Insel nach Regionen auf, klassifiziert von null bis vier Sternen (nur bedingt aussagekräftig). Die angegebenen Preise, die pro Zimmer gelten, können nur als Richtwerte verstanden werden, zumal da die Broschüre nicht jährlich neu erscheint. Die Preise der untersten Hotelkategorie liegen etwa zwischen 150 und 200 FF.

Viele Hotels bieten Halb- und Vollpension an. Als besonders verläßlich haben sich dabei die Hotels der Vereinigung **Logis de France** erwiesen, zu erkennen am grünen Schild mit gelbem Kamin. Das Verzeichnis ›Logis et Auberges de France‹ ist bei den französischen Fremdenverkehrsämtern zu erhalten (s. S. 261).

In der Organisation **Etapes Hôtelières Corses** haben sich korsische Hotels der gehobenen Kategorie zusammengeschlossen. Für sie kann man Reservierungsgutscheine erlangen, die, leider nur außerhalb der Juli-August-Saison, in allen zugehörigen Häusern ein freies Zimmer garantieren. (Reservierung und Auskünfte: Etapes Hôtelières Corses, 20231 Venaco, ✆ 95/47 00 22.)

Die Organisation **Casa Toia** (Dein Haus) vertritt Hotels in ruhiger Lage auf dem Lande und pflegt besonders die typisch korsische Küche. (Reservierung und Auskünfte: Casa Toia, 16, Boulevard Danielle Casanova, 20000 Ajaccio, ✆ 95/51 32 60.)

Ferienwohnungen

Ferienwohnungen und -häuser werden von zahlreichen Veranstaltern angeboten. Auskünfte darüber erteilt jedes Reisebüro, auch ein Blick in den Reiseteil von Tages- und Wochenzeitungen lohnt sich. Besonders gravierende saisonale Preisunterschiede machen sich auf diesem Sektor bemerkbar.

Gefragte und preisgünstige Ferienwohnungen sind die ›Gîtes Ruraux‹, Domizile auf dem Lande, also fast überall auf Korsika. In der Broschüre ›Gîtes de France – Corse‹ werden die verschiedenen Objekte detailliert beschrieben (s. S. 261). Rechtzeitige Reservierung, besonders für die Hochsaison, ist erforderlich.

Chambres d'Hôtes

Die französische Variante von ›Bed and Breakfast‹ ist auf Korsika nur wenig verbreitet und eher teuer. Informationen über diese Privatunterkünfte liefert die Broschüre ›Gîtes de France – Corse‹ (s. S. 261).

Feriendörfer

In der Regel bucht man den Aufenthalt in diesen Feriendörfern bereits von zu Hause aus bei einem Reiseveranstalter. Wer sich erst vor Ort auf die Suche machen will, wird durch entsprechende Werbung auf die Anlagen hingewiesen. Hilfreich ist dabei das Verzeichnis ›Camping-Caravaning – Villages de Vacances – Naturisme‹ des korsischen Fremdenverkehrsbüros (s. S. 261).

Jugendherbergen

Die korsische Variante der Jugendherbergen sind die **E Case Amiche,** die überwiegend im Landesinnern, in Wander- und Skiregionen, liegen. Der Komfort der kommunalen und privaten Unterkünfte geht in der Regel nicht über einfache Schlafsäle hinaus. Oft werden Mahlzeiten angeboten, zumindest bestehen Kochmöglichkeiten. Auskünfte und ein Informationsblatt gibt es bei der ›Fédération Régionale des Auberges de Jeunesse‹ (Associu Righjunale di E Case Amiche‹, A Stalla ›La croix‹, 20231 Venaco, ✆ 95/47 06 58).

Camping

Das wilde Campen ist auf Korsika grundsätzlich verboten. Dieses Verbot zu beachten empfiehlt sich schon aus ökologischen Gründen und fällt angesichts der großen Zahl von Campingplätzen (150) nicht schwer. Sie werden je nach Ausstattung und Komfort mit bis zu vier Sternen gekennzeichnet und allesamt in der Broschüre ›Camping-Caravaning – Villages de Vacances – Naturisme‹ des korsischen Fremdenverkehrsbüros aufgelistet (s. S. 261). Auf vielen Campingplätzen kann man Zelte, Wohnwagen oder kleine Hütten mieten, also auch ohne eigene Campingausrüstung übernachten.

Zu allen Unterkunftsarten erteilen auch die regionalen Fremdenverkehrsbüros auf Korsika (s. S. 261) gezielte Auskünfte.

Empfehlungen für Hotels, Restaurants und Campingplätze

Die nachfolgenden Empfehlungen stellen nur eine kleine subjektive Auswahl dar. Die unverbindlichen Preisangaben bei Hotels entsprechen dem Stand von 1990, stellen daher nur Richtwerte dar. Der Stern (*) vor den Hotelnamen kennzeichnet ein besonders angenehmes Haus (aufgrund der Lage und/oder Ausstattung und/oder Komfort), weist aber nicht unbedingt auf den gebotenen Luxus hin und richtet sich nicht nach der offiziellen Klassifizierung. Hotels ohne Stern wurden aufgenommen, wenn sie die einzigen in der entsprechenden Umgebung sind oder aber eine preisgünstige Alternative darstellen. Bei den Restaurants wurde auf Preisangaben verzichtet, da diese sehr schnell veralten.

Die empfohlenen Campingplätze stimmen in der Regel mit den u. a. vom ADAC geprüften Anlagen überein. Campingplätze sind zumeist mit allen üblichen Einrichtungen und Annehmlichkeiten versehen.

> Die folgenden Empfehlungen entsprechen der Gliederung des Reiseteils. Die Preisangaben (Stand 1990) sollen einer ersten Orientierung dienen. Autoren und Verlag übernehmen keine Verantwortung für deren Richtigkeit.

Calvi und Umgebung

Hotels

* **Le Magnolia, Calvi,** Place Marché, ✆ 95/65 19 16 (320/750 FF), Restaurant s. ›L'Ile de Beauté‹

* **Corsica, Calvi,** Mulinu a Botta (Route de Pietramaggiore), ✆ 95/65 03 64 (245/280 FF)

* **Les Arbousiers, Calvi,** Route de Pietramaggiore, ✆ 95/65 26 14 (250 FF)

* **Caravelle, Calvi,** N 197, ✆ 95/65 01 21, mit Restaurant (230/280 FF)

* **Auberge de Ferayola, Ferayola** (14 km nördlich von Galéria, an der D 81), ✆ 95/65 25 25, mit Restaurant (150/250 FF)

Restaurants

L'Ile de Beauté, Calvi, Quai Landry, ✆ 95/65 00 46, gilt als eine der ersten Restaurantadressen der Insel, mit einem Michelin-Stern

U Casanu, Calvi, Boulevard Wilson, ✆ 95/65 00 10, traditionelle korsische Küche

A Cantina, Calvi, Boulevard Wilson, ✆ 95/65 15 45, Restaurant-Pizzeria mit korsischen Spezialitäten und hervorragender Pizza

U Spuntinu, Route de la Forêt de Bonifato (kurz hinter der Abzweigung nach Galéria), ✆ 95/65 07 06, korsische Küche in ehemaliger Schäferei

Campingplätze

Camping les Tamaris, Calvi, Route Ajaccio (D 81), ✆ 95/65 00 26, mit Restaurant

Bella Vista, Calvi, Route de Pietramaggiore, ✆ 95/65 15 24, mit Restaurant

Ideal Camping, Galéria, ✆ 95/62 01 46, mit Restaurant

Balagne

Hotels

* **A Spelunca, Speloncato,** ✆ 95/61 50 38, mit Restaurant (160/280 FF)

* **Niobel, Belgodère,** 95/61 34 00, (*) Restaurant mit korsischer Küche (200/275 FF)
* **La Pietra, L'Ile-Rousse,** Chemin du Port, ∅ 95/60 01 45 (350/500 FF)
* **Le Grillon, L'Ile Rousse,** Avenue Paul Doumer, ∅ 95/60 00 49, mit Restaurant (240/270 FF)
* **A Pastorella, Monticello** (3 km nördlich von L'Ile Rousse), ∅ 95/60 05 65, (*) Restaurant mit korsischer Küche (210/260 FF)
* **De La Plage, Algajola,** ∅ 95/60 72 12, mit Restaurant (230/300 FF)

Restaurants
U Mulinu, Feliceto, ∅ 95/61 73 23, typisch korsische Küche in einer noch funktionierenden Ölmühle
L'Aghjola, Pioggiola, ∅ 95/61 90 48, typisch korsische Küche in einer Auberge mit zwölf Gästezimmern
Le Laetitia, L'Ile-Rousse (am Hafen), ∅ 95/60 01 90, feine Küche zu akzeptablen Preisen

Campingplätze
Le Clos des Chênes, Lozari, ∅ 95/60 15 13, mit Restaurant
Le Panoramic, Lumio, ∅ 95/60 73 13, mit Restaurant

Bastia und Vororte

Hotels im Stadtzentrum
Posta Vecchia, Bastia, Quai des Martyrs, ∅ 95/32 32 38 (220/360 FF)
Bonaparte, Bastia, Boulevard Graziani, ∅ 95/31 60 30 (240/420 FF)
Empfehlenswert sind die Hotels der nördlichen Vororte
* **L'Alivi, Pietranera** (2,5 km von Bastia), ∅ 95/31 61 85 (350/535 FF)
* **Pietracap, Pietranera,** ∅ 95/31 64 63 (300/540 FF)
* **La Corniche, San-Martino-di-Lota** (13 km von Bastia), ∅ 95/31 40 98, (*) Restaurant mit typisch korsischer Küche (220/300 FF)

Restaurants
Bistro du Port, Bastia, Rue Porta Vecchia, ∅ 95/32 19 83, Küche mit einiger Finesse
La Taverne, Bastia, Rue Général Carbuccia, ∅ 95/31 17 87, regionale Küche
In Suerta, Suerta (an der D 81, 6 km westlich von Bastia), ∅ 95/33 37 87, traditionelle korsische Küche

Nebbio

Hotels
* **Dolce Notte, St. Florent,** ∅ 95/37 06 65 (280/450 FF)
* **Hotel du Centre, St. Florent,** ∅ 95/37 00 68 (180/270 FF)

Restaurants
La Rascasse, St. Florent, ∅ 95/37 06 99, feine Fischküche
Le Monastère, Murato, ∅ 95/37 64 97, traditionelle korsische Küche

Camping
Camping U Pezzo, St. Florent, ∅ 95/37 01 65, mit Restaurant
Camping A Stella, Marine de Farinole, ∅ 95/37 05 76, mit Restaurant

Cap Corse

Hotels
Auberge Patrizi, Nonza, ∅ 95/37 82 16, mit Restaurant (250/300 FF)
Au Bon Clocher, Canari, ∅ 95/37 80 15, mit Restaurant (110/140 FF)
* **Le Vieux Moulin, 20238 Centuri-Port,** ∅ 95/35 60 15, (*) mit Restaurant (180/250 FF)
* **L'Auberge di Magna, Rogliano,** ∅ 95/35 44 98, Restaurant mit traditioneller korsischer Küche (180/250 FF)
* **Le Caribou, Marine de Porticciolo** (20228 Luri), ∅ 95/35 02 33, mit Restaurant (400/700 FF)

Restaurants
U Sant'Agnellu, Rogliano, ✆ 95/354059, auch Hotel
Le Pirate, Erbalunga, ✆ 95/332420, feine Küche am Hafen

Campingplätze
L'Isulottu, Centuri-Port, ✆ 95/356339, mit Restaurant
Rinajo, Marine de Sisco, ✆ 95/352114

Corte und das Dach der Insel

Hotels
* **Sampiero Corso, Corte,** ✆ 95/460976 (200/225 FF)
De la Poste, Corte, ✆ 95/460137 (130/180 FF)
Des Touristes, Calacuccia (Niolo), ✆ 95/480004, mit Restaurant (200/350 FF)
Auberge Cabanella, Moltifao (an der D 147, am Eingang zum Asco-Tal), ✆ 95/478029, mit Restaurant
Chalet du Haut Asco, Haut Asco, ✆ 95/478108, mit Restaurant
* **Au Petit Bosquet, Sto. Pietro-di-Venaco,** ✆ 95/470011, mit Restaurant (180/220 FF)

Restaurants
Auberge de la Restonica, Corte (Restonica-Tal), ✆ 95/460958, traditionelle korsische Küche sowie einige Gästezimmer
Chez Maguy, Corte, Place Gaffori, ✆ 95/460466, kleine Snack-Bar mit korsischen Gerichten
Le Corsica, Calacuccia (Niolo), ✆ 95/480131, traditionelle korsische Küche

Camping
Tuani, Corte (im Restonica-Tal), ✆ 95/461165, mit Restaurant
Tizarella, Moltifao (an der D 147, am Eingang zum Asco-Tal), ✆ 95/478392, mit Restaurant

Castagniccia

Hotels
* **San Pellegrino, Folelli** (Plage S. Pellegrino), ✆ 95/369061, mit Restaurant (300/400 FF)
* **Le Saint Alexandre, Cervione,** ✆ 95/381083, (*) Restaurant mit korsischer Küche (180/240 FF)
Le Refuge, Piedicroce, ✆ 95/358265, mit Restaurant
U Liccedu, Bustanico (Bozio), ✆ 95/486623, mit Restaurant (160/220 FF)

Restaurants
Chez Castelli, Folelli, ✆ 95/369009, handfeste Küche in pittoresker Umgebung
Trois Fourchettes, Cervione, korsische Hausmannskost – es wird gegessen, was auf den Tisch kommt
U Casone, Cervione, ✆ 95/381047, korsische Küche in schönem Kellergewölbe

Camping
Merendella, Moriani-Plage, ✆ 95/385347, mit Restaurant

Plaine Orientale und Hinterland

Hotels
Des Orangers, Aléria, ✆ 95/570031, mit Restaurant
Kyrie, Ghisoni, ✆ 95/576033, mit Restaurant
* **Les Thermes, Pietrapola-les-Bains,** ✆ 95/567003, Kurhotel mit Restaurant (200/400 FF)
Motel Sud, Ghisonaccia, ✆ 95/560054, (100 FF)

Camping
Marina d'Aléria, Aléria, ✆ 95/570142, mit Restaurant
Arinella Bianca, Ghisonaccia, ✆ 95/560478, mit Restaurant

Porto-Vecchio und Umgebung

Hotels

Solenzara, Solenzara, ∅ 95/57 42 18 (170/300 FF)
* **Dragulinu, Favone,** ∅ 95/73 20 30, (*) Restaurant direkt am Strand (300/400 FF)
* **San Giovanni, Porto-Vecchio** (3 km außerhalb auf der D 659), ∅ 95/70 10 21, mit Restaurant (250/390 FF)
Le Goeland, Porto-Vecchio, Rue Jean Jaurès, ∅ 95/70 14 15 (150/330 FF)
* **Incudine, Zonza,** ∅ 95/78 67 71, mit Restaurant (200/280 FF)

Restaurants

Le Baladin, Porto-Vecchio, ∅ 95/70 08 62, beachtliche Küche von einiger Finesse
Roches Blanches, Porto-Vecchio, ∅ 95/70 06 96, gute Küche, moderate Preise, einige Gästezimmer

Camping

Golfo di Sogno, La Trinité (5 km nördlich von Porto-Vecchio), ∅ 95/70 08 98, mit Restaurant
La Chiappa, Porto-Vecchio, ∅ 95/70 00 31, mit Restaurant

Bonifacio und Umgebung

Hotels

* **Solemare, Bonifacio,** am Jachthafen, ∅ 95/73 01 06 (380/490 FF)
Etrangers, Bonifacio, am Ortseingang, ∅ 95/73 01 09 (200/330 FF)
* **Mondoloni, Sotta,** ∅ 95/71 20 98, mit Restaurant (220/250 FF)

Restaurants

Stella d'Oru, Bonifacio, Rue Général de Gaulle, ∅ 95/73 03 63, *cuisine bonifacienne*
U Fuconu, Figari, ∅ 95/71 04 27, traditionelle korsische Küche
Le Relais, Sotta, ∅ 95/71 22 14, korsische Hausmannskost – es wird gegessen, was auf den Tisch kommt

Camping

U Moru, Sotta (an der D 859, 4 km südwestlich von Sotta), ∅ 95/77 11 58, mit Restaurant
U Farniente, Bonifacio (an der N 198, 5 km nördlich von Bonifacio), ∅ 95/73 05 47, mit Restaurant
Kervano-Plage, Pianottoli-Caldarello, ∅ 95/71 83 22, mit Restaurant

Sartène und Umgebung

Hotels

* **Villa Piana, Sartène** (1 km in Richtung Propriano), ∅ 95/77 07 04 (260/350 FF)
* **Roc E Mare, Propriano,** ∅ 95/76 04 85 (290/520 FF)
* **Les Eukalyptus, Porto-Pollo,** ∅ 95/74 01 52, mit Restaurant (250 FF)
* **France, Petreto-Bicchisano,** ∅ 95/24 30 55, (*) mit Restaurant (270/340 FF)
* **Le Santa Maria, Ste. Marie-Sicché,** ∅ 95/25 72 65, mit Restaurant (180/260 FF)

Restaurants

Auberge Santa Barbara, Sartène (1 km in Richtung Propriano), ∅ 95/77 09 06, für Gourmands und Gourmets
Le Lido, Propriano, ∅ 95/76 06 37, feine Küche, direkt am Meer

Camping

Vigna Maggiore, Olmeto Plage, ∅ 95/76 02 07, mit Restaurant

Alta-Rocca

Hotels

* **De La Poste, Aullène,** ∅ 95/78 61 21, mit Restaurant (105/180 FF)

* **Sole e Monti, Quenza,** ∅ 95/786253, mit Restaurant (400/600 FF) (s. a. Porto-Vecchio und Umgebung: Zonza)

Ajaccio

Hotels

* **Dolce Vita, Route des Sanguinaires** (Küstenstraße am Nordufer des Golfs von Ajaccio), ∅ 95/520093, mit Restaurant »La Mer« (s. u.; 390/760 FF)
* **Albion, Avenue Général Leclerc,** ∅ 95/216670 (380/440 FF)
* **Fesch, Rue Fesch,** ∅ 95/215052 (260/365 FF)
* **Marengo, Rue Marengo,** ∅ 95/214366 (230/280 FF)

Restaurants

La Mer, Route des Sanguinaires, ∅ 95/520093, das Spitzenrestaurant Ajaccios, seit 1990 das zweite der Insel (neben dem ›L'Ile de Beauté‹ in Calvi) mit einem Michelin-Stern
A Tinella, Rue Fesch, ∅ 95/211368
A la Funtana, Rue Notre Dame, ∅ 95/217804
France, Rue Fesch, ∅ 95/211100, moderate Preise

Camping

Barbicaja, Route des Sanguinaires, ∅ 95/520117, mit Restaurant, Busverbindung zur Stadtmitte

Nähere Umgebung von Ajaccio

Die luxuriösesten **Hotels** der Insel findet man in Porticcio, nur wenige Kilometer von Ajaccio entfernt, auf der anderen Seite des Golfes:
* **Sofitel, Porticcio,** ∅ 95/250034 (nur Halbpension: 1450/2150 FF), Hotel der Luxusklasse, das (*) Restaurant ›Le Caroubier‹ ist ebenfalls vom Feinsten
* **Le Maquis, Porticcio,** ∅ 95/350233 (nur Halbpension: 960/1210 FF), Hotel der Luxusklasse mit viel Eleganz und besonderem Charme, (*) mit Restaurant
* **Isolella, Agnarello** (4 km südlich von Porticcio), ∅ 95/254136, mit Restaurant (270/290 FF)

Camping

Le Sud, Ruppione-Plage (6 km südlich von Porticcio), ∅ 95/254051, mit Restaurant

Weitere Umgebung von Ajaccio

* **Monte d'Oro, Col de Vizzavona** (Ajaccio 49 km), ∅ 95/472106, (*) Restaurant mit traditioneller korsischer Küche (150/290 FF)
* **U Castagnetu, Bastelica** (Ajaccio 41 km), ∅ 95/287071, (*) Restaurant mit traditioneller korsischer Küche (150/290 FF)

Der Westen

Hotels

* **Castel d'Orcino, Route Palmentojo** (3 km südlich von Tiuccia), ∅ 95/522063, mit Restaurant (nur für Gäste; 220/300 FF)
La Marine, Sagone, ∅ 95/280003, mit Restaurant (200 FF)
* **U Paradisu, Vico,** ∅ 95/266162, mit Restaurant (215/310 FF)
* **U Paese, Soccia,** ∅ 95/283192, mit Restaurant (150/200 FF)
* **L'Aitone, Evisa,** ∅ 95/262004, mit (*) Restaurant (200/450 FF)
* **L'Aiglon, Partinello** (6 km nördlich von Porto), ∅ 95/261065, mit Restaurant (190/230 FF)
* **Capo Rosso, Piana,** ∅ 95/278240, mit Restaurant (300/550 FF)
* **La Spelunca, Cargèse,** ∅ 95/264012 (280/330 FF)

Restaurants

Osteria di a Rota, Marignana (bei Evisa),

∅ 95/262121, deftige korsische Küche, gleichzeitig Gruppenunterkunft für Wanderer
U Spuntinu, Piana, ∅ 95/278002, traditionelle korsische Küche

Camping
U Sommalu, Tiuccia (nördlich an der D 25), ∅ 95/522421, mit Restaurant
Torraccia, Cargèse (4 km nördlich), ∅ 95/264239, mit Restaurant
Sole e Vista, Porto, ∅ 95/261571, mit Restaurant
A Sposata, Vico, ∅ 95/266155, mit Restaurant

von A – Z

Ärztliche Versorgung

Für Reisende aus Mitgliedsländern der Europäischen Gemeinschaft, aber auch für Österreicher, gilt ein Sozialversicherungsabkommen. Wer sich vor der Abreise einen Auslandskrankenschein bei seiner Krankenversicherung geholt hat, dem werden die Kosten für ambulante und stationäre Behandlung mit gewissen Einschränkungen erstattet. Über die Bedingungen informiert die jeweilige Krankenkasse. Schweizer müssen sich privat versichern.

In folgenden Orten gibt es Krankenhäuser: Calvi, Bastia, Corte, Porto-Vecchio, Bonifacio, Sartène und Ajaccio. Die Tageszeitungen geben die Adressen von Ärzten an, die an Wochenenden und Feiertagen Dienst tun (Notfälle s. S. 279).

Apotheken

Medikamente und Verbandszeug erhält man in den zahlreichen Apotheken *(Pharmacie)*. Sie sind in der Regel von 9–12 und 15–19 Uhr geöffnet. Über Wochenend- und Feiertagsdienste informieren die Tageszeitungen.

Diplomatische Vertretungen in Frankreich

...der Bundesrepublik Deutschland

Botschaft:
13/15, Avenue Franklin D. Roosevelt, 75008 Paris, ∅ 0033 1/42997800
Generalkonsulat:
338, Avenue du Prado, 13295 Marseille Cedex 8, ∅ 0033/91776090

...Österreichs

Botschaft:
6, Rue Fabert, 75007 Paris,
∅ 00331/4559566
Konsulat:
27, Cours Pierre Puget, 13006 Marseille,
∅ 0033/91530208

...der Schweiz

Botschaft:
142, Rue de Grenelle, 75007 Paris,
∅ 00331/45503446
Konsulat:
7, Rue d'Arcole, 13291 Marseille Cedex 6,
∅ 0033/91533665

Einkäufe

Auf Textilgeschäfte trifft man besonders zahlreich in Ajaccio, wo auch der bedeutendste Freiluftmarkt (täglich außer montags 5–12 Uhr) und die einzige Fischhalle Korsikas zu finden sind. Souvenirläden gibt es in allen touristischen Orten, Supermärkte in den meisten größeren Orten. Viele kleine Bergdörfer werden nur von ›rollenden‹ Läden versorgt. Brot bekommt man in kleinen Dörfern auch dann nicht immer, wenn ein kleines Geschäft vorhanden ist.

Elektrizität

Aus korsischen Steckdosen fließt in der Regel Wechselstrom von 220, seltener von 110 Volt. Gelegentliche Unterschiede zur deutschen Steckdosennorm überbrückt ein Adapter (Eurostecker), der im Elektrohandel zu kaufen ist.

Entfernungen

Obwohl die meisten Straßen in den letzten Jahren gut ausgebaut worden sind, kommt man in der Regel aufgrund der geographischen Verhältnisse nur relativ langsam voran.

Bastia – Corte	70 km
Corte – Ajaccio	85 km
Calvi – Bastia	93 km
Calvi – Ajaccio	158 km
Bastia – Bonifacio	190 km
Bonifacio – Ajaccio	141 km
Bonifacio – Calvi	244 km

Feiertage, Feste und Veranstaltungen

Gesetzliche Feiertage

1. Januar, Ostermontag, 1. Mai, 8. Mai (Kriegsende 1945), Christi Himmelfahrt,

Pfingstmontag, 14. Juli (Nationalfeiertag: Sturm auf die Bastille 1789), 15. August (Maria Himmelfahrt), 1. November (Allerheiligen), 11. November (Waffenstillstand 1918), 1. Weihnachtstag.

Religiöse Feste

Besondere Bedeutung kommt im korsisch-katholischen Kalender traditionell der Osterzeit und dem mittsommerlichen Johannis-Tag (24. Juni) zu. Weitere Höhepunkte sind die Feiern zu Ehren von Schutzheiligen.

18. März
Fest der Schutzpatronin von Ajaccio, der ›Notre-Dame de la Miséricorde‹.

19. März
Fest und Prozession zu Ehren des heiligen Joseph in Bastia.

Karwoche
Während der Karwoche finden überall auf Korsika Feiern und Prozessionen statt. Die folgende Aufzählung ist nur eine Auswahl der eindrucksvollsten und spektakulärsten Festlichkeiten zu diesem Anlaß.

Gründonnerstag
In **Calvi** findet am Nachmittag die Prozession der *Canistrelli* statt; es handelt sich hierbei um einen speziellen Kuchen, der auf der Prozession mitgeführt und natürlich gegessen wird.

In **Erbalunga** ziehen am Abend Männer und Frauen mit verhüllten Köpfen, mit schweren Kreuzen beladen, in einer Prozession zum Kloster der Benediktinerinnen oberhalb des Ortes.

Karfreitag
Besonders erwähnenswert sind die Bußprozessionen in **Bonifacio** (fünf Bruderschaften durchziehen die Stadt), **Corte, San-Martino-di-Lota, Bastia** und die berühmteste Büßerprozession, der *Catenacciu* in **Sartène** (s. S. 217). Im Verlaufe der *La Cerca* (die Suche) in **Erbalunga,** die über eine Strecke von 7 km führt, werden alle Kirchen der Umgebung aufgesucht. Abends folgt dann die Büßerprozession *Granitola,* bei der die Teilnehmer eine komplizierte Schrittfolge beachten. Der Büßerzug bildet sich zunächst in Form einer Spirale, die sich in ein Kreuz verwandelt, um anschließend wieder in die Spiralform überzugehen usw. Die *Granitola* kennt man auch in **Borgo** und **Calvi.**

Ostern
Osterfeierlichkeiten finden eher in der Kirche und im Familienkreis statt. In **Cargèse** wird das Osterfest nach griechisch-orthodoxem Ritual begangen, es folgt ein sehenswerter Umzug am Ostermontag.

21. Mai
Zu Ehren der hl. Restitute findet in **Calenzana,** wo ihr Sarkophag steht, eine große Prozession statt (s. S. 138).

2. Juni
In vielen Hafenstädten (besonders in **Ajaccio, Bastia** und **Calvi**) feiert man mit einer Prozession, die auch eine Bootsfahrt einschließen kann, das Fest des heiligen Erasmus, des Schutzpatrons der Fischer und Seeleute (s. S. 32).

24. Juni
Der Geburtstag von Johannes dem Täufer markiert einen fröhlichen Höhepunkt des Jahres, begangen mit Prozessionen und Feuerwerk. Da sehr viele Kirchen auf Korsika diesem Heiligen geweiht sind, hat man überall Gelegenheit mitzufeiern. Besonders spektakulär gestaltet sich das Johannisfest in **Ajaccio** und **Bastia** (St. Jean-Baptiste ist der Schutzheilige Bastias).

14. Juli
In **Porto** wird am französischen Nationalfeiertag auch ein Volksfest gefeiert.

5. August
In zahlreichen Marienfesten wird die Erinnerung an eine Marienerscheinung aus dem 4. Jh. wachgehalten. Die 1954 am **Col de Bavella** errichtete Monumentalstatue Notre-Dame-des-Neiges (vom Schnee) ist an diesem Tag Ziel einer vielbesuchten Wallfahrt. Besondere Beachtung verdient auch die Prozession in **Bastia.**

15. August
Mariä Himmelfahrt stellt ebenfalls einen wichtigen Termin im korsischen Kalender dar: Die ›Königin Maria‹ ist die Schutzheilige Korsikas. In **Calvi** schließt sich dem religiösen Feiertag ein dreitägiges Volksfest an.

In **Ajaccio** feiert man außerdem den Geburtstag Napoleons.

8. September
Dieser Tag, der womöglich bedeutendste auf Korsika, ist der Geburtstag der korsischen Schutzheiligen Maria. Ihr zu Ehren finden zahlreiche Prozessionen und Pilgerzüge statt. Hervorzuheben sind die Wallfahrten zur **Notre-Dame-de-Lavasina** (10 km nördlich von Bastia) und zur **Notre-Dame-de-la-Serra** oberhalb von Calvi.

Da Maria nicht nur die Schutzheilige Korsikas, sondern auch die des **Niolo** ist, wird sie dort besonders geehrt. In dem kleinen Ort **Casamaccioli** steigt deshalb vom 8.–10. September ein vielbesuchtes Volksfest, in dessen Rahmen sich ein Treffen von korsischen Liedermachern zu etablieren beginnt.

Veranstaltungen

Besonders im Sommer finden für Korsen und Urlauber diverse Festivals und Veranstaltungen statt. Am urtümlichsten sind die *Belote*-Wettbewerbe in Kneipen (*Belote* ist das beliebteste Kartenspiel auf Korsika) und

Pétanque-Spieler in L'Ile-Rousse

Pétanque-Spiele auf öffentlichen Plätzen (*Pétanque* ist ein Kugelspiel, dem nordfranzösischen *Boule* ähnlich, in dem die Korsen regelrechte Meisterschaften abhalten). Das sonstige Angebot umfaßt klassische Musik, Jazz, Folklore, Pop und Rock, Theater, aber auch Sportveranstaltungen von der Segelregatta über Auto- zu Radrennen.

In **Calvi** steigt Mitte Juni ein Jazz-Festival. In **Bastia** wird von Mitte Juli bis Mitte August das Festival d'Eté (klassische und moderne Musik) im Gouverneurspalast der Zitadelle gefeiert. In **Ajaccio** findet Ende Mai/Anfang Juni im einstigen Landhaus der Familie Buonaparte, im Les Milelli, ein Musik- und Theaterfestival statt. In **Porto-Vecchio** wird im Juli das Filmfestival ›La Corse et le Cinéma‹ abgehalten. In **Bonifacio** steigt vom 31. August bis 3. September das Kulturfest ›Fête de la Méditerranée‹ (Fest des Mittelmeers). Ebenfalls aus dem ganzen Mittelmeerraum stammen die Beiträge eines Filmfestivals, das im Oktober in **Bastia** stattfindet. Entweder im Mai oder im November zieht die ›Rallye der 10000 Kurven‹ die Motorsportliebhaber nach Korsika.

Auskünfte über das aktuelle Veranstaltungsangebot erteilen die Fremdenverkehrsbüros, eine andere Quelle sind die Tageszeitungen.

Geld und Banken

Der Wechselkurs des Französischen Franc ist recht stabil. Er lag 1990 bei 30,70 DM für 100,– FF. Die ungünstigste Möglichkeit, zu Francs zu kommen, ist der Bargeldtausch. Reise- und Euroschecks sowie die Devisenbeschaffung per Kreditkarte oder Postsparbuch werden zu günstigeren Kursen abgerechnet. Euroschecks werden von allen Banken akzeptiert, sie können bis zu einer Höhe von 1400 FF ausgestellt werden. Die zusätzliche Gebühr, die einige Banken für die Einlösung eines Euroschecks verlangen, ist zwar vertragswidrig, man kann sich aber nur dagegen wehren, indem man diese Banken meidet. Wenn das nicht geht, kann man sich diese Gebühren über seine Hausbank von der Euroscheckzentrale erstatten lassen. Zu den Banken, die (noch) keine zusätzliche Gebühr kassieren, gehören: Crédit Agricole, Crédit Mutuel und Société Générale.

Geldautomaten sind auch auf Korsika üblich, aber nur sehr wenige akzeptieren bislang die Euroscheck-Karte. Aktuelle Verzeichnisse über die Verbreitung solcher Automaten gibt es bei den deutschen Banken und Sparkassen. Eine Kreditkarte braucht man auf Korsika nicht unbedingt. Sehr viele gastronomische Betriebe und Ladengeschäfte akzeptieren indes die Karten der gängigen Organisationen – dagegen durchaus nicht jede Bank.

Auch viele Postämter haben einen Wechselservice. Sie sind mit der Aufschrift ›Change‹ gekennzeichnet und akzeptieren auch Euroschecks und Kreditkarten. In den Touristenorten, bei Fährterminals und auf Flughäfen gibt es auch private Wechselstuben, von denen viele nur während der Saison geöffnet haben. Wer hier wechselt, muß allerdings mit einer saftigen Gebühr rechnen.

Abseits von größeren Orten und Touristenzentren (das gilt auch für das Cap Corse) gibt es oft keinerlei Wechselmöglichkeit. Daher sollte man sich vor Fahrten in abgelegenere Regionen rechtzeitig mit genügend Bargeld versorgen. Ein Verzeichnis der Banken findet man in der Broschüre ›Die nächste der fernen Inseln‹ (s. S. 261).

Kleidung

Zu jeder Reisezeit empfiehlt sich ein warmer Pullover und Regenkleidung. Für Wanderungen benötigt man strapazierfähige Kleidung und feste Wanderschuhe. Jenseits der Strände, besonders aber in Kirchen, sollte man sich möglichst vollständig bekleidet zeigen.

Klima

Als Gebirgsinsel im Mittelmeer weist Korsika kein einheitliches Klima auf (s. S. 20f.). Vor allem an der Balagne-Küste kann man im Sommer über 35 °C erleben, während gleichzeitig die Temperatur schon in 1000 m Höhe um 10° niedriger ist. In Höhenlagen im Landesinnern regnet es, vor allem zwischen November und April, häufiger und reichlicher (Vizzavona bringt es auf 1478 mm Niederschlag im Jahr) als an der Küste. Aber auch dort verteilen sich die Niederschläge ungleichmäßig: In Ajaccio ist es feuchter als in Bastia, auf dem Cap Corse trockener als in Bonifacio.

Klimaverhältnisse
(mittlere Werte 1975–1986)

	Ajaccio	Bastia
Niederschlag in mm	694	856
Temperaturen in °C		
Juli	21,9	23,1
Januar	8,4	9,2
Sonnenschein in Stunden	2645	2643

Kunsthandwerk

Kunsthandwerkliche Produkte aus Holz, Kork, Leder, Ton und Wolle wie Textilien überhaupt werden neben landwirtschaftlichen Erzeugnissen von den Produzenten und in Spezialgeschäften verkauft. Man trifft auf sie vor allem in touristisch erschlosseneren Orten, ein Zentrum ist Pigna in der Balagne. Zu empfehlen sind die Läden der Vereinigung ›Corsicada‹ (Communauté d'organisation rurale pour le service, l'information et la création; s. S. 30). Mindestens ein solches *Casa di l'Artigiani* findet sich in Bastia, Folelli, Pigna, Corbara, Ponte Leccia, Corte, Evisa, Vico, Vero, Ajaccio, Sollacaro, Sartène und in Porto-Vecchio.

Kur- und Heilbäder

Auf Korsika sprudeln 22 warme, schwefelhaltige Quellen, die z. T. seit den Römerzeiten vor allem zur Heilung von rheumatischen Leiden und Hautkrankheiten genutzt werden. Der *Thermalisme* soll ausgebaut werden, doch gegenwärtig wird nur in Urbalacone, Guagno-les-Bains, Pietrapolo und Porticcio (Meerwasser-Therapie) echter Kurbetrieb geboten (Adressen: Broschüre ›Die nächste der fernen Inseln‹; s. S. 261).

Lesetips

Zur Einstimmung auf den Korsika-Urlaub und als gleichermaßen unterhaltende wie Kenntnisse und Verständnis fördernde Lektüre seien folgende Bücher empfohlen:

»Asterix auf Korsika«. In jedem Witz steckt Wahrheit: Mit derart spitzem Stift ist diese Karikatur Korsikas und der Korsen ausgefallen, daß diese sich eher getroffen als beschrieben fühlen.

James Boswell: »Corsica. Beschreibung von Corsica nebst vielen wichtigen Nachrichten und Anekdoten vom Pascal Paoli, dem General der Corsen« erschien auf Deutsch erstmals 1769 in Leipzig. Der Titel spricht für sich. Das Werk wurde von Dirk Gerdes überarbeitet und 1986 im Elster-Verlag, Moos & Baden-Baden, herausgegeben.

Gabriel Xavier Culioli: »Das Land der Herren«, ist die romanartige Geschichte der Familie des korsischen Autors und gibt gleichzeitig einen Überblick über 100 Jahre korsischer Geschichte. Auf Deutsch erschien das Buch 1990 im Claassen-Verlag, Düsseldorf.

Ferdinand Gregorovius: »Korsika – Historische Skizzen und Wanderungen im Jahre 1852.« Nach diesem Buch kann man fast noch heute die Insel bereisen. Es erschien 1988 als Reprint der Originalausgabe beim Societäts-Verlag in Frankfurt am Main.

Novellen und Erzählungen aus und über Korsika finden sich in:

– Guy de Maupassant: »Novellen«, 1882, erschienen 1983 im Aufbau-Verlag Berlin/Weimar; Novellen 1883, erschienen 1984 im gleichen Verlag.
– Prosper Mérimée: »Eine tragische Liebschaft« und »Die Venus von Ille«, beide Romane erschienen 1985 im Diogenes-Verlag, Zürich.

Aus der unübersehbaren Fülle von Napoleon-Biographien ist das Bändchen von André Maurois aus der Reihe Rowohlts Monographien (Reinbek 1966) hervorzuheben.

Sibylle von Reden hat in ihrem Standardwerk »Die Megalith-Kulturen« (DuMont Buchverlag, Köln 1978) auch der korsischen Vorgeschichte ein instruktives Kapitel gewidmet.

Zur Vertiefung der Kunstgeschichte Korsikas empfiehlt sich Almut und Frank Rothers Band »Korsika« (DuMont Buchverlag, Köln 1988).

Der Standard-Wanderführer ist noch immer »Bergwelt Korsika« von Hans Schymik im Verlag Fink-Kümmerly und Frey (Ostfildern, 1988). Empfehlenswert ist jedoch auch der neue (1990) Wanderführer von Gert Hirner, »Wanderungen auf Korsika«, vom Verlag Bruckmann, München.

Die Autoren Fernand Braudel, Georges Duby und Maurice Aymard liefern in »Die Welt des Mittelmeeres« grundlegende und gut verständliche An- und Einsichten über die Geschichte und Probleme des Mittelmeerraumes (S. Fischer Verlag, Frankfurt am Main 1989).

In französischer Sprache sind empfehlenswert: Christine Bonneton (Herausgeberin): »Corse«, eine Sammlung von Hintergrundtexten, die einen Reiseführer nicht ersetzen, aber hervorragend ergänzen, erschienen 1984 in der Reihe Encyclopédies Régionales in Artigues-près-Bordeaux. In der Reihe Que sais-je? erschienen von Janine Renucci: »La Corse« (eine bereits 1982 veröffentlichte, aber noch immer weitgehend aktuelle Darstellung korsischer Probleme und ihrer Entstehung) sowie von Paul Arrighi/Francis Pomponi: »Histoire de la Corse«, 1967.

Motorradfahren

Die Insel der Kurven und Berge ist ein Traumland für Motorradfahrer – aber nicht ungefährlich. Deshalb sollten Anfänger vorsichtig sein. Selbst die auf Korsika beliebten und vielerorts vermieteten Mopeds und Roller sollte nicht besteigen, wer keine Übung hat. Besonders leichte Maschinen und Enduros sind von Vorteil.

Museen

Ajaccio

Maison Bonaparte (Geburtshaus Napoleons I.), Rue St. Charles, täglich 10–12 und 14–17 Uhr, Sonntagnachmittag und Montag nur bis 14 Uhr.

Napoleon-Museum (im Rathaus), Place du Maréchal Foch, täglich außer Sonntag 9–12 und 14–17 Uhr.

Kaiserliche Kapelle, Rue du Cardinal Fesch, täglich außer Sonntag 9–11 und 14–17 Uhr.

Fesch-Museum (Musée Fesch), Rue du Cardinal Fesch. Im Sommer (Mai–September) täglich außer Dienstag 9.30–12 und 15–18, im Winter täglich außer Dienstag 10–11.45 und 14.30–17.15 Uhr.

A Bandera (korsisches Militärmuseum), Rue Général Levie, im Sommer 10–12 und 14–19 Uhr, im Winter Mittwoch 14–18, Donnerstag und Freitag 10–12 und 14–17 Uhr.

Les Milelli, Landhaus der Buonapartes, täglich außer Dienstag im Sommer 14–18, im Winter 14–17 Uhr.

Aléria

Archäologische Fundstätte und Museum, täglich außer Sonntag 8–12 und 14–18.30 Uhr.

Bastia
Palais des Gouverneurs mit dem Musée d'Ethnographie Corse (Museum für Volks- und Heimatkunde), in der Zitadelle, Place du Donjon-de-la-Citadelle, täglich 9–12 und 15–18 Uhr, Mittwoch Eintritt frei.

Cervione
Musée de l'histoire, d'archéologie, d'ethnologie et d'art religieux – Heimatmuseum (Öffnungszeiten beim Bürgermeister erfragen).

Filitosa
Archäologische Fundstätte und Museum, täglich 8–20 Uhr.

Levie
Musée Départemental (Heimatmuseum), täglich außer Sonn- und Feiertage 10–12 und 15–19 Uhr.

Morosaglia
Geburtshaus von Pasquale Paoli (bei Redaktionsschluß wegen Renovierung geschlossen).

Sartène
Museum für Vor- und Frühgeschichte (Musée de la pré-et protohistoire), 15. Juni–15. September 10–12 und 14–18 Uhr, sonst 10–12 und 14–17 Uhr.

Notfälle

Feuerwehr	18
Polizei	17
Krankenwagen	15
Bergrettung *(Secours Montagne)*	95/233031
Rettungshubschrauber	95/214649 u. 95/221472
Seenotrettungsdienst *(Cross med)*	95/215553

Post und Telefon

Postämter findet man auch in vielen kleineren Ortschaften. In den größeren Städten bleiben die Schalter werktags und samstags durchgehend von 9–19 Uhr geöffnet, anderswo wird die übliche Mittagspause von 12–14 Uhr eingehalten. Schalterschluß ist hier zwischen 16 und 18 Uhr, am Samstag um 12 Uhr. Briefmarken erhält man außer in den Postämtern auch in Tabakläden.

Telefonieren kann man am bequemsten von den Postämtern aus; man braucht dann kein Kleingeld, sondern bezahlt nach dem Gespräch am Schalter. Auch von allen Telefonzellen sind Auslandsgespräche möglich. Sie stehen zwar selbst in den kleinsten Dörfern, nehmen aber oft nur kleine Münzen an. Münzfernsprecher in Bars *(Point Phone)* sind seltener defekt und akzeptieren überdies 10-Franc-Münzen.

Für Auslandsgespräche muß in Frankreich grundsätzlich die 19 vorgewählt werden, dann wartet man den Dauerton ab und wählt für die BRD die 49, für Österreich die 43 und für die Schweiz die 41; bei der Ortsvorwahl läßt man dann die 0 weg. Für Gespräche aus der BRD, Österreich und der Schweiz nach Korsika (und ganz Frankreich) wählt man 0033 vor und dann die jeweils achtstellige Rufnummer, deren erste beiden Ziffern (die Vorwahl Korsikas) die 95 ist.

Radfahren

Obwohl Korsika hohe Anforderungen an die Kondition von Radfahrern stellt, nimmt die Zahl der Pedal-Touristen zu. Es lohnt sich, das eigene Fahrrad mitzubringen, denn die in allen Touristenorten angebotenen Mietfahrräder sind oft von zweifelhafter Qualität.

Eine Kettenschaltung mit Bergübersetzung ist empfehlenswert. Robuste Tourenräder und Mountainbikes haben auf Korsikas Straßen und Wegen durchaus ihre Vorzüge gegenüber ultraleichten Rennrädern. Die Straßenverhältnisse und Verkehrsbedingungen erfordern gerade von Radfahrern höchste Aufmerksamkeit. Schlaglöcher, Steine und Schweine hinter der Kurve, rasante Abfahrten und korsische Autofahrer machen die korsischen Straßen stellenweise zu regelrechten Hindernisstrecken. Manch ein Radler hat daraus schon die Konsequenz gezogen und trägt Helm.

Die unter Radfahrern beliebteste Strecke ist die Rundfahrt um das Cap Corse (s. S. 158). Viel benutzt wird auch die Strecke von Ajaccio nach Porto (s. S. 244). Wer sein Rad mit der Eisenbahn ins Inselinnere transportiert, kann anschließend auf überwiegend abschüssigen Straßen in Richtung Küste fahren.

Organisiertes Fahrradwandern auf Korsika gehört zum Programm einiger Reiseveranstalter. Auf Korsika bietet die Radsportvereinigung ›Vivre la Corse en vélo‹ organisierte Touren und auch Leihfahrräder dafür an (Résidence Napoléon, 23 Cours Général Leclerc, 20000 Ajaccio, ✆ 95/227079).

Radio und Fernsehen

Seit der Sozialist François Mitterrand im Jahre 1981 Präsident der Republik wurde, ist die Radio- und Fernsehlandschaft in Bewegung geraten. Das dritte Fernsehprogramm gehört heute den Regionen. Für Korsika ist FR 3 Corse in Bastia zuständig: 45 Sendeminuten pro Tag aus und über Korsika sind freilich einstweilen zu wenig, um über die abenteuerliche Seichtheit der zahlreichen übrigen Programme hinwegzutrösten.

Eine Reihe privater Rundfunkstationen mit geringer Leistung und Reichweite sind auf UKW zu hören. Die meisten, so auch ihr ›Flaggschiff‹ RCI (›Radio Corse International‹ war einst ein Piratensender auf Elba), bieten mehr oder weniger reinen Kommerzfunk. Zu den Ausnahmen, die sich kompetent und erfolgreich um die Pflege der korsischen Sprache und Kultur kümmern, gehört vor allem Radio ›Voce nustrale‹ in Cervione. Genannt seien noch die Sender ›Calvi Citadelle‹, ›Cap Radio Corsica‹ (Bastia), RCS und ›Carbone 14‹ (Ajaccio) sowie ›Radio Golfe‹ in Porto-Vecchio.

Die staatlich garantierte und per Gebühren von den Hörern finanzierte ›Grundversorgung‹ der Radiohörer stellt der Sender RCFM mit Studios in Bastia und Ajaccio. Seine Magazine für möglichst jede Alters- und Bildungsgruppe, unterbrochen von internationalen, nationalen und regionalen Nachrichtensendungen (auch in korsischer Sprache), müssen auf jedem Punkt der Insel zu empfangen sein, weshalb RCFM auf neun UKW-Frequenzen ausgestrahlt wird.

Sportliche Aktivitäten

Korsen sind vor allem begeisterte Jäger (es gibt über 200 Jagdvereine), oft auch Süßwasserangler. Nicht nur Rentner sind zudem überall auf Korsika beim *Pétanque* zu beobachten, der südfranzösischen Variante des Kugelspiels *Boule*. In allen Kneipen dreschen Männer die Karten beim *Belote*, einem im Mittelmeerraum verbreiteten Spiel. Großes Interesse bringen die Korsen Autorennen, Tennisspielen sowie ganz besonders dem Fußball entgegen. Wassersport und Wandern ist eher eine Sache ihrer Gäste (s. a. S. 275f.).

Angeln

Nur für die Binnengewässer braucht man grundsätzlich einen Angelschein, den es für 190 FF (1990) vor allem in Fachläden für Angelzubehör gibt. Für die Küste wird kein Angelschein verlangt, dafür ist das Angeln dort stellenweise auch verboten. Nähere Auskünfte erteilen die Fremdenverkehrsbüros und die Fédération Départementale de Pêche et de Pisciculture (13, Rue Docteur-

Del-Pellegrino, 20000 Ajaccio, ∅ 95/231332 und 7, Boulevard Paoli, 20200 Bastia, ∅ 95/314731).

Drachen- und Gleitschirmfliegen

Die Thermik und gute Startplätze an den Berghängen machen Korsika zu einem idealen Revier für diese Sportarten. Hinzu kommen noch die Schleppschirme am Strand, die immer häufiger angeboten werden. Auch erfahrene Drachen- und Gleitschirmflieger sollten sich bei landeskundigen Kollegen Start- und Landeplätze empfehlen und über die besonderen Witterungsbedingungen genauestens unterrichten lassen, bevor sie sich in die korsischen Lüfte schwingen. Kurse bietet u. a. an: Associu Move, 20214 Calenzana, ∅ 95/627083.

Jagd

Die Jagdsaison dauert von Anfang September bis Anfang Januar, für verschiedene Vogelarten zieht sie sich jedoch bis in den März hin. Jagd wird vor allem auf Wildschweine, Hasen, rote Rebhühner, Kiebitze, Schnepfen und Wildenten gemacht, aber auch Drosseln und Amseln wird nachgestellt. Auskünfte erteilt die Fédération Départementale des Chasseurs de la Corse (19, Avenue Bévérini, 20000 Ajaccio, ∅ 95/231691 und Résidence Nouvelle-Corniche St. Joseph, 20200 Bastia, ∅ 95/322599).

Reiten

Reiten gilt vielen als die beste Art, Korsika zu entdecken. Reiterhöfe und ›Ranches‹, die in der Regel Ausritte unter Begleitung anbieten, gibt es auf der ganzen Insel. Die Palette ihrer Angebote reicht von Kurzausflügen an den Strand oder in die Macchia über Tagestouren zu mehrtägigen Ausritten mit Übernachtung (oft in eigenen Herbergen), die sich bis zu ganzen Inselüberquerungen ausdehnen können. Informationen erteilt die Association Régionale pour le Tourisme Equestre de la Corse (ARTEC) (Relais Bravone, 20230 San Nicolao, ∅ 95/388119).

Tennis

Zahlreiche Tennisanlagen, die Kommunen und Vereinen gehören, stehen auch Gästen bzw. Gastmitgliedern gegen Gebühr offen. Auch die Tennisplätze von Hotels bleiben häufig nicht nur den eigenen Gästen vorbehalten, sondern können auch von anderen Urlaubern genutzt werden.

Sprache

Französisch ist Amts- und, neben Korsisch, auch Umgangssprache. Geographische Bezeichnungen sind vielfach italienisch oder italienischen Ursprungs, so daß der gleiche Ort oft unter mehreren Namen auftaucht. Am ›korsischsten‹ sind die Varianten mit ›u‹ statt ›o‹ (*Niolu* statt Niolo). In diesem Reiseführer wird die Schreibweise der Michelin-Karte ›Corse‹ zugrunde gelegt, die die französische Schreibweise bevorzugt.

Wandern

Die ganze Insel ist eigentlich ein großes Wanderrevier (s. Karte hintere Umschlaginnenklappe). Wer seinen Urlaub oder einen Teil davon hauptsächlich mit Wandern verbringen will, kann im Landesinnern günstig gelegene Standorte finden. Aber auch für Gelegenheitswanderer gibt es viele interessante und nicht zu schwierige Wege oder Tagestouren. Im Reiseteil des Führers werden einige davon vorgestellt.

Wanderschuhe sind aus Sicherheitsgründen unverzichtbar, Regenjacken und Pullover in den Bergen notwendige Bestandteile der Grundausrüstung. Wanderungen sollten mindestens zu zweit unternommen werden, denn die Routen sind häufig nicht sehr belebt. Grundsätzlich empfiehlt es sich auch, eine Wanderkarte (s. S. 261) und für größere Touren einen Wanderführer einzupacken (s. S. 278). Plötzlich auftretende Wetterumschwünge können dazu führen, daß aus harmlosen Bächen reißende Ströme werden. Deshalb empfehlen Experten auch die Mitnahme eines Sicherungsseils für den gefahrlosen Rückweg.

Wer auf eigene Faust anhand einer Karte wandern will, muß gleichwohl mit Überraschungen rechnen. Viele eingezeichnete Wege existieren nicht mehr, andere enden vorzeitig in der sie seit langem wieder überwuchernden Macchia. Zudem braucht man einen guten Orientierungssinn oder auch Kompaß und Höhenmesser. Im Gebirge kann man ohnehin viele Pfade und Einstiegsstellen nur schwer finden, obwohl sie häufig mit kleinen Steinhaufen *(cairns)* markiert sind.

Die Regionalparkverwaltung hat in den letzten Jahren zahlreiche Wege neu erschlossen, miteinander verbunden und gekennzeichnet. Von Macchia überwucherte alte Maultierpfade zwischen den Dörfern wurden wieder freigelegt und mit neuen Forstwegen und den uralten Routen der Transhumanz (s. S. 25) verbunden. Die Wege werden von der Parkverwaltung instand gehalten und so in Etappen eingeteilt, daß an deren Ende eine Übernachtungsmöglichkeit in Hotels oder *Gîtes d'étape* besteht.

Die überwiegende Mehrzahl der *Gîtes* bietet Kochmöglichkeiten und Verpflegung, manche gleichen eher einem Hotel und besitzen auch Zwei- und Vierbettzimmer. Schutzhütten *(refuges)* sind dagegen einfachere Unterkunftsmöglichkeiten, die auf jeden Fall den eigenen Schlafsack und möglichst auch eine Iso-Matte erfordern. Man kann bei einer Schutzhütte auch das eigene Zelt aufschlagen, was ebenso für einige *Gîtes* gilt. Eine ausführliche Liste der ›Gîtes d'étape en Corse‹ kann man in den Büros der Regionalparkverwaltung in Ajaccio, Aitone, Zonza, Corte und Porto-Vecchio bekommen oder bei der Zentrale in Ajaccio anfordern (Parc Naturel Régional de Corse, Rue Général Fiorella, B. P. 417, 20184 Ajaccio Cedex, ✆ 95/21 56 54).

Die anspruchsvollste korsische Etappenroute ist der berühmte **GR 20.** Der ›Sentier de Grande Randonnée de la Corse‹ (der Region Nr. 20, daher GR ›20‹) gehört zu den schwierigsten der französischen Fernwanderwege. Die ca. 200 km lange Strecke ist, je nach Kondition und Wahl der Varianten, in 14 bis 20 Tagen zu schaffen. Etliche Abschnitte erfordern das Können und die Ausrüstung von (schwindelfreien) Kletterern. Über die Hälfte der Wanderer brechen ihre GR 20-Wanderung vorzeitig ab – mancher erst, wenn er durch einen Unfall dazu gezwungen wurde. Dabei bietet Korsika viele Alternativen, dazu noch weniger begangene. So wurden zusätzlich zum GR 20 sechs Wanderregionen und vier mehrtägige Etappenwanderungen erschlossen.

Von Dorf zu Dorf

›Les Sentiers de Pays‹ führen von Dorf zu Dorf, ›Da Paese a Paese‹, und erschließen auf diese Art jeweils eine ganze Region. Der Wanderer kann von einem festen Quartier aus in Tagestouren die Region erkunden oder in Etappen von Quartier zu Quartier gehen. Die Regionen Niolo, Venachese, Bozio, Fiumorbo, Taravo und Alta-Rocca sind in dieser Art erschlossen; für jede Region gibt die Regionalparkverwaltung ein Faltblatt *(joindre)* heraus. Es enthält einen Kartenausschnitt im Maßstab 1 : 50 000, der sämtliche Wege verzeichnet. Dazu kommen Angaben über die Gehzeiten, Etappenvorschläge, Informationen über Unterkünfte, Restaurants, Läden und öffentliche Verkehrsmittel. Die Regionen Niolo, Venachese und Bozio sind mit Wanderwegen untereinander verbunden, ebenso die Regionen Taravo und Fiumorbo.

Von Meer zu Meer

Die Verbindungswege zwischen den ›Sentiers de Pays‹ sind Teilstücke eines weiteren Wanderwegesystems unter dem Begriff ›Da Mare a Mare‹ (von Meer zu Meer), das jedoch noch nicht komplett fertiggestellt ist. Bei der nördlichen Inselüberquerung fehlen die drei geplanten Etappen von Moriani an der Ostküste durch die Castagniccia nach Sermano. Hier, im Bozio, beginnen z. Zt. die zwei Varianten der nördlichen Inselüberque-

Von Sermano nach Cargèse

Die nördliche Variante verläuft in sieben Etappen von Sermano nach Corte, weiter durch das Tavignano-Tal über Sega nach Calacuccia und Albertacce im Niolo, über den Col de Vergio und Evisa nach Marignana, und von hier aus auf dem schon lange bestehenden Wanderweg ›Tra Mare e Monti‹ (s. S. 283f.) über Revinda ans Meer nach Cargèse.

Die südliche Variante führt in elf Etappen ebenfalls von Sermano aus durchs Venachese über Poggio-di-Venaco, Noceta, Canaglia, Onda, Pastricciola, Guagno, Soccia und Renno nach Marignana und von dort ans Meer.

Von Ghisonaccia nach Ajaccio

Dieser Weg über die Insel beginnt in Abbazzia bei Ghisonaccia und führt in sechs Etappen durchs Fiumorbo und Taravo über die Etappen Catastajo, Cozzano, Bains-de-Guitera, Quasquara und den Col de St. Georges. Von hier aus gibt es eine Busverbindung nach Ajaccio, die sich zu nehmen empfiehlt, da ein Wanderweg noch nicht gekennzeichnet ist.

Von Porto-Vecchio nach Propriano

Die südliche Inselwanderung von Meer zu Meer führt durch die Wanderregion Alta-Rocca. Sie beginnt 7 km außerhalb von Porto-Vecchio; von hier aus geht es in sieben Etappen über Cartalavone (bei L'Ospédale), Levie, Zonza, Serra-di-Scopamène, Ste. Lucie-de-Tallano und Fozzana nach Propriano.

Alle Inselüberquerungen sind, gemessen am GR 20, relativ leichte Etappenwanderungen, doch auch sie sollten nicht unterschätzt werden. Wer ohne ausreichende Kondition z. B. die erste Etappe der südlichen Wanderung von Porto-Vecchio nach Cartalavone in Angriff nimmt, muß 1000 m Höhenunterschied bewältigen! Ähnlich anstrengende Etappen enthalten alle Überquerungen, sie wechseln allerdings mit recht erholsamen Tagestouren ab, erfordern also keine Konditionswunder. Die Tagesetappen sind unterschiedlich lang und in Gehzeiten von drei bis sieben Stunden zu schaffen; trainierte Wanderer können aus zwei Etappen oft eine machen. Wer in seinem Urlaub einen dieser Wege gehen will, sollte die Empfehlung der Regionalparkverwaltung beachten, nicht vor Mitte Mai und nach Anfang November hier zu wandern.

Zwischen Bergen und Meer

Als ganzjährig begehbar stuft die Parkverwaltung die Etappenwanderung ›Tra Mare e Monti‹ ein. Sie beginnt in Calenzana, nur 8 km von der Küste entfernt, und verläuft über zehn Etappen über Bonifato, Tuarelli, Galéria (am Meer), Girolata (am Meer), Serriera, Ota, Marignana und Revinda bis Cargèse (am Meer), immer in unmittelbarer Nähe zum Meer. Auf Maultierpfaden, oft auch auf den Spuren der Hirten und ihrer Herden, bietet dieser Wanderweg den Urlaubern Berge und Meer in einer idealen Kombination und mit vielen Möglichkeiten, die Wanderung nach Belieben zu unterbrechen oder Teilstrecken zu gehen.

Dieser Weg stellt sicher die beeindruckendste Möglichkeit dar, die wilde Westküste und ihr ebenso wildes Bergland kennenzulernen. Wer bereits im Frühjahr hier wandert, erlebt die blühende und betörend duftende Macchia, aber auch im Herbst und sogar bis Weihnachten herrschen ideale Wanderbedingungen. Dagegen muß man im Sommer, besonders im Juli und August, mit teilweise extremer Hitze rechnen und seinen Tagesvorrat an Wasser mitbringen, da dann zahlreiche Quellen ausgetrocknet sind.

Für alle oben erwähnten Wanderwege steht Informationsmaterial der Regionalparkverwaltung zur Verfügung; für die großen Etappenwanderungen die sog. ›Topo-Guides‹, Broschüren mit detaillierten Informationen zur jeweiligen Wanderung, für die Wanderregionen enthalten die oben bereits erwähnten Faltblätter alle wichtigen Informationen. Dieses Material kann bei der Regionalparkverwaltung bestellt werden, die ›Topo-Guides GR 20‹ und ›Tra Mare e Monti‹ sind auch im korsischen Buchhandel erhältlich.

Geführte Wandertouren bieten folgende professionelle Bergführervereinigungen an: Associu die i Muntagnoli, 20122 Quenza, Ø 95/786405; Muntagne Corse in Liberta, Parc Billelo, Avenue Napoléon III, 20000 Ajaccio, Ø 95/205314; Associu Move, 20214 Calenzana, Ø 95/627083.

Winzer

Die korsischen Weinanbaugebiete verteilen sich rund um die Insel. Der Verband der korsischen AOC-Weinproduzenten (UVACORSE) gibt ein deutschsprachiges Faltblatt mit Adressen und Lageskizzen seiner Mitglieder heraus; es liegt in allen korsischen Fremdenverkehrsbüros aus. Weitere Informationen erteilt UVACORSE (Chambre d'Agriculture, 19, Avenue Noël-Franchini, 20178 Ajaccio, Ø 95/201515). Es folgt eine kleine Auswahl

von besonders beachtenswerten korsischen Winzern.

Calvi Balagne
Clos Reginu, 20225 Muro, Route de Sta. Reparata, Ø 95/617211

Patrimonio
Domaine Leccia, 20232 Poggio d'Oletta, Ø 95/390322

Domaine Gentile, 20127 St. Florent, Route de Patrimonio, Ø 95/370114

Coteaux du Cap Corse
Clos Nicrosi, 20247 Rogliano, Ø 95/354202

Domaine de Gioielli, 20248 Macinaggio, Ø 95/354205

Côte Orientale
Domaine Filippi, 20215 Arena Vescovato (Casinca), Ø 95/365114

Porto-Vecchio
Domaine de Torraccia, Lecci bei 20137 Porto-Vecchio, Ø 95/714350

Sartène

Domaine Fiumicicoli, 20110 Olmeto, ✆ 95/761408

Domaine de Tizzano, 20100 Sartène, Route de Tizzano, ✆ 95/770105

Ajaccio

Domaine Martini, Bastelicaccia (20117 Cauro), Route d'Ocana, ✆ 95/200409

Domaine Peraldi, 20197 Mezzavia, Chemin de Stiletto, ✆ 95/223730

Zeitungen

Deutsche Zeitungen und Zeitschriften werden, zumindest in der Sommersaison, in den größeren Ferienorten angeboten. Touristen mit Kenntnissen der französischen Sprache sei ›KYRN‹, das ›Magazin de la Corse‹, empfohlen. Die Wochenzeitschrift berichtet engagiert und kritisch über Kultur, Politik, Wirtschaft, Sport und Gesellschaft Korsikas (s. a. S. 30).

Register

Orte

Personen

»Richtig reisen«

- Ägypten
- Kairo
- Sinai und Rotes Meer
- Algerische Sahara
- Arabische Halbinsel
- Bahamas

Belgien
- Belgien mit dem Rad

Bundesrepublik Deutschland
- Berlin
- München
- China
- Cuba
- Dänemark
- Bornholm
- Ferner Osten
- Finnland

Frankreich
- »Richtig wandern«: Bretagne
- »Richtig wandern«: Burgund
- Elsaß
- Korsika
- Paris
- Griechenland
- Kreta
- »Richtig wandern«: Kykladen
- »Richtig wandern«: Nordgriechenland
- »Richtig wandern«: Rhodos
- Großbritannien
- London
- »Richtig wandern«: Nord-England
- »Richtig wandern«: Schottland
- Guadeloupe · Martinique
- Holland
- Amsterdam
- Hongkong mit Macau und Kanton

Indien
- Nord-Indien
- Süd-Indien
- Indonesien
- Von Bangkok nach Bali
- Irland
- Italien
- Friaul – Triest – Venetien
- Neapel
- Oberitalien
- Rom
- Sizilien
- Süditalien
- »Richtig wandern«: Südtirol
- Toscana
- »Richtig wandern«: Toscana und Latium
- Venedig
- Jamaica
- Kanada und Alaska
- Ost-Kanada
- West-Kanada und Alaska

Luxemburg
- Belgien und Luxemburg
- Madagaskar – Komoren
- Malediven
- Marokko
- Mauritius
- Mexiko
- Nepal
- Neuseeland
- Norwegen

Österreich
- Graz und die Steiermark
- Wien
- Ostafrika
- Philippinen
- Portugal
- Réunion
- Schweden
- Die Schweiz und ihre Städte
- Seychellen

Sowjetunion
- Moskau
- Spanien
- Andalusien
- Gran Canaria
- Ibiza/Formentera
- Lanzarote
- Madrid und Kastilien
- »Richtig wandern«: Mallorca
- Teneriffa

Südamerika
- Argentinien – Chile – Paraguay – Uruguay
- Peru und Bolivien
- Venezuela, Kolumbien und Ecuador
- Thailand
- Von Bangkok nach Bali
- Türkei
- Istanbul
- Tunesien

USA
- Florida
- Hawaii und Südsee
- Kalifornien
- Los Angeles
- Neu-England
- New Orleans und die Südstaaten
- New York
- Texas
- Südwesten – USA
- Zentralamerika
- Zypern

DuMont Kunst-Reiseführer

Alle Titel in dieser Reihe:

- Ägypten und Sinai
- Albanien
- Algerien
- Belgien
  - Die Ardennen
- Bhutan
- Brasilien
- Bulgarien

Bundesrepublik Deutschland

- Das Allgäu
- Bayerisch Schwaben
- Das Bergische Land
- Bodensee und Oberschwaben
- Bonn
- Bremen, Bremerhaven und das nördliche Niedersachsen
- DDR
- Düsseldorf
- Die Eifel
- Franken
- Hamburg
- Hannover und das südliche Niedersachsen
- Hessen
- Hunsrück und Naheland
- Köln
- Kölns romanische Kirchen
- Die Mosel
- München
- Münster und das Münsterland
- Zwischen Neckar und Donau
- Der Niederrhein
- Oberbayern
- Oberpfalz, Bayerischer Wald, Niederbayern
- Osnabrück, Oldenburg und das westliche Niedersachsen
- Ostfriesland
- Der Rhein von Mainz bis Köln
- Das Ruhrgebiet
- Sachsen
- Sauerland
- Schleswig-Holstein
- Der Schwarzwald und das Oberrheinland
- Sylt, Helgoland, Amrum, Föhr
- Thüringen
- Der Westerwald
- Östliches Westfalen
- Württemberg-Hohenzollern

- Volksrepublik China
- Dänemark
- Die Färöer

Frankreich

- Auvergne und Zentralmassiv
- Die Bretagne
- Burgund
- Côte d'Azur
- Das Elsaß
- Frankreich für Pferdefreunde
- Frankreichs gotische Kathedralen
- Romanische Kunst in Frankreich
- Korsika
- Languedoc – Roussillon
- Das Tal der Loire
- Lothringen
- Die Normandie
- Paris und die Ile de France
- Führer Musée d'Orsay, Paris
- Périgord und Atlantikküste
- Das Poitou
- Die Provence
- Drei Jahrtausende Provence
- Savoyen
- Südwest-Frankreich

Griechenland

- Athen
- Die griechischen Inseln
- Tempel und Stätten der Götter Griechenlands
- Korfu
- Kreta
- Rhodos
- Grönland

Großbritannien

- Englische Kathedralen
- Die Kanalinseln und die Insel Wight
- London
- Die Orkney- und Shetland-Inseln
- Ostengland
- Schottland
- Süd-England
- Wales

- Guatemala
- Holland
- Indien
  - Ladakh und Zanskar
- Indonesien
  - Bali
- Irland
- Island

Israel

- Das Heilige Land

Italien

- Die Abruzzen
- Apulien
- Elba
- Emilia-Romagna
- Das etruskische Italien
- Florenz
- Gardasee, Verona, Trentino
- Latium
- Lombardei und Oberitalienische Seen
- Die Marken
- Der Golf von Neapel
- Piemont und Aosta-Tal
- Die italienische Riviera
- Rom – Ein Reisebegleiter
- Rom in 1000 Bildern
- Das antike Rom
- Sardinien
- Südtirol
- Toscana
- Die Villen der Toscana und ihre Gärten
- Umbrien
- Venedig
- Das Veneto
- Die Villen im Veneto

- Japan
- Der Jemen
- Jordanien
- Jugoslawien
- Karibische Inseln
- Kenya
- Luxemburg
- Malaysia und Singapur
- Malta und Gozo
- Marokko
- Mexiko
  - Mexico auf neuen Wegen
- Namibia und Botswana
- Nepal
- Norwegen

Österreich

- Burgenland
- Kärnten und Steiermark
- Salzburg, Salzkammergut, Oberösterreich
- Tirol
- Vorarlberg und Liechtenstein
- Wien und Umgebung

- Pakistan
- Papua-Neuguinea
- Polen
- Portugal
  - Madeira
- Rumänien
- Die Sahara
- Sahel: Senegal, Mauretanien, Mali, Niger

Schweden

- Gotland
- Die Schweiz
  - Tessin
  - Das Wallis
- Skandinavien

Sowjetunion

- Georgien und Armenien
- Moskau und Leningrad
- Sowjetischer Orient

Spanien

- Die Kanarischen Inseln
- Katalonien
- Mallorca – Menorca
- Nordwestspanien
- Spaniens Südosten – Die Levante
- Südspanien für Pferdefreunde

- Sudan
- Südamerika
- Südkorea
- Syrien
- Thailand und Burma
- Tschechoslowakei
  - Prag

Türkei

- Istanbul
- Ost-Türkei

- Ungarn
- USA – Der Südwesten
- Zypern

Alle Bände mit vielen, zum Teil farbigen Abbildungen; dazu Zeichnungen, Karten, Grundrisse, praktische Reisehinweise.